JN167904

理工系のための

実践・特許法

Patent Practice

第3版

弁理士 古谷栄男 著

Patent Attorney FURUTANI, Hideo

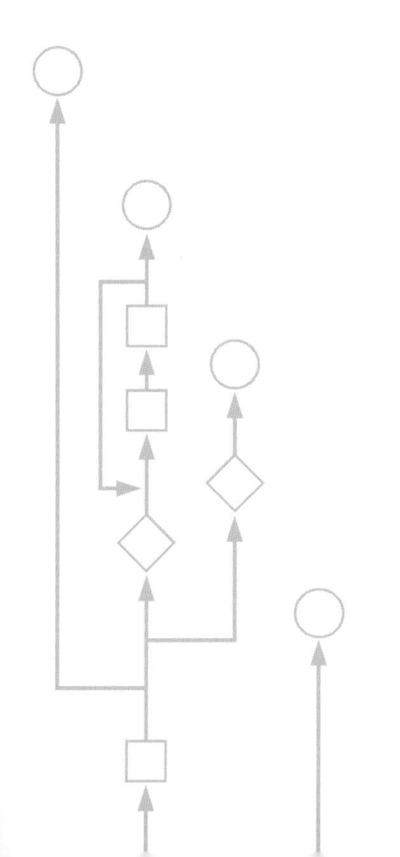

共立出版

はじめに

本書は，技術者・開発者や理工学部の学生のために，特許法を解説したものである。本書を執筆するに当たり，強く意識したことは「理工系の学生や技術者・開発者にとって，特許法を学ぶ目的や方法は，法律系の学生や法律実務家とは異なる」という点だ。

特許法の理論だけを学んでも，実際の技術開発の場面で，それを活かすことは簡単ではない。たとえば，特許法を学んだだけでは，発明をどのようにして文章にまとめるか，他人の特許を調べるにはどうするか，審査官に対する反論はどのように考えるかという実践に必要な能力を身につけることができない。

かといって，実際上必要な実践だけを学び，特許法の考え方を理解しなければ，応用ができず，面白くないということになりがちである。理系の人にとって，特許を実践的に使いこなせるようになることが特許法を学ぶ目的であるが，法的な理解なくして，それは実現できないのである。

そこで，本書では開発者や研究者が実務の場面で使えるように，実践と理論を解説した。特許法の基礎を解説するとともに，その基礎知識を活かして「他人の特許を調べる」「発明内容を文章にする」「審査官に反論する」「権利侵害回避のために設計変更をする」という実践への応用力が身に付くように構成した。

将来，開発者・技術者になる学生にとって，特許法の理論と実践を有機的に教えてもらう機会は，仕事に就いた後には，ほとんどないと考えてよい。企業での研修も行われているが，それほど多くの時間をかけてもらえないようである。本書は，大学の２単位程度の授業に合致したボリュームとしている。じっくりと学んで欲しい。学生の内に，これを学んでおくことの重要性とアドバンテージはきわめて大きいのである。

わかりやすく学ぶことができるように，さまざまな工夫と試みを本書に採用した。

① 基礎編にて扱う特許法の法律的事項については，実践編において必要となる箇所に重点を置き，実務上のウエイトが低い項目については思い切って省略した。技術者が業務において使える基礎力・応用力を効率的に取得することを目指したからである。

② 基礎編では特許法の全体の流れを第１章～第６章で解説した後，再び，深く知っておくべきテーマについて第７章，第８章で解説を加えるようにした。

③ 重要なポイントでは，現実に起こりうる事例によって問題点を示し，問題意識を持って学べるようにした。

④ 理解度を確認するための問題を設け，詳細な解説を巻末に掲載した。また，筆者のウェブページ（http://www.furutani.co.jp/jissen.html）から，基礎編を自習して学ぶためのサブノートをダウンロードできるようにした。(「実践特許法資料」で検索してください)

⑤ 本書を使って教える先生のために，テスト問題と解説を用意した。上記ウェブページを参照のこと。

⑥ 実践編においては，読者が自習可能なように演習を設けた。講義の課題として演習を用いることもできるようにした。

本書第2版発行から5年が過ぎた。初版発行から数えると12年である。今回，第3版を出していただくことになったのも，購入してくださった学生や技術者の方，教科書として使用してくださった先生方のおかげである。第3版では，主に職務発明制度の改正，異議申立制度の復活や特許庁の提供するデータベースのリニューアルに対応して改訂を行った。また，知的財産の授業を担当させていただいた関西大学システム理工学部，釧路高専，京都工芸繊維大学大学院，大阪電気通信大学など，現場での教授経験に基づいて，各章の最後の理解度確認問題を改訂した。

初版から多くの示唆を与えていただいた先生方や学生に感謝の念でいっぱいである。特に，友人であり教授法の先輩でもある釧路高専情報工学科の大貫和永教授には，多くのヒントをいただいた。感謝です。

最後に，初版より本書の意義を理解していただき，今回の改訂に至るまでにいろいろとお世話になりました共立出版（株）の寿氏，瀬水氏に，お礼を申し上げます。

2016年5月　大阪江坂の事務所にて

古谷　栄男

[第3版3刷] に当たって

2018年に特許庁のデータベース「特許情報プラットフォーム（J-PlatPat)」がリニューアルされた。第3刷では，これに合致するように，第Ⅱ部第3章「特許調査」の内容を大幅に書き改めた。

本書の利用の仕方

本書は，法律の基礎を第Ⅰ部に，実践を第Ⅱ部に記述した。第Ⅰ部については，別途用意しているサブノート（検索サイトにて「実践特許法資料」で検索）に書き込みながら学習すると，メリハリを付けて学ぶことができる。

第Ⅰ部を終えてから第Ⅱ部を学ぶようにしてもよいが，並行して学ぶこともできるようにしている。ただし，第Ⅱ部の各章は，第Ⅰ部の基礎知識を前提としているので，第Ⅰ部の対応する各章までの学習が済んでいることが好ましい。第Ⅱ部の各章の最初に，この点を明記しているが，以下に一覧で示しておく。

〔第Ⅱ部の章〕	〔前提となる第Ⅰ部の進度〕
第１章	第３章まで終了していること
第２章	第６章まで終了していること
第３章	第６章まで終了していること
第４章	第８章まで終了していること
第５章	第８章まで終了していること
第６章	第８章まで終了していること

第Ⅱ部の各章の末尾に，実務演習１～５を設けた。すでに行った実務演習の内容に基づいて，次の実務演習の内容が決まるので，順番に取り組んでいってほしい。ただし，第４章の実務演習４と第５章の実務演習５は，難易度が高い上，技術者にとっての重要度はやや低いので，これら実務演習は飛ばしても支障がないように構成している。

目　　次

第Ⅰ部　基礎編

第1章　特許を学ぶ必要性

第2章　知的財産権とは

第3章 何が特許になるのか（特許要件）

第 4 章　特許権の効力

第 5 章　誰が特許権者になるのか

第 6 章　特許出願から特許取得まで

第 9 章　実用新案

第 10 章　外国特許出願

第Ⅱ部　実践編

第 1 章　着想の発明化と発明の権利化

第２章 発明届出書

第 3 章　特許調査

第 4 章　請求項を作る

第 5 章 拒絶理由に対する反論

第 6 章 侵害警告に対する対応

第 I 部
基礎編

Genius is one percent inspiration and ninety-nine percent perspiration.
— Thomas Alva Edison

The important thing is never to stop questioning.
— Albert Einstein

Work is a necessity for man. Man invented the alarm clock.
— Pablo Picasso

どのような発明をしたら特許を取得することができるのか，開発した製品が
他社の特許権を侵害しているのかどうか等，研究開発者・技術者と特許は関係が深い。
第 I 部では，まず，このような特許法の考え方を学ぶ。
重要な内容であるばかりでなく，第 II 部の実践編を本質的に理解するために必要である。
第 I 部の到達目標は，特許法の基礎を理解することである。
端的にいうと，第 I 部 8 章の理解度確認演習，問題 E6 や 10 章の理解度確認演習，
問題 F11 を解けるようになることである。
今の時点でこの問題が解けるようなら，第 I 部は読まなくてもよいだろう。
もちろん，今解けなくとも大丈夫である。第 I 部を読めば，
解く力がつくよう構成してあるので，安心して学習してほしい。

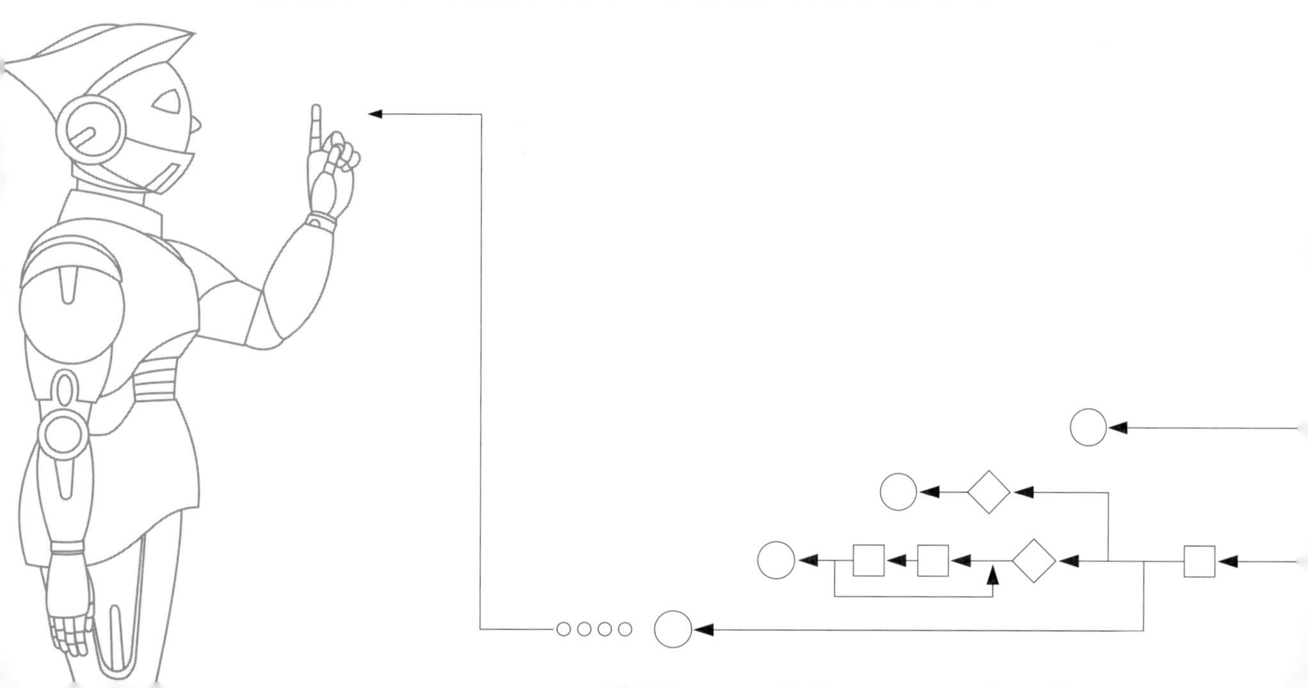

1 特許を学ぶ必要性

まず，開発者・技術者が特許を学ぶ必要性について考えてみたい。特許は，社会に有益な素晴しい技術に対して与えられる権利である。したがって，開発者・技術者にとっては，特許を取ることで自身の仕事の成果を社会に認めてもらうことができる。

さらに，近年，企業の経営において特許が重要になってきており，その特許を生み出している開発者・技術者に対し，特許を使いこなすことが求められている。

以下では，企業経営において特許が重要になってきた原因と，特許について企業が技術者に期待するものについてみていく。

1.1 研究開発者・技術者にとっての特許

20 世紀後半から，企業は特許をはじめとする知的財産権をずいぶん重要視するようになった。その原因は，i）技術のソフト化によって特許が企業の競争力の大きなウエイトを占めるようになったこと，ii）世界的に特許重視[*1]の政策が採られていることにある。企業は，質の高い特許を取ることを目指し，その結果，開発者・技術者の発明をする力と特許をとる力に大きな期待を寄せるようになった。開発者・技術者が発明を生み出すことは当然として，その発明を特許化する力を求め出したのである。

1.2 なぜ特許が重要視されているか

1.2.1 プロパテント政策

日本は，知的財産立国を目指し，2004 年，首相官邸に知的財産戦略会議を設けた。知的財産権に対する保護を強化すること（プロパテントと呼ばれる）によって，国際競争力の強化，経済の活性化を図るためである。

知的財産の中でも重要な権利である特許権は，このような政策によって，強くに保護されるこ

*1 米国が産業競争力回復のために特許重視政策（プロパテント政策）に先鞭をつけた。日本は，内閣に知的財産戦略本部を設け，知財立国を目指している。

ととなった。したがって，個々の企業活動の中で，この強力な特許権を積極的に活用していこうとする動きが出てくる。ただし，このように政府のプロパテント政策に起因する特許の重要性の高まりは，政策変更によって，変わりうるものである点に注意が必要である[*1]。

1.2.2　産業革命・産業革命と特許

上記のような政府の政策とは別に，社会の変化が必然的に特許を重要なものにしているという側面もある。

特許がどれほど重要であるかは，社会の変化と大きく関係している。歴史的にみたとき，特許の重要性が大きく変わった時代が2回ある。1回目は，産業革命の時代である。工業化とともに大量生産が可能となり，その結果市場が拡大して特許が戦略ツールとなった。一品生産品について特許を取得してもビジネス的にはメリットが少ないことを考えると，産業革命がもたらした大量生産，それに伴う市場の拡大によって，特許の重要性が認識されたのは，当然でもある。

図1.1に興味深いデータがある。イギリスが特許制度を始めた17世紀初めから18世紀末までの特許登録件数を10年ごとにグラフにしたものである。1610年代から1750年代までの150年ほどは，特許件数が100件程度で推移していた。しかし，産業革命の始まった1760年代から，その件数が急激に増えていることがわかる。産業革命によって特許が重要になったことの証しである。

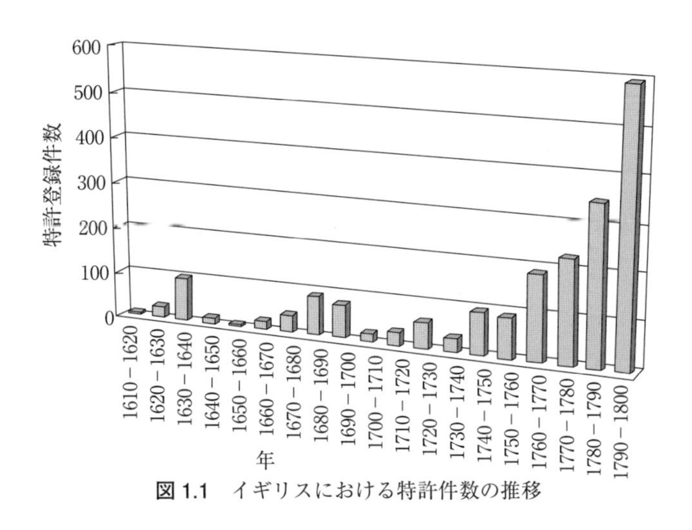

図1.1　イギリスにおける特許件数の推移

このように1回目の大きな変化は産業革命であった。2回目は，コンピュータ，インターネット，IoT，ビックデータ等に象徴される情報革命と呼ばれている現在である。アルビン・トフラーによれば[*2]，旧来の生産要素である土地，労働，原材料，資本の重要性が低下し，知識がそ

*1　もっとも，知財立国を掲げる以上，当面は，政策変更はないと思われる。
*2　アルビン・トフラー「パワーシフト」中公文庫

れに取って代わっているとしている。情報革命によって，企業活動の中で，知識やアイデアの重要性が高くなっているのである。

このように企業活動の中で重要になった「知識やアイデア」は，模倣されやすいという特質をもっている。そこで，模倣を防ぐために知的財産，特に特許が重要になってきたのである。もちろん，以前は知識やアイデアが重要でなかった訳ではない。その重要性が高くなったのである。

ここに示した情報革命の進行に伴って特許の重要性が高くなっているという現象は，先に述べた政策的なものとは異なり，社会の変革によって必然的にもたらされたものである。

1.2.3 企業経営と知的財産

このような情報革命は，製品のアーキテクチャにも大きな影響を与えた。アナログからデジタルへの変化である。アナログ的な製品は，部品と部品の間の相互依存性が強く，品質のよい製品を安く作るために，工程間の微妙な調整が必要である。たとえば，デジタル化される前のテレビに代表される家電製品，アナログ携帯電話などがそのようなアナログ的製品の代表であった。

アナログ的製品においては，製造工程間の微妙な調整をノウハウとして企業内にもち，このノウハウを踏まえて製品開発を行う能力をもつ企業が，市場を押さえて利益を上げていた。このような総合的な製造技術力，開発技術力をかね備えた企業は，先進国にしか存在しなかった。特に，家電，自動車，カメラなどは，日本企業が圧倒していた。

発展途上国において，特定の部品について技術開発力をもち，しかも安価に部品を供給できる企業があったとしても，このような総合型企業の支配下に入らなければ生き残れなかったのである。このため，市場に参入できる企業が限られていた。

1990年代まで続いたアナログの時代には，製造技術におけるノウハウがブラックボックスとして作用し，結果的に技術開発の成果を守ることができ，先進国企業と発展途上国企業との差がはっきりとついていたのである。このような中，特許は，先進国の企業間の競争をバランスさせるために取得されていたという側面があった。

しかし，デジタル化された製品においては，製造工程間の微妙な調整がいらない。アナログ製品と違って，部品間の依存性が少なく，特定の部品についてのみ一定の技術力をもてば，市場に参入できるようになったのである。パーソナルコンピュータ（PC）が，その代表である。公表されている規格に合致しておれば，部品間のすり合わせは不要であり，複数の会社から部品を購入して製品を完成させることが可能である。すり合わせが不要であることは，素人であっても，各社の部品を任意に組み合わせて容易にパソコンを自作できることから明らかである。

製品アーキテクチャのデジタル化により，工程間のすり合わせというブラックボックスを前提とする先進国のセットメーカーがもっていた利益構造が破壊された。高い技術力に支えられた製品開発と特許取得および製造技術ノウハウの循環的作用により，シェアと価格を維持するというビジネスモデルが通用しなくなったのである。たとえば，PCの分野では，発展途上国に多くの部品メーカーが登場して安価に部品を供給し，同じく発展途上国のセットメーカーが活躍している。この分野で先進国企業が収益を確保するためには，規格化，契約，特許などを活用して，自社がコントロールできるブラックボックスを，人為的に作り出さねばならなくなったのである。

たとえば，CPUのメーカーであるインテル社は，当時，PCのセットメーカーがノウハウとして秘匿していたバスラインについて，新たな公開規格であるISAバスを提唱し，周辺機器メーカーの賛同を得て，これを事実上の国際標準にまでした。しかも，ISAバスとCPUとの接続部分については，公開規格には載せずにノウハウとしたり特許を取得したりして，他社が入り込めないようにしたのである。このような仕組みを構築したからこそ，CPUの研究開発に莫大な費用を投じても，これを回収してさらに収益を上げることが可能となったのである。（図1.2）

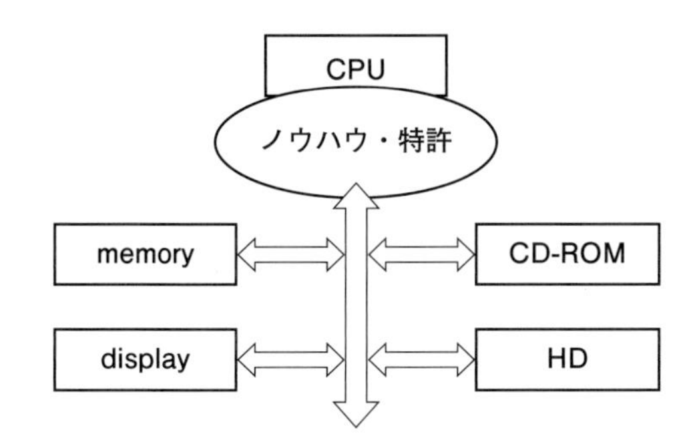

図1.2　インテルの戦略

インテル社は，マザーボードの研究も進め，自社においてCPUだけでなくPC完成品を作るだけの力をもっているが，完成品には積極的に手を出していない。開発成果であるマザーボードの製造ノウハウを，台湾などの発展途上国に与えて，市場の拡大を図ってCPUの売上げ増を狙ったのである。今のところ，この戦略は見事に成功している。

結局，製品のデジタル化によって，先進国企業の一方的市場支配から，研究開発を担う先進国企業と製造を担う途上国企業との連携による，WIN-WINの協力が市場に影響を与えることとなった。先進国企業だけでは，世界市場において期待に応えることはできなくなったのである。研究開発型の先進国企業が途上国企業と連携しつつ，しかも自らの収益を確保するためには，特許，ノウハウなどの知的財産を駆使して，戦略的な経営を行うことが重要になっている*1。

1.3　開発者・技術者に望まれる知財力

このような状況の中，知的財産に関し，企業が開発者・技術者に望む力は何であろうか。まず，開発力が必要である。いくら知財戦略を構築しても，開発力がなければ絵にかいた餅に過ぎないからである。たとえば，前述のインテル社の戦略も，CPUについての先進的な研究開発能力がなければ，うまくいかなかったはずである。研究開発自体が平凡なレベルにあれば，ノウハ

*1　小川紘一「国際標準化と事業戦略」白桃社が詳しい。

ウとして秘匿していた部分もいずれは明らかになり，特許として押さえていた部分も権利が切れてしまうことを防げないからである。独占的な地位が構築できたとしても，さらに誰も追いつくことのできない研究開発をすることが必要なのである。そのためには，開発者・技術者の開発力が問われることになる。

しかし，開発力があれば十分というわけではないのである。開発力に加えて，特許を取得する力と他社特許を避ける力が求められる。攻め（特許を取得する力）と守り（他社特許を避ける力）が必要なのである。この２つの力をつけるにはどうすればよいか。それが本書のテーマである。

まず，これら２つの能力を構成する具体的な知識や能力について考える。特許を取得する能力は，次の４つの力に具体化できる。

1.3.1 開 発 力

先に述べたように，そもそも開発力がなければ知的財産の取得はない。特許は，開発力があってこそ生まれるのである。ただし，本書では開発力については扱わない。それぞれの専門分野における力を磨いてほしい。

1.3.2 特許が取得できる発明と，できない発明を峻別する力（特許性判断能力）

開発や研究の過程でアイデアが生まれたとき，そのアイデアについて特許を取得できるのかどうかを判断しなければならない。知的財産部や弁理士に聞けばすり答えてくれるだろうが，アイデアを発想するたびに尋ねるのは面倒である。何より，自分で判断できないのではつまらない。したがって，何が特許になって，特許にならないのかを自分で判断できる方が楽しい。

1.3.3 発明を文書化する力（文書化能力）

特許がとれそうなアイデアであると思っても，それだけでは特許を取得することはできない。アイデアを文書にまとめて，知的財産部や弁理士に渡す必要がある。多くの企業では，発明届出書と呼ばれる書面にアイデアをまとめて知的財産部に提出し，知的財産部がこれに基づいて特許出願を行うかどうかを決定するようにしている。したがって，企業にとって，開発者・技術者から発明届出書が出てくることが，特許を取得するために重要となる。つまり，企業の知的財産戦略の基礎は，開発者・技術者の書く発明届出書に負っているのである。

1.3.4 自らの発明と，従来技術との違いを明確にする力（差異指摘能力）

特許出願をすると，審査官とのやり取りが行われることになる。この際，自らの発明と，従来からあった技術との違いを，明確にすることができれば，審査官が納得し特許取得につながることになる。したがって，自らの発明と従来技術との違いを明確にする力が，特許取得のために重要である。

また，自ら特許を取得するだけでなく，他社の特許を侵害しないことも重要である。他社特許を回避する能力は，以下の３つの力に具体化できる。

1.3.5　他社特許を調査する力（調査能力）

まず，他社がどのような特許を有しているのか，どのような特許出願を行っているのかを調査する力が必要である。

1.3.6　特許権の権利範囲を判断する力（権利範囲判断能力）

次に，自らが開発予定の製品が，他社の有している特許の権利範囲に入るかを判断する必要がある。そのためには，特許権の権利範囲が何を基準として，どのようにして決定されるかを理解すればよい。

1.3.7　侵害を回避して開発する力（侵害回避設計能力）

開発予定の製品が他社特許の権利範囲に入ることがわかった場合，当初の計画のままでは特許権侵害になってしまう。他社特許を尊重し回避しつつ，目的とする機能を有する製品を開発する力があれば，このような事態も楽しめる。

以上の７つの力は，攻めの力と守りの力に分けられているが，実際には，場面により，守りの力が攻めの力であったりすることもある。たとえば，特許調査をする力は，自らが特許を取得する際に，すでに同じような内容が他社から出願されていないかを調べる場合にも役立つ。したがって，特許調査力は，守りの場合だけでなく，攻めの場合にも必要な力である。いずれにしても，本書では，開発力を除く６つの力に焦点を当てて解説を行う。

2 知的財産権とは

本章では特許を含む知的財産全体について眺めた後，何のために特許制度があるのかを考える。

2.1 知的財産権（intellectual property）

2.1.1 有体物についての所有権

A さんが腕時計を購入したとする。B さんがその腕時計を使いたい場合には，A さんの許可をもらわないといけない。腕時計の所有権は，A さんがもっているからである。

B さんが，何らかの方法で A さんの腕時計をうばった場合には，A さんは B さんに対して「返してください」ということができる。それでも返してくれなければ，裁判所に申し出て，腕時計の所有権が A さんにあり，それを B さんがもっていることを証明すれば，国の執行官によって強制的に B さんから腕時計を取り戻してもらうことができる。

2.1.2 無体物についての知的財産権

では，A さんが腕時計についての発明（たとえば，腕を動かすことで発電をして腕時計を充電するというアイデア）をしたとする。A さんは，この発明について特許権を取得した。B さんがその発明を使いたい場合には，A さんの許可をもらわないといけない。発明についての特許権は，A さんがもっているからである。

B さんが，A さんの発明を勝手に使って，発明品である腕時計を作った場合には，「止めてください」ということができる。それでも止めない場合には，裁判所に申し出て，強制的に B さんが発明品である腕時計を作るのを止めさせることができる。

2.1.3 知的財産権の特質

腕時計の所有権の場合も発明の特許権の場合も，独占状態を他人が勝手に壊した場合，最終的には裁判所によって強制的に独占状態を復活させてもらえるという点で同じである。

ただし，腕時計の場合には，B さんに絶対とられたくなければ，銀行の貸金庫にでも預けることができる。これに対し，A さんが，絶対にB さんに発明を使わせたくないと思っても，発明を貸金庫に預けることはできない。発明品である腕時計を貸金庫に預けることはできるが，アイデアである発明そのものを預けることはできない。発明は形のないものだからである。このように形のない物を無体物といい，腕時計のような形のあるものを有体物という。B さんが，特許庁のウェブサイトで特許されたA さんの発明を閲覧して，その発明に基づいて腕時計を作ることを，A さんが物理的に阻止することはできないのである。(図 2.1)

(a)　所有権　　(b)　特許権

図 2.1　所有権と特許権

このように，発明のような無体物は物理的に独占できないので，有体物よりも，しっかりと法律で保護する必要がある。このため，特許法には，発明が無体物であることを考慮して，特別な保護が規定されている。

2.1.4　知的財産権の種類

知的財産権の種類を図 2.2 に示す。各権利の概要を 2.2 節以下で説明する。

権利	対象
特許権	発明（技術的アイデア）
実用新案権	考案（技術的アイデア）
意匠権	デザイン
商標権	商標
著作権	著作物（コンピュータプログラム含む）
半導体回路配置権	半導体のマスクワーク
不正競争防止法	不公正な競争行為の禁止

図 2.2　知的財産権の種類

2.2 知的財産権の概要

2.2.1 特許権（patents）

① 技術的アイデアが対象であり，② 権利を取得するためには出願・審査が必要であり，③ 出願から 20 年で権利が満了するという特徴がある。

2.2.2 実用新案権（utility models）

① 技術的アイデアが対象であり，② 出願が必要であるが，無審査で権利が与えられ，③ 出願から 10 年で権利が満了するという特徴がある。

2.2.3 意匠権（design patents）

① 物のデザインが対象であり，② 出願・審査が必要であり，③ 登録から 20 年で権利が満了するという特徴がある。

2.2.4 商標権（trademarks）

① 商品・サービスの標識が対象であり，② 出願・審査が必要であり，③ 登録から 10 年で権利が満了するという特徴がある。ただし，10 年ごとに更新を行うことで，永久に権利を保持することができる。商標は，原則として同じ権利者が使うことが好ましいからである。

2.2.5 著作権（copyrights）

① 著作物（絵・小説・プログラムなど）が対象であり，② 創作があれば自動的に権利発生するので，権利を取得するために出願は不要であり，③ 発表後 50 年（著作者の死後 50 年）権利が存続する。

2.2.6 回路配置利用権（mask works）

① 半導体集積回路の回路配置（マスクワーク）が対象であり，② 出願が必要であり，③ 登録後 10 年権利が存続する。

2.2.7 不正競争防止法（unfair competition）

① 不公正な競争行為が対象である。たとえば，商品形態のデッドコピー，営業秘密の不公正利用，技術的制限手段を迂回する装置[*1] を提供する行為が対象となる。② 具体的な事件におい

*1 コピーガードの施されたDVDを複製するための装置などである。

て，侵害されたものが個々に請求するものであって，③ 登録された権利ではない。

2.3　特許制度の概要

以上のように，特許権は，知的財産権のうち，技術的アイデアを対象とする権利である。この特許権を，発明者に与えることで技術開発を促すのが，特許制度（特許法）である。

2.3.1　特許制度は発明者だけを保護しているか

では，特許制度は誰のためにあるのだろうか。発明をした者に対して，特許権を与えるのだから，発明者のためにあると考えるのが自然である。たしかに，特許法が発明者を保護しているのは，そのとおりである。

しかし，発明者だけを保護しているのならば，権利期間を20年とせずに，永久に消滅しない権利としてもよいはずである。その方が，発明者にとって嬉しいはずだ。

仮に，特許権を期限のない永久的な権利にしたら，いつまでも昔の特許権が残ったままになる。技術は積み重ねであるから，ある製品を製造しようとしたとき，基本的な技術の特許についてもライセンスを受けなければならなくなる。たとえば，携帯電話を製造しようとした場合，ケースのプラスチック素材の特許，成型の特許に始まって，トランジスタの特許，増幅回路の特許，無線通信方式の特許，IC回路の特許など，数え切れないほどの特許についてのライセンスが必要となってしまう。このため，すべての特許権者からライセンスを得ることができず，製品を作ることができないことも起こるだろう。

このように，発明者の利益だけを考えると，社会全体の利益を損なうことになってしまう。

2.3.2　特許制度を止めてしまったら

それならば，いっそ，特許など与えずに，発明したものはだれでも自由に使えるようにした方が，社会全体の利益にならないだろうか。しかし，それでは，費用と時間をかけて新しい技術を開発する意欲がなくなってしまうだろう。あるいは，発明をしても世に公開せず秘密にするようになり，かえって技術の進歩が阻害されることになる。他の人が開発したものを真似すれば，開発費用は要らないので，模倣者の方が製品コストを安くできるからだ。

2.3.3　バランスを保つ特許制度

そこで，期間を限って，発明者に独占的な権利を認めるのが，特許制度である。世に発明を公開する代償として，一定期間（20年）だけ発明を実施する独占権を与え，その後は，誰でも自由にその発明を実施できるようにしたのである。

特許法は，この点を明らかにするため，特許法の目的を次のように規定している。

第1条 この法律は，発明の保護及び利用を図ることにより，発明を奨励し，もって産業の発達に寄与することを目的とする。

発明を保護するだけでなく，発明を利用することも考慮している。一般に，特許法は「発明」を「保護」することだけが目的だと思われがちである。しかし，この条文にあるように「発明の保護」と「発明の利用」によって，社会の発展を目指すものである。

「特許制度は教え合いの制度である」

特許権は，発明の実施を独占するものである。このため，特許というと独占するというイメージが大きい。確かに，特許品を製造したり販売したりするのは，特許権者でなければできないことになっている。

だが，特許が取られている発明も，そのアイデアを使うだけであれば，誰でも自由にできるのである。たとえば，特許公報（特許の内容を世に知らせる文献）を読んで，その特許発明を参考にして，新たな発明をすることは自由なのである。新たな発明について特許を取ってもよい。つまり，特許制度は，新しい技術を教え合う制度でもあるのだ。

3　何が特許になるのか（特許要件）

3.1　特許要件

「発明」をすれば，すべて特許が取れるというものではない。特許法に定められた要件を満足したものだけが特許になる。すでに存在する技術などのように特許権を与えるに値しないものが出願されることもある。ある水準に達した発明だけに特許が与えられるのである。

ここでは，特許を取得するために必要な特許要件のうち，まず，「出願すること」「発明であること」「新規性があること」「進歩性があること」という重要な 4 つの要件について説明する。

図 3.1 に示すように，まず，出願書類（明細書という）において発明が理解できるように記述することが必要である。これができていないと発明が理解できないのであるから，特許が与えられないのは当然である。次に，明細書に記載された発明について要件を判断する。審査官は，発明である，新規性がある，進歩性があるというすべての要件を満たしたものだけを特許する。つまり，発明であって，かつ，新規性があって，かつ，進歩性がある場合（図中，中央部分）でなければ，特許は与えられない。なお，図 3.1 に記載したもの以外の特許要件もあるが，他の要件

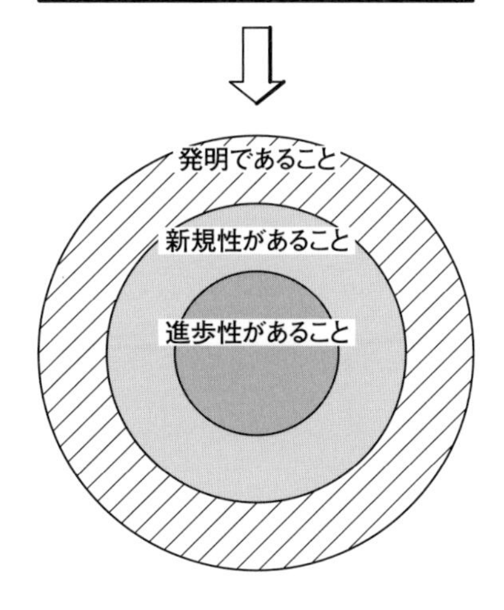

図 3.1　特許要件

については後で説明する（第7章）。

3.2 発明であること（発明の成立性）

特許法では，「発明」を特許として保護するとしている。「発明」でなければ特許されないことになる（特許法29条）。「発明であること」という要件は，最も基本的な要件であり，特許法が扱う対象であるかどうかを判断するものである。

では，「発明」とは何であろうか。特許法では，自然法則を利用した技術的思想の創作のうち高度のものをいう，としている（特許法2条1項）。したがって，審査官は，この定義に該当しないものについては特許を与えない。「自然法則を利用した技術的思想の創作のうち高度のもの」（=「発明」）に該当するかどうかの判断において，重要なポイントが2つある。1つは「自然法則を利用した技術的思想」であるかどうかであり，もう1つは「創作」であるかどうかである。以下，それぞれ説明する。

第29条 産業上利用することができる発明をした者は，…その発明について特許を受けることができる。
第2条 この法律で「発明」とは，自然法則を利用した技術的思想の創作のうち高度のものをいう。

3.2.1 自然法則を利用した技術的思想

特許法は，すべてのアイデアを対象として特許を付与するものではない。たとえアイデアの内容が素晴しいものであったとしても，特許の対象にならないものがある。

例題 3.1 Xさんは，広告代理店を経営している。Xさんの会社は，電柱に広告スペースを確保し，ここにクライアントの広告を掲載することでクライアントから掲載料を得るというビジネスを行っている。しかし，最近，クライアントから電柱広告の広告効果が小さいとの指摘が出ており，広告効果を上げるよい方法はないかと悩んでいた。ある日，Xさんは，ふと次のような広告方法を思いついた。

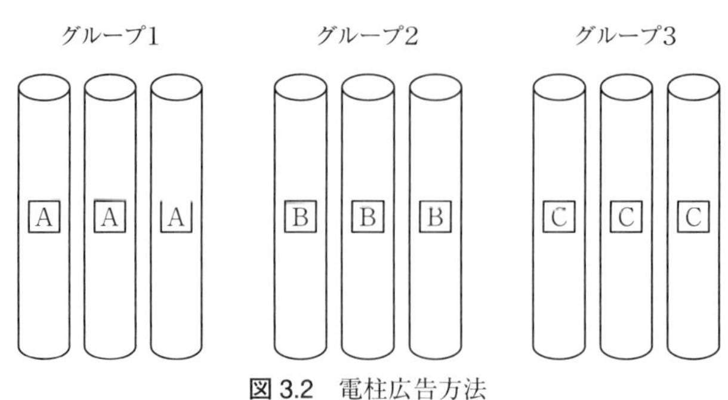

図 3.2 電柱広告方法

電柱を，いくつかのグループに分ける（図3.2では，3つのグループに分けられている）。最初の1週間は，グループ1の電柱にA社の広告を掲載し，グループ2の電柱にB社の広告を掲載し，グループ3の電柱にC社の広告を掲載する。次の1週間は，グループ1の電柱にB社を，グループ2の電柱にC社を，グループ3の電柱にA社の広告を掲載するというように，広告をローテーションする。

このように，広告をローテーションすることで，1週間ごとに広告に対する注目度を高め広告効果を上げることができると考えたのである。Xさんの考えた新しい広告方法は，特許をとることができるだろうか。（東京高判，昭31・12・25「電柱広告方法事件」をベースにした）

特許法は新しい技術を保護するものであり，例題3.1のような技術の分野に属さないアイデアについては特許対象としていない。つまり，自然法則を利用しておらず技術的とはいえない思想（アイデア）は，いくら内容が優れていても「発明」には該当せず，特許の対象とはならない。

たとえば，いくら素晴しい音楽を作曲したとしても，これは「発明」に該当しない。自然法則を利用した技術とはいえないからである。同じように，画期的な株式の運用方法やビジネスの仕組み（ビジネスモデル）を考えたとしても，それ自体では特許の対象にならない。人為的取り決め，あるいは経済法則をベースとしたアイディアであり，自然法則を利用したアイデアとはいえないからである。

例題3.1の広告方法は，自然法則を利用した技術的思想とはいえず，発明に該当しないとして，特許をとることはできない（拒絶される）。

また，「技術的思想」というためには，他人に客観的に伝えることのできるものでなければならない。したがって，職人芸などは，「発明」に該当しない。他人に客観的に伝えることのできないものは，共有財産とすることができず，公開の代償として特許を与えるという目的が達成できないからである。

さらに，「こんなことができればいいな」という願望だけがあり，その願望を実現するための具体的な手段がないようなアイデアは，「技術的思想」として完成しているとはいえず「発明」に該当しない。

その一方で，「技術的思想」として完成していれば，製品が完成している必要はない。製品を開発可能な程度の設計ができ上がっていればよい。したがって，通常は，製品企画の段階において特許出願が可能な場合が多いといえる。

3.2.2　創　　作

「創作」であるといえるためには，作り出されたものでなければならない。たとえば，新しい鉱物を「発見」したとしても，これについて特許をとることはできない。作り出したものではないからである。

3.2.3 発明に該当するもの

いわゆる技術の分野に属するアイデアであれば,「自然法則を利用した技術的思想の創作のうち高度のもの」に該当する。たとえば,機械・建築分野(物理的構造,製造方法,施工方法など),化学分野(化学的構造,組成,製造方法など),電気・電子分野(電子回路,制御方法など)におけるアイデアは「発明」に該当する。

① 物理的構造の発明例

世の中に断面が丸の鉛筆しかなかったとする。断面丸の鉛筆は,転がりやすく,机の上などから落ちてしまうという問題がある。そこで,断面を六角形にした鉛筆を考えついたとする。これは,物理的構造に関する「発明」である。

② 製造方法の発明例

また,この断面六角形の鉛筆を製造する方法が,今までの製造方法と違った新たに考えた方法であれば,製造方法の「発明」である。

③ 施工方法の発明例

既設の建物の外部に柱を建てて,既設建物の上部に増築を行うことを可能にした,既設建物を使用しながら上部方向への増築を行う工法を考えついたとする*1。これは,建物を建てる方法の発明である。

④ 化学的構造の発明例*2

何らかの用途を持つ新たな化合物を生成した場合,これは化学的構造の「発明」である。たとえば,下式で示されるイソチオシアン酸誘導体が,ネズミ忌避剤としての効果をもつことを実験的に見い出した場合,このイソチオシアン酸誘導体は,化学的構造の「発明」である。

$$R-(S)_2-CH_2-SCN$$

⑤ 電子回路の発明例

携帯電話において,周囲がうるさいと,相手の声が聞こえづらいという問題があった。携帯電話に,外部の雑音を収録するマイクを設ける。このマイクによって拾った音信号を位相逆転回路によって逆相にする。相手方の音声とこの逆相信号とを混合してスピーカに与える。外部の雑音は,逆相信号がスピーカから出力されることによって,打ち消される。したがって,相手の声だけが,よく聞こえる。これは,電子回路の「発明」である。

3.2.4 ソフトウェア

ソフトウェアは,人間が考え出した文法規則に基づいて記述されたものであり,小説などと同じように非技術的な著作物とみることができる。一方で,ソフトウェアは,コンピュータシステ

*1 特許 4163539 号を参考にした。
*2 佐伯とも子他「化学特許の理論と実際」朝倉書店,132 頁の例を参考にした。

ムの一部品とみることができ，この意味では技術的であるといえる。このように，ソフトウェアには二面性があることから，ソフトウェアのアイデアが「自然法則を利用した技術的思想」に当たり「発明」に該当するかどうかが議論されてきた。

我が国では，この二面性を考慮して，特許と著作権の両方で保護するようにしている。したがって，結論をおおざっぱにいうと，ソフトウェアに関連するアイデアは，「自然法則を利用した技術的思想」であって「発明」に該当するということになる。

ソフトウェアに関連したアイデアには，「発明」という観点からみると，2つの種類がある。1つは，電子回路の発明例⑤で示した携帯電話の回路を，CPUとソフトウェアで実現した場合である（このようなソフトウェアを技術的ソフトウェアと呼ぶことにする）。この場合，「外部雑音を逆相にしてマイクから出力する」というアイデアとしては実質的に同じであり，それを回路によって実現するかソフトウェアによって実現するかの違いだけである。つまり，「外部雑音を逆相にしてマイクから出力する」という制御自体が「自然法則を利用した技術的思想」であるといえるなら，それを回路として実現しようがソフトウェアとして実現しようが「発明」に該当することに変わりはない。したがって，技術的ソフトウェアが「発明」に該当するのは当然であるということになる。

もう1つは，3.2.1項で示したような「自然法則を利用した技術的思想」といえないアイデアを，ソフトウェアによって，つまりコンピュータシステムとして実現した場合である（このような場合を非技術的ソフトウェアと呼ぶことにする）。

図3.3に示すビジネス上の仕組み（ビジネスモデルという）を見てほしい。飛行機などのチ

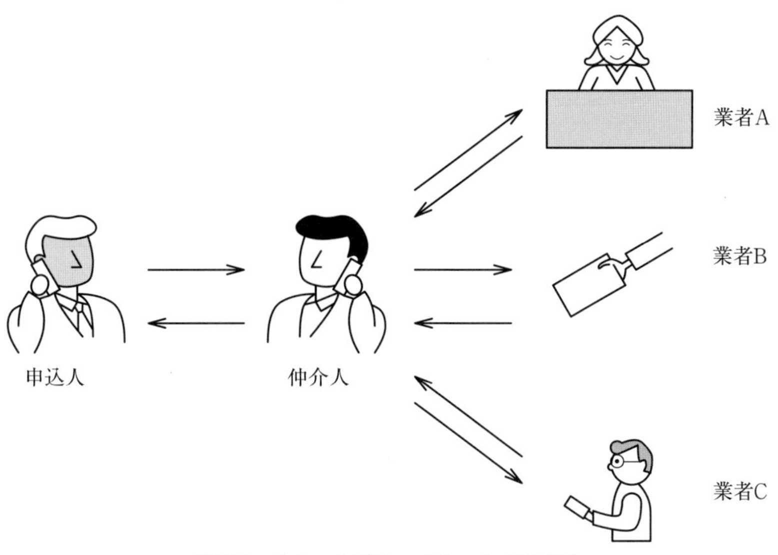

図3.3　チケット逆オークションの仕組み

ケットを安く購入したい申込人は，仲介人に対し，路線，搭乗日時，希望上限価格（15,000円以下など）などの購入条件を指定する。これを受けて，仲介人は，購入条件を複数の業者A，B，Cに連絡する。各業者A，B，Cは，それぞれ，入札価格を仲介人に連絡する。たとえば，業者Aが15,000円，業者Bが13,000円，業者Cが10,000円の価格を提示した場合，仲介人は最も価格の安い10,000円を選択する。そして，自らのマージン分（たとえば10%）を上乗せして，11,000円を申込人に提示する。この仕組みは，3.2.1項で説明したように，「自然法則を利用した技術的思想」とはいえず「発明」に該当しない。

図3.4を見てほしい。図3.3の仕組みをコンピュータシステムによって実現したものである。申込人は，PCからインターネット上のサーバにアクセスして，購入条件を入力する。サーバは，この購入条件を各業者のPCに送信する。各業者からの入札額を受けたサーバは，最も安い入札額を選択し，これに10%を乗せて，申込人のPCにメールなどで通知する。このように，ソフトウェアによるコンピュータシステムとした場合には，「自然法則を利用した技術的思想」であり「発明」に該当することになる。つまり，非技術的ソフトウェアも「発明」に該当する[*1]。

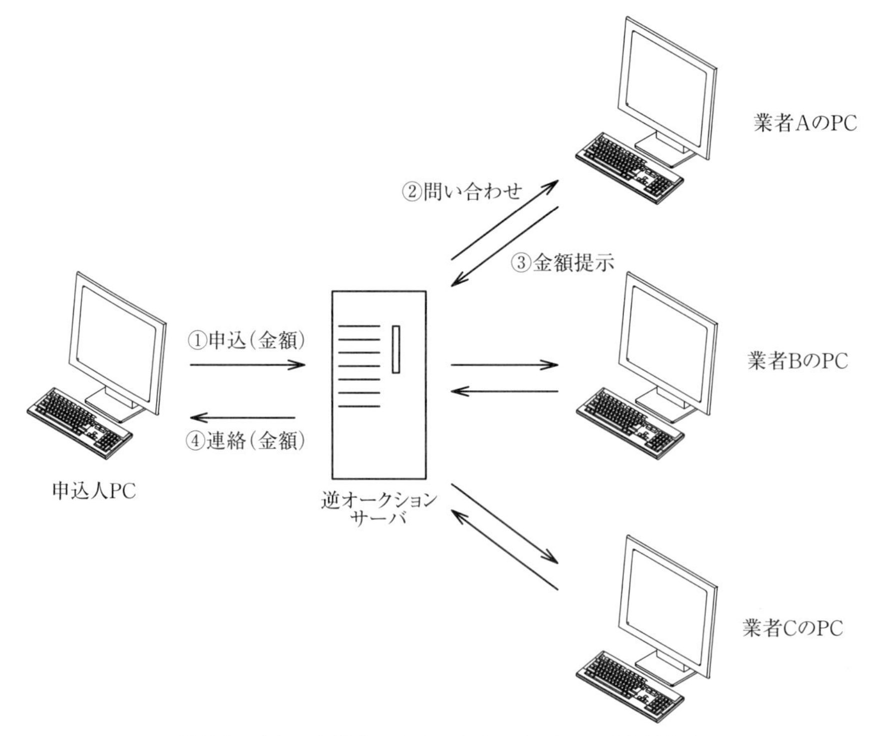

図3.4 チケット逆オークションのコンピュータシステム

*1 詳しくは，古谷栄男他「知って得するソフトウェア特許著作権（第5版）」アスキー，30頁以下参照。

3.2.5 微　生　物

微生物は，天然に存在するものであることから，「創作」に該当するかどうかが問題となる。3.2.2 項で説明したように，「天然物」そのものは自然界にすでに存在するものであり「創作」とはいえない。

では，ある有用な微生物を土壌中から見い出してこれを単離した場合，天然物の単なる「発見」にすぎず，「発明」に該当しないことになるのであろうか。天然物としての微生物は土壌中に土壌とともに存在するものであり，培地上で培養するなど人為的手段を経て培養された微生物は，もはや天然物ではないとしている。したがって，上記のような微生物は，「発明」に該当することとなる*1。

3.2.6 審 査 基 準

「自然法則を利用した技術的思想の創作のうち高度のもの」という定義だけでは，その範囲が必ずしも明確ではなく，個々の審査官によって判断が一致しない恐れがある。そこで，特許庁では，審査基準*2 を作成し，発明に該当するものと該当しないものの判断基準を明確にしている。詳しく知りたい場合には，この審査基準を読むとよい。

3.3 新規性があるか

上で説明したように，アイデアが「発明」に該当することが特許を取得するための第1の条件である。(図 3.5)

しかし「発明」であれば，すべて特許されるわけではない。その他の要件を満たす必要がある。まず，新規性が必要である。客観的に新しいアイデアでないと，特許は与えられない。新規な発明を世に公開した代償として特許を与えるのであるから当然である。また，すでに世の中に知られているアイデアに対して特許を与えると，かえって，技術進歩を阻害するからである。

*1　細田芳徳「化学・バイオ特許の出願戦略（改訂2版）」経済産業調査会，4頁以下参照
*2　特許庁は，審査をする際のガイドライン（審査基準という）を公表している（「特許審査基準」にて検索）。審査基準には，法的拘束力はないものの，審査官の判断基準を知る上で実務上重要な資料である。

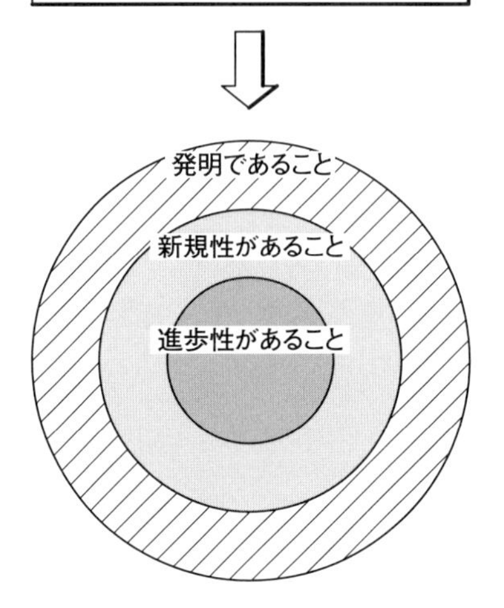

図 3.5 特許要件

「理解を深める」

「発明」は，技術的思想の創作であることをすでに説明した。創作であるということは作り出したものであるから，「新しい」ものであるはずである。つまり，「発明」という概念には，「新しい」つまり「新規」であることがすでに含まれていることになる。とすれば，「発明」であることに重ねて「新規性」を特許要件として求める必要がないようにも思える。

この点については，次のような説明ができる。「発明」が本質的にもっている「新しい」ということの意味は，発明をした本人にとって「新しい」ということ（主観的に「新しい」ということ）である。これに対し，「新規性」における「新しい」ということの意味は，本人だけでなく世の中全体として「新しい」ということ（客観的に「新しい」ということ）である。特許要件としての新規性は，本人が新しいと思っているだけではだめであり，世の中全体から見て新しくなければ特許は与えられないということである。

3.3.1　客観的な新しさ

客観的な新しさが求められており，アイデアを考えついた本人だけが主観的に新しいと思っているだけでは新規性はない。本人が知らなくとも，すでに，誰か他の人が同じアイデアを発表していれば，新規性はない。すなわち，新規性とは，発明が世に知られていないことをいう。

3.3.2　判断の基準時

新規性は，いつの時点を基準に判断するのであろうか。特許法では，特許出願の時点をもって判断するとしている。したがって，特許出願の時点より前に，他人がすでに文献等で同じアイデアを発表していた場合には，特許を受けることができない。この文献には，学会誌，業界誌だけでなく，公開された特許公報*1も含まれる。また，特許出願の時より前に，他人が同じアイデアの製品を販売していたりサービスを開始していた場合にも，特許を受けることができない。

第29条*2　産業上利用することができる発明をした者は，次に掲げる発明を除き，その発明について特許を受けることができる。

一　特許出願前に日本国内又は外国において公然知られた発明

二　特許出願前に日本国内又は外国において公然実施をされた発明

三　特許出願前に日本国内又は外国において，頒布された刊行物に記載された発明又は電気通信回線を通じて公衆に利用可能となつた発明

「理解を深める」

我が国特許法では，出願をした時点において，その発明が新規であったかどうかを判断している。しかし，その発明が新しいかどうかは，発明した時点で判断すべきであって，出願時を基準とすることは筋が通らないという反論があり得るかもしれない。この主張によれば，Aさんが発明したときには新しかったにもかかわらず，Aさんの出願手続きが遅れたために，後から発明したBさんが発表したために権利が取得できないのはおかしい，ということになる（図3.6参照）。

確かに，発明の新しさを判断する時点は，発明をした時とするのが原理的に好ましい。しかし，発明の時を基準とすると，現実的に大きな問題が生じる。それは，「発明の時」が証明困難であるという点である。証明困難な「発明の時」を基準とすると，判断がしづらい。また，実は私の方が先に発明していたというような人が後から出てきたりして，や

*1　出願内容を一般に知らせるため，特許庁によって特許公報が発行されている。出願から1年6月後に発行される特許公開公報と，特許されたものだけが掲載される特許掲載公報がある。

*2　本書では，適宜条文を掲げる。条文の構造は，条－項－号という階層から成り立っている。条については，第29条というように表記している。項については，アラビア数字にて示している。ただし，1項については「1」を表示しないのが慣例となっている。号については，漢数字にて示している。たとえば，上記の「二」で示した公然実施された発明については，第29条1項2号に規定があるということになる。

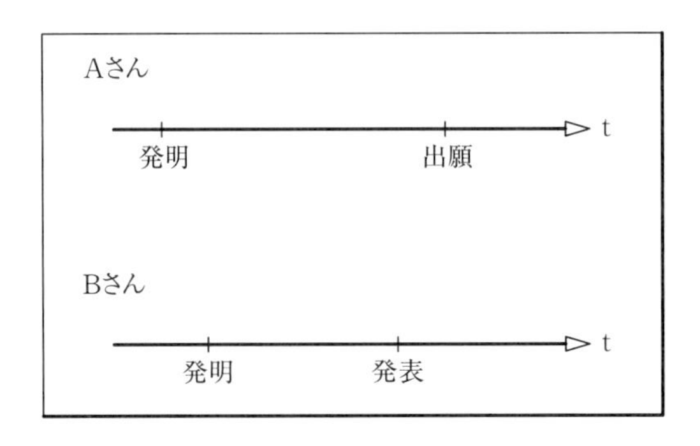

図 3.6 新規性の判断基準時

やこしい。

また，特許法は，発明を世に公開する代償として特許権を与えている。出願をすればその後発明は公開されるので，出願を行うことが公開する意思の現れとなっているともいえる。そこで，特許法は，出願の時を基準として，新規性を判断するようにしたのである。

3.3.3 新規性を失わせる行為

発明の新規性を失わせる行為としては，i）刊行物に発明を記載して発表する行為（29 条 1 項 3 号），ii）秘密を守る義務のない者に対し発明内容がわかるように発明を実演してみせる行為や，発明品を販売する行為（29 条 1 項 2 号），iii）秘密を守る義務のない者に対し，発明内容がわかるように，発明を説明する行為（29 条 1 項 1 号）などがある。

刊行物に発表した場合には，その発行時に新規性が失われる。また，ウェブページにて発表した場合も，その発表時に新規性が失われる。刊行物としては，学会誌，業界紙，新聞などどのような形態のものも含まれる。また，特許出願をすると，出願から 1 年 6 月経過した時点で，出願内容を公表するための特許公開公報が特許庁によって発行される。この特許公開公報も刊行物である。

特許出願をしても，直ちに発明の新規性が失われるわけではない。しかし，出願から 1 年 6 月経過すれば特許公開公報が発行され，新規性が失われる。

ビジネスショーなどで，発明品を展示し動作させた場合には，新規性が失われる。ただし，機械の内部に特徴のある発明について，その機械を展示して動作させたとしても，発明内容が理解できないので，新規性は失われない。内部処理に特徴のあるソフトウェアについても同様である。

なお，内部に特徴のある製品であったとしても，製品を販売した場合には新規性は失われる。購入者が，内部を解析することが可能だからである。

講演などで，口頭で発明内容を説明した場合にも，新規性は失われる。ただし，発明の内容がわからないように，製品名，用途，効果だけを説明した場合には，新規性は失われない。

3.3.4　世界中の事情を見る

新規性の判断は，日本だけでなく，世界全体を見て行う。したがって，日本では世に知られていなくとも，世界のいずれかで知られていれば新規性はなく，日本で特許をとることはできない。

3.3.5　本人による公表

例題 3.2　自転車販売店を営む X さんは，自転車の車輪の回転により，自動的にタイヤに空気を送るポンプを開発した。このポンプを自転車に装着すれば，空気入れにより空気を入れる必要がない。X さんはウェブページにて注文を受け付け，注文に応じて，このポンプを制作して発送していた。ところが，このポンプが評判となり，日本全国から注文が殺到した。そこで，X さんは，このポンプの発明につき特許出願を行った。X さんは，特許を取得できるだろうか。

発明した本人（企業）が自ら特許出願前に製品を販売するなどして，発明した本人が発明を世に知らせた場合であっても，新規性がなくなり，特許を受けられなくなる点に注意が必要である。したがって，ビジネスショーなどの展示会で発表する前に，特許出願を済ませておくことが必要である。

たとえば，図 3.7 において，Case1 は，出願前に発表が行われているので新規性なしとして，特許を取得できない。Case2 は，発表前に出願が行われているので新規性ありとなり，特許を取得できる可能性がある。

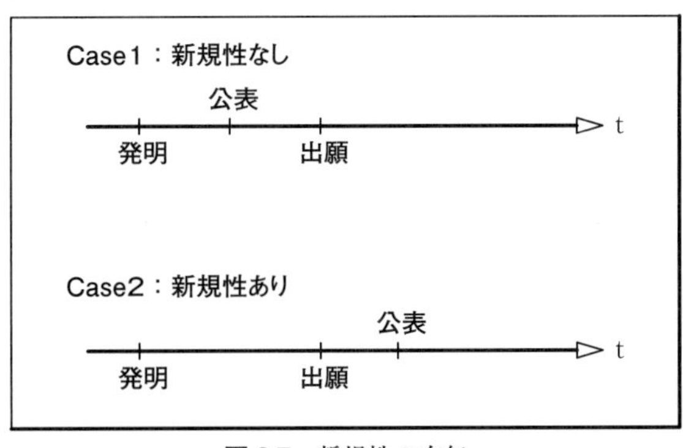

図 3.7　新規性の有無

したがって，例題 3.2 の場合，X さんは出願前にその発明品を販売しているので，新規性がないという理由で，審査官に特許付与を拒絶されることになる。ただし，発明した本人が発明を世に知らせた場合には，例外的に新規性を失わなかったものとみなす制度が設けられている。この新規性喪失の例外については，別途詳しく説明する（3.6　新規性喪失の例外）。

3.3.6　秘密を守る義務がある人が知っても大丈夫

秘密を守る義務がある人に対して発明内容を話しても，新規性は失われない。たとえば，秘密保持契約を結んだ上で，発明内容を記述した書類を相手に渡したとしても新規性は失われない。

3.3.7　新規性と従来技術

出願の時点より前に世に知られていた技術のことを「従来技術」という。出願した発明と同じ従来技術がなければ「新規性」ありということになり，出願した発明と同じ従来技術があれば「新規性」なしということになる。

3.4　進歩性があるか

次に，進歩性が必要である。新規性があればすべて特許されるわけではない。たとえ新規性があったとしても，従来技術からみて，特許を与えるに値する何らかの技術的進歩がないと特許されない。これを，進歩性と呼んでいる。特許法は，進歩性について29条2項に規定を設けている。

> **第29条…**
> 2　特許出願前にその発明の属する技術の分野における通常の知識を有する者が前項各号に掲げる発明に基いて容易に発明をすることができたときは，その発明については，同項の規定にかかわらず，特許を受けることができない。

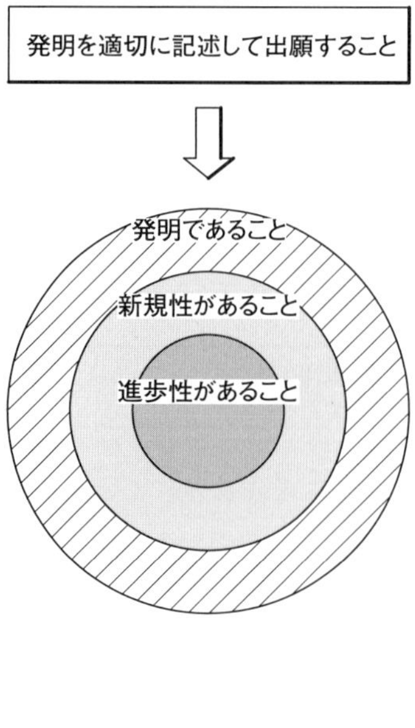

図3.8　特許要件

3.4.1　進歩性の判断基準

審査官は，従来技術から“容易に考えられる”程度の発明は，進歩性がないと判断する。では，何を基準として“容易に考えられる”かを決めるのであろうか。

①　従来技術と比較して判断する

出願された発明に最も近い従来技術と比較して判断する。したがって，どの程度よく似た従来技術があるかどうかによって，進歩性の有無が変わる。進歩性の判断の基準日は，新規性と同じく出願日である。

②　その分野の専門家を基準として判断する

その技術分野の専門家（企業における技術者・設計者・開発者）が，従来技術に基づいて，“容易に考えられる”か否かを判断する。なお，その分野の専門家のことを，当業者と呼ぶ。

③　容易に考えられるかどうかを判断する

その分野の専門家（当業者）が，仮に，従来技術を知っていたとしたら，簡単に思いついただろうという発明は，進歩性がないと判断される。

3.4.2　進歩性の具体的判断例

出願を行ったが審査官が特許を付与しない場合，その理由として最も多いのが進歩性である。つまり，進歩性のありなしが，特許取得の可否を決めるといってもよい。このように重要な要件であるにもかかわらず，進歩性があるかどうかの判断は難しい。これは，新規性が従来技術と同じであるかどうかというデジタル的な判断であるのに対し，進歩性が従来技術からどの程度進歩しているかというアナログ的な判断だからである。

特許庁の審査官が行う進歩性判断の手法も審査基準として公開されているが*1，これはあくまでも，出願された発明を拒絶するための基準であるので，アイデアを発想する者にとっては使いにくい。ここでは，進歩性についての仮想的な具体例をいくつかあげるので，具体例の中から進歩性の考え方を理解してもらいたい。

進歩性の判断に焦点を当てるため，きわめて簡単な技術を選び，すでに世の中に存在する技術をあえて存在しないものと仮定して以下の例を作成した。大昔にタイムスリップしたつもりで，読んでほしい。

例題 3.3　横断面が丸の鉛筆しかなかったものと仮定する。断面丸の鉛筆は転がりやすいという欠点があるので，横断面を六角形にした鉛筆を発明し出願した。つまり，出願前に知られていた従来技術は横断面が丸の鉛筆であり，出願した発明は横断面が六角形の鉛筆であるとする。この発明は進歩性があるだろうか。（図 3.9 参照）

---

*1　特許・実用新案審査基準 第Ⅲ部第2章

従来技術

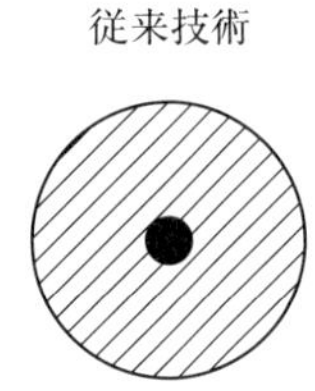

発明

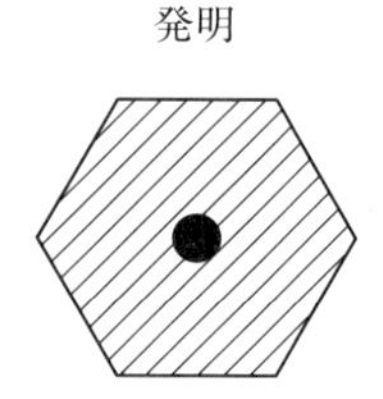

図 3.9 鉛筆の発明

発明と従来技術との違いは，「断面が六角形」であるという点にある。断面を六角形にすることによって，転がりが防止できたのである。したがって，筆記具において断面を多角形にすることによって転がりを防止するという考え方がなかったのであれば，例題 3.3 の発明は進歩性があるといえるだろう。

例題 3.4 従来技術として横断面が丸の鉛筆があったとする。さらに，従来技術として横断面を三角形にして転がりにくくしたボールペンがあったとする。そこで，横断面を六角形にした鉛筆を発明し出願した。この発明は進歩性があるだろうか。

発明の断面六角形の鉛筆が，従来技術の断面三角形のボールペンと違う点は，「断面が六角形である点」「鉛筆である点」である。従来技術と同じではないので新規性はある。しかし，転がりにくくするという目的においては，断面が三角形であろうと六角形であろうと同じである。また，ボールペンにおいて知られている技術を，同じ筆記用具である鉛筆に転用するのも簡単なことである。したがって，この発明は，従来技術に対して進歩性がないといえるだろう。

例題 3.5 パソコンの入力装置としてキーボードしかなかったとする。そのときに，マウスを発明して出願した。つまり，出願前に知られていた従来技術はキーボード，出願された発明はマウスであるとする。この場合，マウスの発明は進歩性があるだろうか。

マウスは，ボールの回転距離と回転方向を検出し，この検出内容に応じてディスプレイ上のマウスカーソルを移動させるものである。キーボードにはこのような構成はなく，キーボードに基づいてマウスを簡単に発想できるような要因がない。したがって，例題 3.5 のケースでは，進歩性ありと考えてよいだろう。

例題 3.6 従来技術として有線マウスがすでに知られていた。ここで，有線マウスとは，マウスからパソコン本体までをケーブルによって接続する形式のマウスをいう。さらに，従来技術として無線式のキーボードが知られていたとする。無線式のキーボードとは，キーボードとパソコン本体との間のデータのやりとりを無線通信にて行うものである。そこで，無線式のマウスを発明して出願した。この無線マウスの発明は進歩性があるだろうか。

まず，無線式のマウスは従来技術になかったのであるから，新規性はあるということである。しかし，新規性だけでは特許にならない。進歩性が必要である。

従来技術として有線マウスが知られているのであるから，出願した無線マウスとの違いは，有線か無線かの違いである。パソコンの周辺機器において，有線にて接続していたものを無線に置き換えるという考え方は，無線式キーボードによって知られている。したがって，従来技術における無線式キーボードの考え方を，従来技術における有線マウスに組み合わせて考えると，出願した無線マウスを考えつくのは，容易であるといえる。したがって，例題3.6のケースでは，進歩性なしとなる*[1]。

マウスを無線式にすることによって，「本体から離れた場所でも使用できる」というメリット（技術的効果）がある。従来の有線マウスと比べたとき，このような技術的効果があるのだから，進歩性があるというべきではないかと考える人がいるかも知れない。

しかし，進歩性は，技術的効果があるかないかだけによって判断されるのではない。キーボードを無線化することが従来技術として知られているときに，マウスを無線化しようという発想が，専門家にとって簡単なことであるかどうかも問われているのである。

進歩性があるといえるためには，i）変わったこと（普通でないこと）をして，かつii）その結果技術的効果が生じていることが必要である。例題3.4では，ii）の技術的効果は生じているものの，問題解決のために当たり前のことをしているだけなので，進歩性がないと考えればよいだろう。

例題 3.7　従来技術として有線マウスがすでに知られていた。さらに，従来技術として有線式のキーボードおよび無線式のキーボードが知られていたとする。そこで，有線式のキーボードに受信機を内蔵させ，これとの通信を行う無線マウスを発明し出願した（図3.10参照）。マウスの信号は，キーボードに無線で送信され，キーボードからパソコン本体へ有線にて伝送される。
パソコン本体とマウスとの距離よりも，キーボードとマウスとの距離の方が近いのが普通である。とすれば，この発明によれば，距離の近い分，送受信機の出力を小さいものとすることができる。この場合の無線マウスの発明は，進歩性があるだろうか。

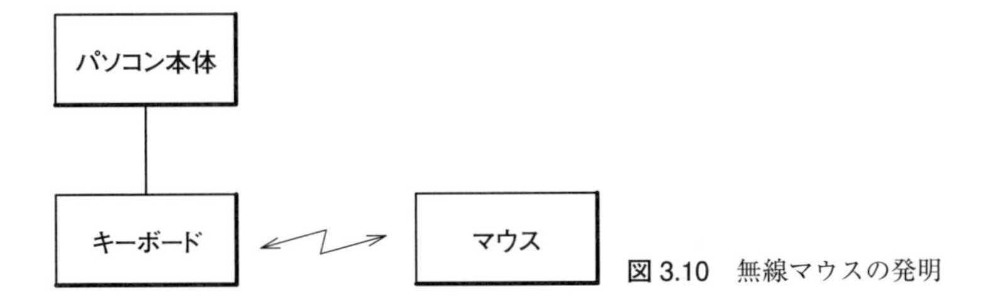

図 3.10　無線マウスの発明

*1　ここでは無線化の方式等について考慮せず，単純に「マウスを無線化する」というアイデアとして考える。無線化の方式に工夫があれば，その無線化方式の詳細について進歩性ありとして特許を取得できる可能性がある。

出願した無線式マウスを従来技術の有線式マウスと比較すると,「無線である」という点と「マウスの信号をキーボードを介してパソコン本体に伝える」という点が違っている。「無線である」ということは,無線式のキーボードが知られているので,この点は進歩性があるとはいえない。しかし,「マウスの信号をキーボードを介してパソコン本体に伝える」という点はどうだろうか。

従来の技術では,無線化する場合に,パソコン本体との間で無線通信を行うのが当たり前となっている。これに対し,この発明では,あえてパソコン本体との間ではなくキーボードとの間で無線通信を行うようにしている。この点は,変わったこと(普通ではないこと)をしているといえなくもない。そして,あえてキーボードとの間で無線通信を行うようにしたことによって,小さな出力の送受信機を用いることができるという技術的効果を得ている。したがって,i) 変わったこと(当たり前でないこと)をして,かつ ii) その結果技術的効果が生じているといえるので,進歩性があると考えることができる。

ただし,例題 3.7 については,パソコン本体との間で無線通信をするという考え方があるのなら,キーボードとの間で無線通信するに発想することも,当たり前のことであり,進歩性がないと考えることもできる。

例題 3.7 は,進歩性の有無についてのボーダーライン上にあるといえよう。あえて,このような微妙な例を提示したのは,例題 3.5,例題 3.6 のような,進歩性の有無がはっきりしている事例だけでは,進歩性判断の力を付けることはできないからである。ここで理解する必要があるのは,例題 3.6 の発明は進歩性がないことが確実であるが,例題 3.7 の発明は進歩性があると判断される可能性もあるということであり,その違いが何によって生じているのかということである(上記 i),ii) の違いであるといえるだろう)。

結論からいうと,実務においては,進歩性ありと断言できなくとも,上記 i) ii) のポイントを主張することで,進歩性ありと判断される可能性があるということを見出すことが重要である。

他の例について検討してみよう。

例題 3.8 図 3.11 に示すような,従来技術があったとする。
この従来技術(1)は,逆オークションの仲介を行うシステムである(3.2.4 ソフトウェア参照)。

この従来技術の問題は,せっかくサーバから見積金額を提示したにもかかわらず,ユーザがチケットを購入しない(つまり「ひやかし」)という事態が生じるという点にある。このような「ひやかし」のユーザのためにサーバの処理負担が大きくなり,本当に購入したいユーザに対する処理速度が低下してしまうという結果を招く。

そこで,このシステムにおける申込から連絡までの処理を迅速にするため,逆オークションサーバを 2 台にした逆オークションシステムを発明し出願した(図 3.12 参照)。この発明は進歩性があるだろうか。なお,処理速度向上のためにサーバを 2 台設けて並列処理を行う技術は,すでに従来技術(2)として知られていたものとする。

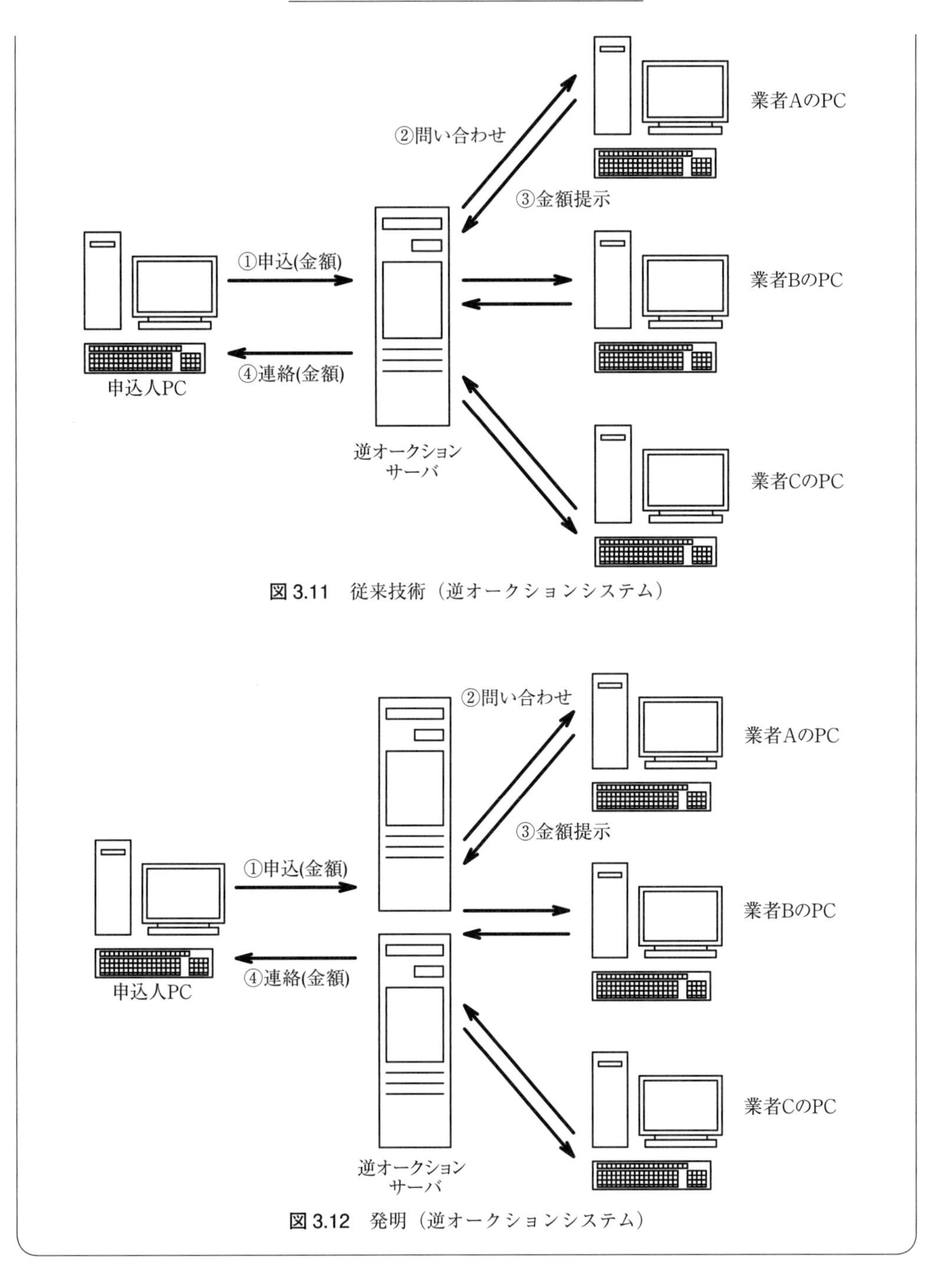

図 3.11　従来技術（逆オークションシステム）

図 3.12　発明（逆オークションシステム）

この場合，発明が従来技術（1）と違う点は，「サーバを2台設けて並列処理を行った」という点にある。サーバを2台設けて並列処理を行うという考え方は，従来技術（2）において示されている。したがって，従来技術（1）に従来技術（2）を組み合わせれば，発明を思いつくのは容易なことであり，進歩性はないと判断される。確かに，「ひやかし」による弊害を防止できるという効果はあるが，何も変わったことをしておらず進歩性はない。つまり，前記i）を満足するものではない。

例題 3.9 上記の図3.12に示すような，従来技術（1）があったとする。この従来技術（1）には，前述のように「ひやかし」のためにシステムに対する負荷がかかるという問題がある。

そこで，図3.13のような発明をして出願をした。この発明では，① ユーザが申し込みを行う際に，希望金額だけでなく，クレジットカードの番号を入力させるようにしている。

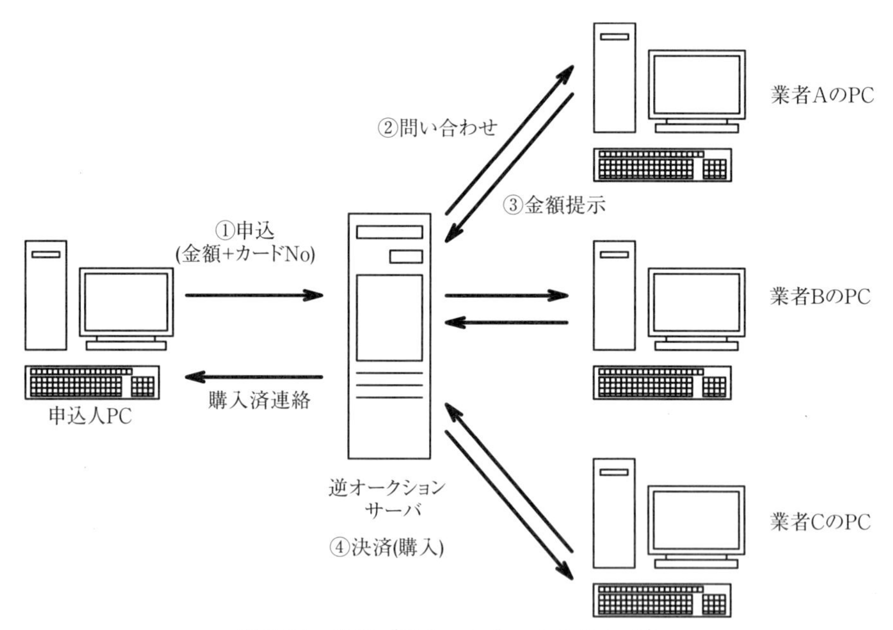

図 3.13 発明（逆オークションシステム）

④ 各業者からの見積金額を受けたサーバは，最も安いものを選択する。最も安い金額が，ユーザが当初提示した金額よりも安い場合には，あらかじめユーザから受け取っていたクレジットカードの番号を用いて，業者との間でチケット購入の決済を行う。⑤ 申込人PCに対しては，購入したことを連絡する。このシステムによれば，本当にチケットを購入したいと考えるユーザだけがこのシステムを使うことになり，システムの負荷を軽減できる。この発明は進歩性があるだろうか。

なお，オンラインショッピングのときに，金額が提示されるとクレジットカードを用いて決済を行うという従来技術（2）が存在するものとする。

この発明が従来技術（1）と違っている点は，「クレジットカードの番号を申し込み時に入力させ，当該クレジットカード番号を用いて最も安いチケットを購入するよう決済する」という点にある。従来技術（2）には，クレジットカードによってインターネット上で決済を行う技術が示されている。したがって，一見，従来技術（1）と従来技術（2）を組み合わせれば，この発明が簡単に生み出せそうにも見える。

しかし，従来技術（2）は「金額が提示されるとクレジットカードを用いて決済を行う」というものであり，この発明のように「金額が決定しないうちにクレジットカードの番号を入力させ，その後金額が決まると決済を自動的に行う」という処理を行っていない。つまり，発明のシステムでは，金額も決まらないうちにクレジットカードの番号を入力させるという，普通ではない処理をしているのである。このような普通ではない変わった処理を行うことで，「冷やかし」を防止するという効果を得ている。したがって，例題3.9の発明は，進歩性があると判断される可能性がある。

3.4.3　進歩性のまとめ

上記では，進歩性があるかどうかを，i）変わったこと（普通ではないこと）をして，かつii）その結果技術的効果が生じているかを目安として判断する例を示した。これを専門用語に置き換えてみると，進歩性が認められるためには，構成の困難性および技術的効果が必要であるということになる*1。構成の困難性とは，上記の「変わったこと（普通でないこと）」に対応している。「変わったこと」であるから，簡単には発明を構成できず困難性があるということである。

特許出願の審査実務や，裁判例においては，構成の困難性がない例を類型化して用いている。たとえば，2つの従来技術を組み合わせて得られた発明や，単なる最適材料の選択にすぎないような発明等は，技術的効果があったとしても構成の困難性がないとしている*2。

3.4.4　技術分野と進歩性

技術分野により，進歩性の判断基準が異なるように見える場合がある。たとえば，化学物質の発明においては，新規性があれば進歩性もあるという場合が多い。つまり，新規性と進歩性が接近傾向にある。これに対し，機械や電気・電子分野の発明では，新規性があるというレベルと進歩性があるというレベルでは，かなりの差がある。

機械・電気・電子の分野では，技術の予測可能性が高く，所望の結果を得ることができるもの

*1　構成の困難性を重視する考え方，効果の顕著性を重視する考え方，双方を考慮する考え方など，裁判例や学説では多くの考え方が示されている。本書では，構成の困難性を中心として話を進める。
*2　進歩性の解説動画を用意している。YouTubeにて「進歩性 古谷」で検索してください。

を理論的に思考のみで構築することが可能である。このため，新規性があったとしても予想の範囲内にとどまるものも多く，進歩性がないという場合が生じやすいのである。ソフトウエアなどは，さらに予測可能性が高い分野である。

これに対し，化学の分野においては，実験を行わないと，特定の効果（たとえば，薬における効能）があるかどうかがわからない場合が多い。つまり，技術の予測可能性が低いということができる。理論だけでは予測できないことを実験で見い出したのであるから，それは当たり前のことではなく，進歩性があるという方向に結び付く。極端ないい方をすると，このような分野では，新規性があれば進歩性もあるということになる。

ただし，技術分野によって進歩性の判断基準が変えられているのではなく，技術分野の特性が異なっているので，同じ進歩性の基準を適用しても，進歩性のレベルが異なるように見えるのである。

3.5 発明を適切に記述して出願すること

3.5.1 発明の記載要件

例題 3.10 通信技術の開発を行うベンチャー企業の社長であり開発者でもある X さんは，携帯電話の新しい通信方式について発明をした。発明の内容を説明した書面を添付して特許出願をした。しかし，特許庁の審査官から，「書面を読んだが発明の説明が不十分であり，発明が完成していない。よって，特許を与えることはできない。」と指摘された。これに対し，X さんは，「確かに書面の記述は不十分であることは認めるが，発明が完成していたことは間違いない。必要であれば，当時すでに発明が完成していたことを証明する証人も用意できる。補足説明をするので，特許を与えてほしい。」という主張をした。X さんの主張は，審査官に認められるだろうか。

審査官は，出願時に提出された書面に基づいて審査を行う。したがって，出願時の書面において発明の説明が不十分であり，発明の内容が理解できない場合には，審査官は特許を与えることができない。例題 3.10 において，X さんの主張は認められず，X さんは特許を取得できない。出願時に発明を適切に説明した書類を整えることが，特許取得のために必要である。

特許法は，開示の代償として特許を与える制度である（「2.3 特許制度の概要」参照）。これにより，一定期間の独占を許した後は，その発明を社会にて共有しようとするのである。したがって，特許権者以外の人が，出願書類を読んで，その発明を実施できなければ共有することができなくなる（特許法 36 条 4 項）。したがって出願書類に，発明が適切に記述されていない場合には，特許は与えられない。

では，どの程度詳細に発明を説明すればよいのであろうか。特許法36条は，要求する条件を明らかにしている。

> **第36条4項**　…明細書の記載は，次の各号に適合するものでなければならない。
> 一　経済産業省令で定めるところにより，その発明の属する技術の分野における通常の知識を有する者がその実施をすることができる程度に明確かつ十分に記載したものであること。

「その発明の属する技術の分野における通常の知識を有する者」（つまり，その分野の専門家）が，明細書（出願書類の1つ）を読んで，その発明を実施（製造したり，使用したりすること）できる程度に説明することが求められている。

一般に，機械装置の発明であれば，その構造と動作を図面を参照して発明内容を文章にて説明する。もちろん，構造を理解しても，製造方法がわからない場合には，製造方法も説明する必要がある。

電子回路の発明であれば，回路図，ブロック図，タイムチャート，状態遷移図などを用いて，発明内容を説明することになる。

ソフトウェア（システム）の発明であれば，ハードウェア構成，フローチャート，データ，画面などを用いて，発明内容を文章にて説明することになる。電子回路やソフトウェアは，ほとんどの場合，回路図・ブロック図やフローチャートさえあれば製造できるので，製造方法を説明しなくてよいことが多い。

化学物質の発明であれば，化学構造を明確にするとともに，その製造方法を説明する。

審査官に，発明の記述が不十分であると指摘されてから，その内容を補充することはできない。出願の際に，完全な記述にしておかなければならない。なお，先に説明した発明であること，新規性，進歩性の要件も，出願書類に記載された発明に基づいて行われる。

3.5.2　出 願 書 類

特許出願の際には，上で説明したように，発明を詳細に説明する明細書，図面の他に，願書，特許請求の範囲を提出しなければならない。願書には，誰が発明者であり，誰が権利者であるのか等を記載する。特許請求の範囲には，権利を請求する技術的な範囲を記載する。出願書類の役割については，後で詳しく説明する（第6章）。

3.6 新規性喪失の例外

3.6.1 新規性喪失の例外の内容

前述のように，発明者本人が出願前に販売したり，新聞雑誌等（刊行物）への掲載，展示会での発表等を行った場合には，新規性なしとして特許を取得できない。しかし，発明者自身の行為によって新規性が失われ，その後に発明者が出願した場合まで，一律に新規性なしとする扱いは，厳しすぎるともいえる。そこで，特許法では，本人が発表した場合に限り，例外的に新規性を失わなかったものとする扱いをしている（新規性喪失の例外）。

新規性喪失の例外の適用を主張して出願をした場合，これらの発表は，出願前の公知技術とされず，新規性や進歩性がないとする根拠とされない。ただし，このような取り扱い（新規性喪失の例外）を受けるためには，発表から1年以内に出願しなければならない。（図3.14参照）

図3.14 新規性喪失の例外

3.6.2 新規性喪失の例外の限界

新規性喪失の例外は，できれば用いない方が好ましい。つまり，発表する前に特許出願をすることが好ましい。外国での特許取得が厳しくなるからである。日本では，上述のように，販売であれ，刊行物での発表であれ，新規性喪失の例外の適用を受けることができる。しかし，どのような事由に対して例外の適用を認めるかは，国によって異なっている。たとえば，ヨーロッパでは，ごく限られた事由についてのみ（博覧会への出品など）新規性喪失の例外を認め，製品の販売，文書による発表や学会での発表について，新規性喪失の例外を認めていない。また，中国では，博覧会出品だけでなく，学会発表についても新規性喪失の例外を認めているが，中国の学会で発表した場合に限られている。

これらのことを考慮すると，ヨーロッパや中国でも特許権を取得したい場合には，新規性喪失の例外に頼るのではなく，発表を行う前に特許出願を済ませることが大切である*1。

*1 米国は，日本と同様，広く新規性喪失の例外を認めている。

理解度確認演習A（1章～3章）

選択肢のうち，正しいものを1つ選択すること。正しいものが2つ以上あると思った場合でも，最も正解にふさわしいと思うものを1つ選択すること。解答を巻末に掲載した。

A.1　次に示すもののうち，特許要件でないものはどれか。

1. 新規性があること
2. 進歩性があること
3. 発明であること
4. 発明品によって利益を得ていること

A.2　次のもののうち「発明」に該当しないものを2つ選んだ場合の組合せとして正しいのはどれか。

ア．集積回路の構造
イ．建造物の施工方法
ウ．タイヤの空気圧測定方法
エ．絵画
オ．医薬品
カ．新しく発見された鉱物

1. エカ　2. イウ　3. アエ　4. ウオ　5. アオ　6. イオ　7. ウエ

A.3　以下に特許法の条文の抜粋を示す。(a)，(b) の条文に対応する概念を示すものとして正しい組合せを示すものはどれか。

(a)　産業上利用することができる発明をした者は，次に掲げる発明を除き，その発明について特許を受けることができる。
1. 特許出願前に日本国内又は外国において公然知られた発明
2. 特許出願前に日本国内又は外国において公然実施をされた発明
3. 特許出願前に日本国内又は外国において，頒布された刊行物に記載された発明又は電気通信回線を通じて公衆に利用可能となつた発明

(b)　特許出願前にその発明の属する技術の分野における通常の知識を有する者が前項各

号（上記（a）の1. 2. 3. のことである）に掲げる発明に基づいて容易に発明をすることができたときは，その発明については，同項の規定にかかわらず，特許を受けることができない。

1. （a）特許法の目的 （b）新規性
2. （a）進歩性 （b）新規性
3. （a）特許法の目的 （b）進歩性
4. （a）新規性 （b）特許法の目的
5. （a）新規性 （b）進歩性

A.4 次の場合において，新規性があるのはどれか。

1. 特許出願をする前に，発明の内容について，会社の同僚数名とミーティングを持った。
2. 車輪の回転によって自動的にタイヤに空気を注入する特殊なポンプを搭載した自転車を販売した後，自転車ではなくそのポンプについて特許出願をした。
3. 特許出願をしたところ，その発明がすでにヨーロッパにおいて出願前の技術雑誌に掲載されていた。
4. 特許出願の前に発明の内容を，自社のウェブサイトに掲載した。
5. 発明品がどの程度売れるかを予測するため，発明の内容を説明して，街頭で消費者アンケートを採った。その結果がよかったので，特許出願をした。

A.5 次の記載のうち，誤っているものはどれか。

1. 発明者Xが2016年3月1日に発明を発表し，同年6月1日に新規性喪失の例外を主張して出願を行った。Yが偶然にも同じ発明をし，2016年5月1日発行の学会誌にその発明を発表した。この場合，Xの出願は，Yの発表によって新規性がないとして拒絶される。
2. 上記選択肢1において，Yの発表が2016年7月1日であった場合，Xの出願は，Yの発表によって新規性がないとして拒絶されない。
3. 上記選択肢1において，Yの発表が2016年2月1日であった場合，Xの出願は，Yの発表によって新規性がないとして拒絶される。
4. 出願前の発表について新規性喪失の例外が適用されたとしても，進歩性の判断において，当該発表内容は従来技術として扱われる。

A.6 次の記載のうち，正しいものはどれか。

1. 出願書類の記載が不十分であり発明が理解できない場合，出願後に説明を追加して発明を理解できるようにすれば特許を取得できる。
2. 出願書類に，その発明の分野のトップレベルの研究者が出願書類を読んで発明を実施できる程度に説明していれば，記載が不十分であるとして拒絶されることはない。

3. 出願書類に記載された発明が，実際になされた発明と違っていることが判明した場合，審査官は，実際になされた発明に基づいて，新規性・進歩性を判断する。
4. 特許法は最終的に発明を社会に共有しようとする制度であるから，特許権の満了後に，その分野の専門家が出願書類を読んで発明を実施できるように，出願書類にて発明を説明しなければ特許は与えられない。

A.7 次に示す「趣旨を問う問題の考え方」を参考にして，新規性喪失の例外が認められている趣旨を説明せよ。(300 字程度)

「趣旨を問う問題の考え方（「原則」「しかし」「そこで」の書き方）」

趣旨を問う問題については「原則」「しかし」「そこで」のパターンで書くとよい。このパターンのよいところは，基本的な事項にまでさかのぼって書けるので，説得力が増すという点にある。また，パターン化されているので，書くべき内容を思いつきやすい。法律答案だけでなく，説得力のある文章を書く際に使える。

ここでは，「進歩性が特許要件とされている趣旨を説明せよ」という問題を解く場合を例として解説する。原則，しかし，そこでの各項目に書く内容をまとめると次表のようになる。

項目	書く内容
原則	原則
しかし	原則を貫いた場合の問題（不都合な点）
そこで	結論（原則の否定）

答案の内容を思いつくためには，次のように考えるとよい。

1) まず，「そこで」（結論）の部分を明確にする。進歩性が特許要件とされている趣旨を説明せよという問題であれば，「進歩性が特許要件とされている」というのが結論である。最後の項目である「そこで」から考えるようにしているのは，「そこで」に書く内容は，ほとんど問題文に書かれているといってよいからである。
2) 「そこで」の内容として「進歩性が特許要件とされている」という点を思いついたら，次に，「原則」を考える。上の表からわかるように，「原則」と「そこで」は，互いに裏返しの関係にある。したがって，「そこで」を裏返せば，「原則」を導き出すことができる。つまり，「進歩性を特許要件としない」という内容を導き出せる。「進歩性を特許要件としない」ということは「新規性があれば特許する」ということである。したがって，原則に書く内容として，「特許法は新規な発明を世に公開する代償として特許を与えるものであるから，新規性があれば特許を与えることを原則としてもよい。」を導き出すことができる。
3) 次に，この原則を貫いた場合の問題を考える。この点が，答案の核心となる部分である。「新規であるからといって，その分野の専門家が容易に発明できたものまで特許を与えると，特許権が乱立し，かえって，産業の発達を阻害する」というような内容を導き出せればいい。これが，「しかし」に書く内容である。

4) 以上のようにして，「原則」「しかし」「そこで」の概要が決まる。これを，並べると次のようになる。

> 特許法は新規な発明を世に公開する代償として特許を与えるものであるから，新規性があれば特許を与えることを原則としてもよい。
> しかし，新規であるからといって，その分野の専門家が容易に発明できたものまで特許を与えると，特許権が乱立し，かえって，産業の発達を阻害する。
> そこで，その分野の専門家が容易に発明できる程度の発明には特許を与えないようにして特許権の乱立を防止するため，進歩性を特許要件とした。

以上

4 特許権の効力

前章では，特許を取得するための要件を説明した。この章では，出願をして特許を取得できると，どのような効力があるのかを説明していく。

4.1 特許権の効力

4.1.1 どのような効力があるのか

特許にはどのような効力があるのか。簡単にいうと，特許権者だけが，その発明品を製造，販売等（実施）できるということである。また，特許権者だけが，その発明の方法を使用できる（特許法68条）。もちろん，特許権者の承諾を得て発明の実施を行う場合には，特許権侵害とはならない。通常は，発明の実施を行うために，特許権者に対して，製品1個当たりいくらという形で，ライセンス料を支払う契約を行うことになる。

> **第68条** 特許権者は，業として特許発明の実施をする権利を専有する。ただし，その特許権について専用実施権を設定したときは，専用実施権者がその特許発明の実施をする権利を専有する範囲については，この限りでない。

したがって，特許権者以外のものが，承諾なく，事業として発明の実施（発明品の製造，販売，使用などのいずれか）をした場合，これを止めさせることができる（差止請求権）。また，そのような行為によって被った損害を賠償させることができる（損害賠償請求権）。

4.1.2 業として特許発明の実施をする権利を専有する

特許権者は，業として特許発明の実施をする権利を専有する。これが，特許権の効力である。では，なぜ「業として」という文言が入っているのか，どのような場合が「業として」に該当するのか，あるいは，どのような場合が「業として」に該当しないのかを明らかにしないと，特許権の効力の内容ははっきりとしない。同じことが，「特許発明」「実施」「専有」などの文言についても当てはまる。そこで，以下では，これらの文言の意味について説明を行う。

① 「業として」

「業として」とは，業務としてという意味である。したがって，特許権者以外の者が無断で特許発明を実施したとしても，それが家庭的・個人的な行為である場合には，特許権の効力は及ばず，特許権侵害とならない。特許法は産業の発達を目的とするものであるから，家庭的・個人的な行為についてまで効力を及ぼす必要はなく，効力を及ぼすのは行き過ぎだからである。

なお，「業として」に該当するかどうかは，営利・非営利を問わない。非営利団体（地方公共団体など）が，特許権者に無断で特許発明を実施した場合には，特許権侵害となる。

② 「特許発明の実施」

「特許発明」とは，特許を取得した発明をいう。「特許発明」の技術的な範囲については，「4.5 効力の及ぶ技術的な範囲」にて説明する。どのような行為が「実施」に当たるかは，特許法２条に規定されている。

第２条 …

2 この法律で「特許発明」とは，特許を受けている発明をいう。

3 この法律で発明について「実施」とは，次に掲げる行為をいう。

一 物の発明にあっては，その物の生産，使用，譲渡等…をする行為

二 方法の発明にあっては，その方法の使用をする行為

三 物を生産する方法の発明にあっては，前号に掲げるもののほか，その方法により生産した物の使用，譲渡等…をする行為

物の発明については，その物の生産，使用，譲渡等をする行為が「実施」に当たる（特許法２条３項１号）。したがって，特許権者に無断で，特許品を生産したり，使用したり，譲渡（販売など）したりする行為は侵害となる。

例題 4.1 X 社は，車輪の回転によって自動的にタイヤに空気を注入することのできる自転車の発明について特許を保有している。Y 社は，X 社に無断で，この発明品である自転車を製造し，商社である Z 社に販売した。Z 社は，この自転車を，ラーメン店 Q に販売した。ラーメン店 Q は，この自転車を出前に使用している。X 社は，Z 社に対して，特許権侵害であるとして，その販売行為を中止させることはできるだろうか。ラーメン店 Q に対してはどうであろうか。

例題 4.1 の場合，Y 社の製造行為が特許権侵害となることは間違いない。さらに，この Y 社から購入して販売している Z 社の販売行為も特許権侵害である。ラーメン店 Q も，この自転車を業務に使用しているので，特許権侵害となる。つまり，生産行為，販売行為，使用行為のいずれもが特許権侵害となる。つまり，生産，使用，譲渡のすべての行為を行ってはじめて侵害となるのではなく，いずれかの行為を行えば侵害となるのである。

方法の発明については，その方法の使用をする行為が「実施」に当たる（特許法２条３項２号）。また，物を生産する方法の発明については，その方法を使用する行為のほか，その方法に

より生産した物の使用，譲渡等をする行為が「実施」に当たる（特許法2条3項3号）。

③ 「専有」

「専有する」とは，独り占めするということである。したがって，他人が無断で特許発明を実施することを禁止することができる。

4.1.3　特許権の効力が及ばない場合

特許権者の許可なく，業として特許発明を実施すると特許権侵害となる。しかし，これに該当しても，特許権侵害とならない（特許権の効力が及ばない）場合が，特許法に規定されている。

> **第69条**　特許権の効力は，試験又は研究のためにする特許発明の実施には，及ばない。
> 2　…
> 3　2以上の医薬（人の病気の診断，治療，処置又は予防のため使用する物をいう。以下この項において同じ。）を混合することにより製造されるべき医薬の発明又は2以上の医薬を混合して医薬を製造する方法の発明に係る特許権の効力は，医師又は歯科医師の処方せんにより調剤する行為及び医師又は歯科医師の処方せんにより調剤する医薬には，及ばない。

試験または研究のためにする特許発明の実施には，特許権の効力は及ばない（特許法69条1項）。したがって，技術的な試験または研究のためであれば，特許権者の許可なく実施をしたとしても特許権侵害にならない。技術的な試験または研究として行われる特許発明の実施が，特許権者の利益を直接害することは通常考えられないからである。たとえば，会社が，研究のために特許品を作る行為（生産に該当する）は，特許権侵害にならない。ただし，作った特許品を販売すると特許権侵害となる。研究の範囲を超えているからである。

医師などの処方箋に基づく調剤行為には，特許権の効力は及ばない（特許法69条3項）。処方箋はきわめて多種の医薬の中から当該病状に最も適切な薬効を期待できるように選択し調剤することを指示するものであるから，その都度その混合方法が特許権侵害となるかどうかを判断することは困難である。したがって，個々の患者についての調剤行為にまで効力を及ぼすのは，医療現場に混乱をもたらし，国民の健康上の観点から行き過ぎだからである。一方，不特定多数人を対象とする医薬には原則どおり，特許権の効力が及ぶ。

4.2　特許権侵害に対する救済

特許権者は，業として特許発明を実施する権利を占有する。したがって，特許権者以外のものが，承諾なく，事業として特許発明の実施をした場合，これを止めさせることができる（差止請求権）。また，そのような行為によって被った損害を賠償させることができる（損害賠償請求権）。ここでは，これら差止請求権と損害賠償請求権について説明する。

4.2.1 差止請求権とは

差止請求権とは，権利を侵害する者や侵害するおそれのある者に対して，その侵害の停止や予防を請求する権利である（特許法100条）。

この差止請求権に基づいて，侵害品である製品の生産中止，販売中止などの措置を採ることができ，また同時に商品の廃棄や製造設備の除去などを求めることもできる。侵害品を製造販売する相手方に，その中止を求めたにもかかわらず，相手方が中止しない場合には，裁判所に提訴することができる。裁判によって，相手方が侵害していることが証明されれば，国家の強制力によって，強制的に製造販売を中止させることができる。この点，差止請求権は，かなり強力な権利であるといえる。

4.2.2 損害賠償請求権とは

上記のように，差止請求権は強力な権利である。ベンチャー企業などのように，その製品に頼っている場合には，企業の存続が危うくなるぐらい強力である．しかし，侵害者を発見したとき，侵害者がすでに2年間ほど製品を売った後だったということもある。当然，今後の販売については差止請求を行うことができるが，過去2年分についてはどうするかという問題が残る。

そこで，過去の侵害については，損害賠償を請求できるようになっている。損害賠償請求権とは，故意や過失によって権利が侵害された場合にその権利者が侵害によって受けた損害の賠償を請求する権利である（民法709条）。

民法第709条 故意又は過失によって他人の権利又は法律上保護される利益を侵害した者は，これによって生じた損害を賠償する責任を負う。

ここでいう特許権者の損害とは，侵害者が侵害品を販売して得た利益をいう。侵害者が侵害品を2万個販売し，1個当たりの利益が1万円であったとすると，2万個×1万円＝2億円の損害賠償を請求できることになる。ただし，裁判において，数量及び利益は権利者が証明しなければならない。侵害者の帳簿を見ない限り1個当たりの利益を証明することは困難であるため，立証できず結果として損害賠償請求をできなくなるケースもある。

そこで，特許法では，侵害品1個当たりの利益に代えて，権利者の製品1個当たりの利益を証明してもよいとされている（特許法102条1項）。たとえば，権利者が特許製品を1個販売すると2万円の利益があるとする。この場合には，2万個（侵害者の販売個数）×2万円（特許権者の製品の1個当たりの利益）＝4億円の損害賠償を請求できることになる。

なお，特許権者の選択により，ライセンス料相当額を損害額として請求してもよい。

「理解を深める」

損害賠償請求権は，民法709条において規定された権利である。民法709条は，「故意又は過失によって他人の権利…を侵害した者は，これによって生じた損害を賠償する責任を負う」としている。つまり，侵害する者が，故意あるいは過失によって特許権侵害を行った場合でなければ，損害賠償を請求することができない。なお，故意とは「わざと」，過失とは「(注意すべきなのに）うっかりと」であると理解しておくとよい。注意すべき義務がない場合は「過失」がなく，「無過失」となる。民法709条に基づく損害賠償請求は，特許権が侵害された場合だけでなく，自分の持ち物（所有権があるという）である時計を壊された場合など，その他の多くの権利侵害一般が対象となる。

訴訟において，損害賠償請求を得るためには，相手方が故意または過失によって侵害行為を行ったことを，権利者が立証しなければならない。立証できなければ，損害賠償を得ることはできない。

特許法においては，特許権者の保護を厚くするため，「他人の特許権…を侵害した者は，その侵害行為について過失があったものと推定する。(特許法103条)」と規定している。つまり，特許権者は，相手方に過失があったことを立証しなくともよいのである。相手方が「無過失」であることを立証しない限り，「過失」があったものとして扱われる。

このように，一般の権利侵害における損害賠償とは異なって，特許権侵害だけに過失を推定する規定が設けられているのはなぜだろうか。これは，特許権が目に見えない無体物を対象としているので特別に保護を厚くする必要があるからだといわれている。

4.2.3　独自開発の抗弁

特許権の存在を知らずに，偶然，特許権を侵害することになっても責任を負うのだろうか。次の事例について考えてみてほしい。

例題 4.2　Y社は，独自に開発を行い，新しい発想の電源回路を用いた連続通話時間の長いスマートフォンAを完成させた。発売したところ，電池の持ちがいいというので好評であった。ところが，発売後から半年ほどして，X社から以下のような警告状が届いた。その警告状によれば，Y社のスマートフォンAがX社の特許権を侵害しているので，直ちに製造販売を中止するとともに，すでに販売した分について損害賠償を支払えというものであった。Y社は，X社に対して，「我々はこのスマートフォンAを独自に開発したものであり，X社の特許を模倣したわけではない」と主張し，特許権侵害を免れることができるだろうか。

特許権者の特許内容を知ってその発明を模倣した場合だけでなく，特許権者の特許内容は知らず独自に開発し同じような技術を結果的に採用した場合であっても，特許権侵害となる。つまり，独自に開発したものであるから，特許権侵害ではないという主張（独自開発の抗弁）は認められないのである。したがって，例題4.2におけるY社の主張は認められない。裁判で争ったとしても，Y社は負けてしまうのである。

独自に開発したのだから良いではないか，と思う人がいるかもしれない。しかし，独自開発の抗弁を認めると，他社の特許公報や研究論文を読まない企業の方が有利となってしまい，重複投資や重複研究が頻発し，産業界全体としての損失が大きくなってしまうという点を忘れてはならない。

むしろ，独自開発の抗弁を認めないことで，各企業が積極的に他社の特許を調べるようになり，無駄な開発が防止できると特許法は考えているのである。「事業を行おうとする者は，当該事業に関する製品やサービスについて，他社の特許権を侵害していないことを調査・確認した上で事業を遂行すること」が，特許法の精神として求められているのである。したがって，新規事業や新製品の開発時には，他人の特許権について調査を行うことが大切である。具体的調査手法などについては，第Ⅱ部実践編の「3章　特許調査」において詳しく述べる。

4.3　効力の及ぶ地域的な範囲

日本で特許を取得すると，その効力は日本の国内だけに及ぶ（属地主義）。日本の特許権によって，アメリカでの類似品の製造・販売や，アメリカでのサービス提供を禁止することはできない。このような類似品や類似サービスを抑えるためには，アメリカで権利を取得しなければならない。

4.4　特許は何時発生し，何時消滅するか

特許権は，審査を経た後，特許の登録によって発生する（特許法66条）。また，出願の日から20年で消滅する。したがって，特許権の効力がある期間（存続期間）PTは数式で表すと次のようになる。

$$PT = 20 - ET$$

ここで，ETは，出願から登録までの期間である。

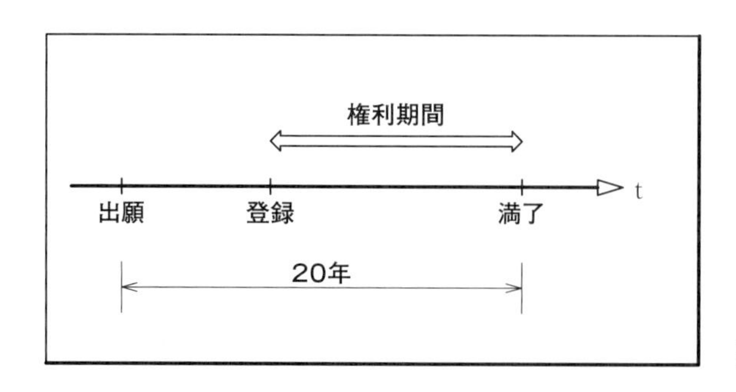

図 4.1　特許権の存続期間

審査に要した期間の長短を考慮せず，出願から20年で権利が満了するとしたのは，出願から20年も経てば陳腐な技術になっており，権利を存続させることが好ましくないためである（図4.1）。

4.5　効力の及ぶ技術的な範囲

特許を取得すると，どの程度まで類似した製品について権利を主張できるであろうか。つまり，特許された発明の技術的な範囲は，どのように決めるのかということである。

「3.5.2　出願書類」のところで述べたように，特許出願をするときには，願書，特許請求の範囲，明細書，図面を提出する。巻末の付録 1 に出願書類の例を示しておいたので参照のこと。特許発明の技術的範囲は，「特許請求の範囲」に書いた内容によって決められる（特許法 70 条）。（図 4.2）

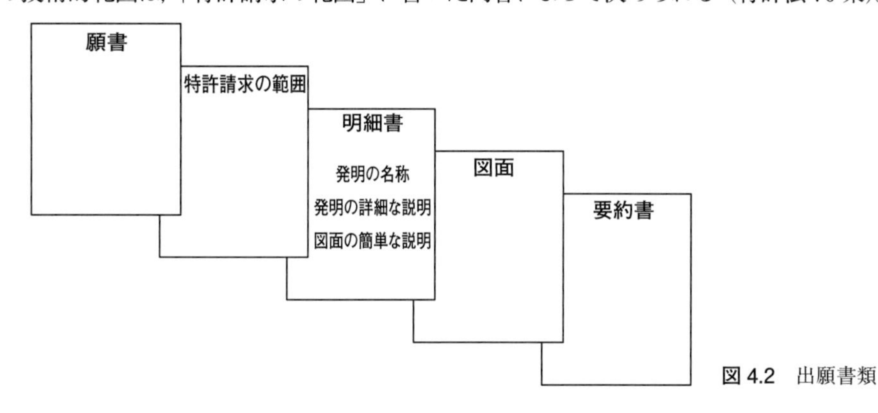

図 4.2　出願書類

> **第 70 条**　特許発明の技術的範囲は，願書に添付した特許請求の範囲の記載に基づいて定めなければならない。

以下では，この特許請求の範囲に基づいて，どのように特許発明の技術的範囲を判断するのかを説明する *1。

4.5.1　技術的範囲の解釈（物理的構造の発明）

以下，具体的な例に基づいて説明を行う。まず，物理的構造に特徴のある発明を例とした。特許請求の範囲の例を次に示す。

> 【書類名】　特許請求の範囲
> 　【請求項 1】
> （a）芯材と，
> （b）芯材を取り巻く断面多角形の本体と，
> （c）を備えた鉛筆。

従来技術として断面が丸い鉛筆しかなかったという前提で，断面六角形の鉛筆を発明し，上記のように特許請求の範囲を記載して権利を取得したものとする。特許請求の範囲には，請求項を

*1　技術的範囲の判断の仕方について解説動画を用意している。YouTube にて「特許公報の読み方 古谷」で検索して下さい。

記載する。上に示した特許請求の範囲には，請求項が1つだけ記載されている。請求項1には，特許発明が定義されている。

なお，特許請求の範囲には，複数の請求項を記載することができる。複数の請求項を記載した場合には，それぞれの請求項について特許権があることになる。各請求項においては，いくつかの構成要件によって発明を定義する。上記の請求項の例では，(a) ～ (c) の構成要件によって発明が定義されている。特許発明の技術的範囲に入るかどうかは，請求項に記載された構成要件のすべてを備えたものであるかどうかによって決まる。つまり，特許権は，請求項に記載された構成要件のすべてを備えたものに及ぶ。

例題 4.3 X社は，上に示した特許請求の範囲（請求項1）にて特許を取得した。X社は売上げを順調に伸ばしていたが，Y社が断面六角形の鉛筆の販売を開始した。Y社の鉛筆は，木でできた本体の中心に芯が設けられ，本体の断面が六角形である。X社は，Y社に対し，特許権侵害であるとしてその販売を中止させることができるだろうか。

請求項1の特許発明の権利範囲は，請求項1に記載された構成要件 (a) ～ (c) のすべて備えた物に及ぶ。上の請求項1では，(a)，(b)，(c) の3つの構成要件に区切って記述している。請求項1では，「(a) 芯材」，「(b) 芯材を取り巻く断面多角形の本体」，「(c) 鉛筆」という3つの構成要件があるので，これら3つの構成要件 (a) ～ (c) をすべて備えた物を，他人が無断で実施（製造など）をすれば，特許権侵害になる。

例題 4.3 において，Y社が販売した鉛筆がX社の特許権侵害になるかどうかは，請求項1の構成要件を (a) から順に，Y社の鉛筆が備えているかどうかを判断すればよい。1つでも備えていない構成要件があれば，Y社の鉛筆は技術的範囲内になく，侵害でないことになる。

まず，構成要件 (a)「芯材」について検討する。Y社の鉛筆は，「芯材」を有しているので，構成要件 (a) を備えている。

次に，構成要件 (b)「芯材を取り巻く断面多角形の本体」はどうであろうか。Y社の鉛筆は断面六角形であるが，これは断面多角形といえる。したがって，Y社の鉛筆は，構成要件 (b) を備えている。

最後に，構成要件 (c)「鉛筆」について検討する。Y社の鉛筆は，当然，鉛筆であるから，構成要件 (c) も備えている。

このように，Y社の鉛筆は構成要件 (a) ～ (c) のすべてを備えており，X社の特許発明の技術的範囲に入るので，Y社がこれを製造販売することは特許権侵害である。

では，侵害者の製品の方が，特許発明よりも進んでいた場合には，技術的範囲に入るといえるのだろうか。

例題 4.4　X 社は，上に示した請求項 1 にて特許を取得した。Y 社が六角形グリップ付きの断面六角形の鉛筆の販売を開始した。Y 社の鉛筆は，木でできた本体の中心に芯が設けられ，本体の断面が六角形である。本体の一端側にゴム素材の六角形グリップがはめられている。X 社は，Y 社に対し，特許権侵害であるとしてその販売を中止するよう求めた。これに対し Y 社は，「我が社の鉛筆の方が滑り止めのためのグリップが付いており便利である。X 社の特許よりも進んだものであって，もはや特許権の範囲には入っていない」と主張した。Y 社の主張は認められるか。

例題 4.4 において，Y 社鉛筆には，X 社の特許発明の構成要件（a）～（c）以外に，余分なグリップがついている。このような場合であっても，Y 社鉛筆が，X 社の特許発明の構成要件(a)～(c) を備えていることには違いないので，やはり特許発明の技術的範囲に入るのである[*1]。したがって，Y 社の主張は認められない。

なお，Y 社グリップ付き鉛筆の発明が X 社の特許発明に対して進歩性を有していれば，Y 社も特許権を取得できる。しかし，たとえ Y 社が特許権を持っていたとしても，上記の Y 社グリップ付き鉛筆が，X 社の特許発明の技術的範囲に入るという結果は変わらない。X 社と Y 社がいずれも特許権をもっている場合の権利関係については，「8.3　基本特許と改良特許」にて説明する。

例題 4.5　X 社は，上に示した請求項 1 にて特許を取得した。Y 社が図 4.3 に示すような断面を有する鉛筆の販売を開始した。Y 社の鉛筆は，木でできた本体の中心に芯が設けられ，本体の断面が図 4.2 に示すとおりである。X 社は，Y 社に対し，「この発明は鉛筆を転がらないようにしたことが本質である。Y 社鉛筆も，転がらないという点では同じであるから，特許発明の技術的範囲に入り，侵害である」と主張した。X 社の主張は認められるか。

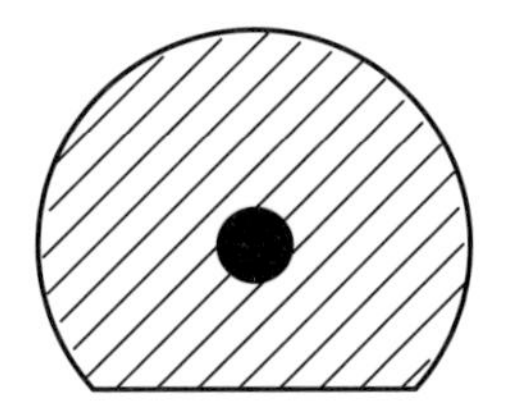

図 4.3　Y 社鉛筆の断面形状

例題 4.5 において，確かに，Y 社鉛筆には転がりにくいという効果がある。しかし，構成要件（a）と（c）を備えているものの，構成要件（b）「芯材を取り巻く断面多角形の本体」を備えていない。図 4.3 の断面は，多角形とはいえないからである。したがって，技術的範囲には入らず，特許権侵害ではない。X 社の主張は認められない。特許発明の技術的範囲は，あくまでも，

*1　請求項 1 において「備えた」と記載されているためこのように解釈される。「のみ備えた」と記載していた場合には Y 社鉛筆は技術的範囲に入らない。

請求項に記載された構成要件をすべて備えているかどうかによって決まるものだからである*1。

4.5.2 技術的範囲の解釈（ソフトウェア関連発明）

次に，ソフトウェア関連発明を例として説明を行う。特許請求の範囲は次のとおりである。

【書類名】 特許請求の範囲
【請求項1】
(a) コンピュータに以下の処理を実行させるためのヘルププログラムであって，
(b) マウスカーソルの位置を取得し，
(c) 各アイコンにつき，アイコンの位置およびアイコンの説明文を記録した記録部から，各アイコンの位置を読み出し，
(d) 取得したマウスカーソルの位置が，読み出したアイコンの位置に重なったかどうかを判断し，
(e) 重なっていると判断した場合には，記録部から当該アイコンの説明文を読み出して，当該アイコンの近傍に表示し，重なっていないと判断した場合には，アイコンの説明文を表示しない処理をコンピュータに実行させるためのヘルププログラム。

請求項1の発明は，マウスカーソルをアイコンの上に位置させると，自動的に，そのアイコンの機能説明を表示させるものである。いわゆる，吹き出しヘルプとして知られているものである。図4.4参照。カーソルがアイコンの上に位置するまでは，機能説明が表示されず，アイコン

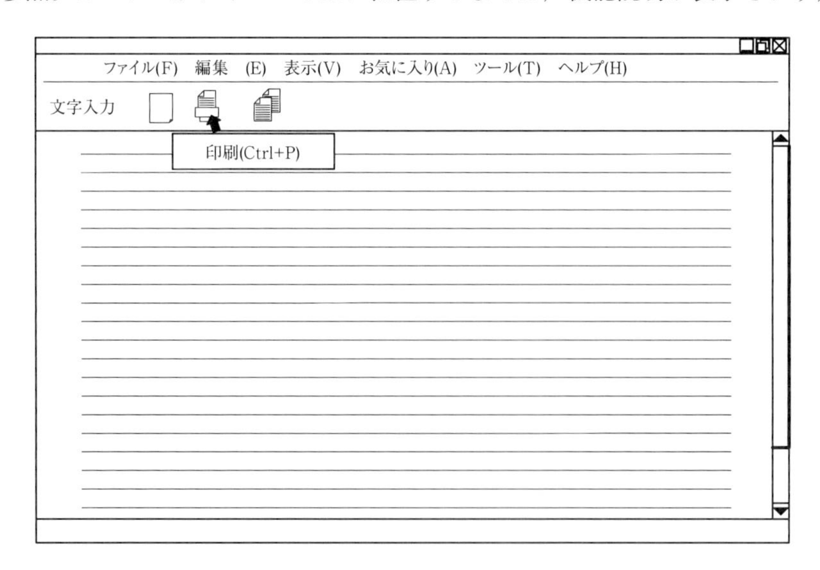

図4.4 吹き出しヘルプ

*1 請求項において，「芯材と，芯材を取り巻く転がらない形状の本体とを有する鉛筆」と書いた場合はどうであろうか。このような請求項は，認められないであろう。請求項には，その発明の目的（鉛筆を転がらないようにする）を達成するための構成を記載しなければならないからである。上に例示した請求項では，目的そのものを権利として請求しており，解決手段が構成として示されていないことになる。

の上に位置されたときだけ機能説明が現れる。

例題 4.6　X社は，上に示した請求項1にて特許を取得した。Y社が，図4.5に示すようなソフトウエアを販売してきたとする。Y社製品は，マウスカーソルをアイコンの上に位置させると，アイコンの近傍ではなく，画面の下の説明文を表示する領域に表示させるものであった。この場合，Y社製品は，X社の特許発明の技術的範囲に入るだろうか。

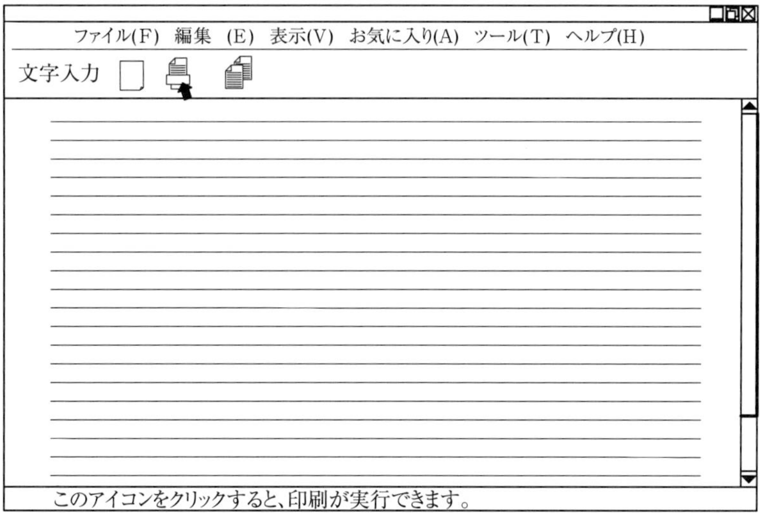

図 4.5　Y社製品のヘルプ機能

Y社製品は，構成要件（a）～（d）を備えているであろうと考えられる。上記の情報だけでは判断できないが，(a)～(d）の処理を行っていることはまず間違いない。しかし構成要件（e）は備えていないといえる。説明文を「当該アイコンの近傍に表示し」ていないからである。したがって，例題4.6の場合，Y社の製品は，X社の特許発明の技術的範囲に入らず侵害ではない。

例題 4.7　X社は，上に示した請求項1にて特許を取得した。Y社が販売したソフトウェアは，カーソルの位置に関係なく，常に説明文を表示するものであった。この場合，Y社製品は，X社の特許発明の技術的範囲に入るだろうか。

Y社の製品は，「重なっていないと判断した場合には，アイコンの説明文を表示しない」というものではない。したがって，構成要件（e）を備えていない。例題4.7の場合，Y社の製品は，X社の特許発明の技術的範囲に入らず侵害ではない。

例題 4.8　X社は，上に示した請求項1にて特許を取得した。Y社が販売したソフトウェアは，マウスカーソルをアイコンの上に位置させると，アイコンの近傍に説明文を表示させるとともに，ウインドウの最下段にも説明文を表示させるものであった。この場合，Y社製品は，X社の特許発明の技術的範囲に入るだろうか。

例題 4.8 は，例題 4.4 と同じように考えることができる。この場合，Y 社製品は，ウィンドウの最下段に説明文を表示するという X 社の特許発明にはない処理を行っているが，請求項の構成要件（a）から（e）をすべて備えているので，技術的範囲に入る。

4.5.3 技術的範囲の解釈（化学分野）

たとえば，次のような請求項にて化学物質の特許が取得されていたとする。

【書類名】 特許請求の範囲
【請求項 1】
下式で示されるイソチオシアン酸誘導体を含有するネズミ忌避剤。

$$R-(S)_2-CH_2-SCN$$

この場合，他社が，$R-(S)_4-CH_2-SCN$ のように，$(S)_n$ の n が異なるイソチオシアン酸誘導体を含有するネズミ忌避剤を，製造・販売したとしても，技術的範囲には入らない。

4.6 特許権の消尽

4.1.2 において説明したように，生産，使用，譲渡のすべての行為を行ってはじめて侵害となるのではなく，いずれかの行為を行えば侵害となる。では，次のような場合はどのように考えればよいだろうか。

例題 4.9 X 社は，フィルムメーカーであるが，使い捨てカメラを開発し製造販売している。使い捨てカメラ本体の構造と，その構造に適したフィルムの形状に特徴がある使い捨てカメラについて，特許を取得している。Y 社は，写真器材専門の商社である。Y 社は，X 社から使い捨てカメラを仕入れ，これを小売店に卸している。Z 店は，街角にある小さな雑貨商である。Z 店は，Y 社から使い捨てカメラを仕入れ，これを一般のユーザーに販売している。（図 4.6 参照）

Y 社および Z 店は，X 社が特許を有する使い捨てカメラを販売（譲渡）していることになる。しかも，Y 社および Z 店は，X 社から特許のライセンスを受けていない。とすれば，Y 社および Z 店は，いずれも，X 社の特許権を侵害していることになるのであろうか。

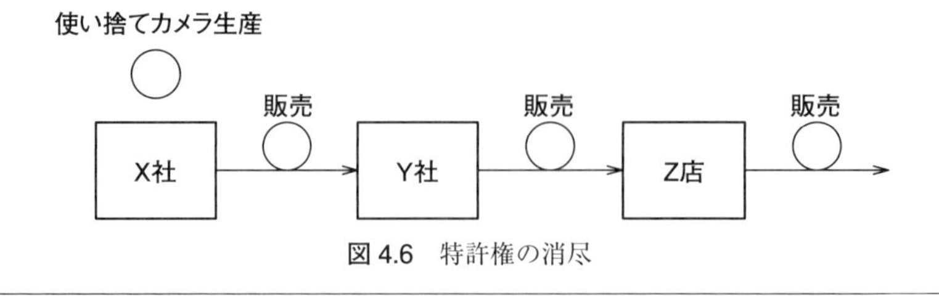

図 4.6 特許権の消尽

常識的に考えたとき，特許権者であるX社から特許品を購入してこれを販売することは侵害にならない。しかし，Y社もZ店も，X社からライセンスを受けずに，特許発明を実施したことになるので，形式的には特許権侵害に該当するといえる。これを侵害であるとすれば，流通は混乱し，正常な経済活動ができなくなる。また，X社は，特許品である使い捨てカメラについて，特許を取っていない商品よりも高い価格で販売できるはずであり，これに加えてライセンス料をもらうことになるのは，特許権者に二重の利益を与えるので好ましくない。したがって，適法に特許品が販売された場合，その特許品について特許権は用い尽くされたとして，その後の転売や使用行為については特許権侵害にならないとされている。これを，特許権の消尽（用尽）という。なお，特許権の消尽は，特許法には規定されていないが，裁判や学説によって認められている。

例題4.10　Q社は，使い捨てカメラのフィルムを詰め替えて，再販売するビジネスを行っている。なお，このフィルムは使い捨てカメラのために特別な工夫がされている。Q社は，まずX社の使い捨てカメラを購入したユーザーがその現像のために使い捨てカメラを持ち込んだ現像店から，使い捨てカメラ本体を回収する。次に，Q社は，現像店によってフィルムが抜き取られた使い捨てカメラ本体に，未使用のフィルムを装着する。このようにして，使い捨てカメラを再生し，ユーザーに安価で販売している。Q社は，X社の使い捨てカメラの特許権を侵害することになるのであろうか。（東京地判平12・8・31「写ルンです事件」をベースにした）（図4.7参照）

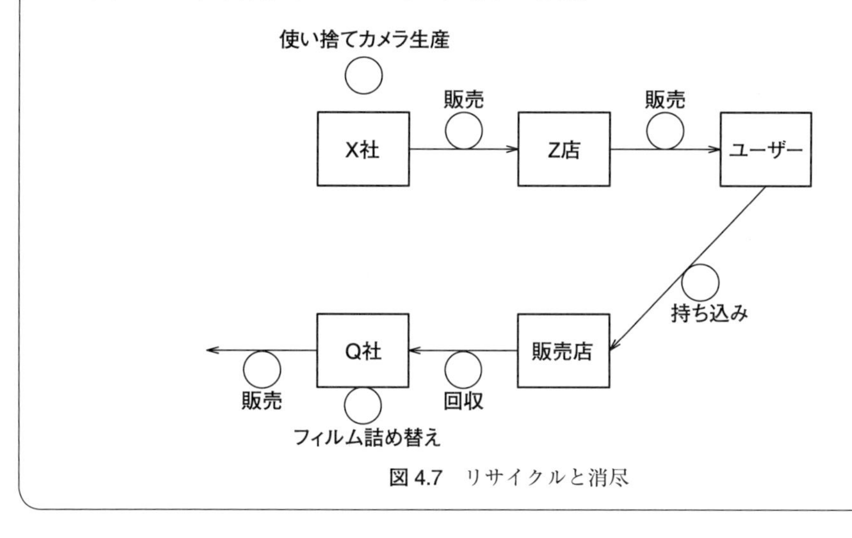

図4.7　リサイクルと消尽

消尽理論により，適法に販売された特許品については，特許権は用い尽くされたものとして消尽する。したがって，例題4.10においても，X社が使い捨てカメラを販売した時点で，その使い捨てカメラについては特許権が消尽し，Q社の販売行為はX社の特許権を侵害しないようにみえる。

しかし，X社の特許は，本体の構造とフィルムの形状に本質的な特徴がある。とすれば，フィルムを取り替えると，特許品を新たに生産したことになる。つまり，Q社が販売している使い捨てカメラは，X社が販売した使い捨てカメラとは，別の物であるとみることができる。したがって，X社が販売した使い捨てカメラについては特許権は消尽しているが，Q社がフィルムを詰め替えた時点で，（特許権という観点からは）新たに別の使い捨てカメラが生産されたことになり，Q社の行為は特許権侵害となる。このように，特許権が消尽した物であっても，特許発明の本質部分を取り替えるなどの行為を行うと新たな生産がなされたこととなって，特許権侵害となる。

なお，特許発明の本質部分でない部分を取り替える場合には新たな生産とはいえず，特許権の消尽が適用され，その物を転売する行為は特許権侵害とならない*1。たとえば，プリンタ用インクカートリッジの構造に特徴のある特許権がある場合，特許権者の販売したインクカートリッジを回収して，インクを詰め替えて再販売する行為は，一般的に特許権侵害とならない*2。

4.7 訴訟と立証責任

特許権侵害訴訟においては，特許権者（原告）と相手方（被告）とが争うことになる。裁判所は，双方の主張や証拠に基づいて，相手方が構成要件のすべてを備えていると判断すれば差止請求を認め（請求認容），構成要件の一部でも欠くと判断すれば差止請求を認めないことになる（請求棄却）。

しかし，裁判所は，特許権者および相手方の主張や証拠からは，相手方の製品が構成要件のすべてを備えているかどうかを判断できない（真偽不明）こともある。このような場合に，裁判所が結論を出せないというのでは困ることになる。そこで，このような真偽不明となった場合に，どのように取り扱うかが定められている。つまり，権利を主張する者が立証責任を負い，真偽不明となった場合には，立証責任を負っている側の負けとするようにしている。（図4.8参照）

たとえば特許権者が差止請求を申し立てて訴訟を行っている場合，相手方の製品が請求項に記載した構成要件のすべてを備えているかどうか真偽不明であれば，裁判所は差止を認めない。

全構成要件を備える	真偽不明	構成要件の一部を欠く
差止を認める	差止を認めない	差止を認めない

図4.8 立証責任

特許権者が損害賠償を請求する場合には，特許権者の側が，侵害の事実および損害の額を立証する責任を負うことになる。

*1 新たな生産にあたるかどうかについて，最高裁は，発明の本質部分を取り替えた等の事情以外に，特許製品の属性，加工及び部品の交換の態様なども総合考慮すべきとしています。

*2 ただし，最判平19・11・8，インクカートリッジ事件では，インクを充填した際にインクを保持する界面が形成されることを発明の本質部分とした特許を特許権者が取得していた。このため，リサイクル業者が，回収したインクカートリッジのインクを詰め替えると，発明の本質部分が実現されたことになって特許侵害になるという判決が出された。特許取得の仕方が上手であった例である。

理解度確認演習 B（1 章～ 4 章）

B.1　次の記載のうち，間違っているものを選べ。

1. 特許権の効力は，家庭的個人的な実施には及ばない。
2. 非営利団体が他人の特許発明を実施した場合，営利を目的としていない限り特許権侵害とならない。
3. 特許権者に無断で特許品を製造した場合，たとえその特許品を販売していなくとも特許権侵害になる。
4. 物の発明において，特許発明の実施とは，その物を生産，使用または譲渡などをする行為をいう。
5. 大学教授が，教授としての研究において，他人が特許を有する特許品を生産する行為は特許権侵害にはならない。しかし，研究における使用済みの特許品を販売すれば特許権侵害となる。

B.2　次の記載のうち，間違っているもの選べ。

1. 特許発明の技術的範囲は，特許請求の範囲の請求項の記載に基づいて定められる。
2. 請求項が複数記載されている場合，それぞれの請求項ごとに特許権がある。
3. 「A と B と C を備えた D」と請求項に記載されている場合，構成要件の全てを備えているかどうかによって技術的範囲に属するかどうかを決定する。
4. 請求項に複数の構成要件が記載されている場合，それぞれの構成要件ごとに特許権がある。

B.3　次に示す請求項 1 にて特許権があるものとする。以下に示すもののうち，特許発明の技術的範囲に入るのはどれか。

【請求項 1】
芯材と，
芯材を取り巻く断面多角形の本体と，
本体の一端に設けられた消しゴムと，
を備えた鉛筆。

1. 消しゴムが付いておらず，本体の断面が三角形の鉛筆
2. 消しゴムが付いていて，本体の断面がかまぼこ型である鉛筆
3. 消しゴムが付いており，本体の断面が丸である鉛筆
4. プラスチック消しゴムが付いていて，本体の断面が四角形である鉛筆
5. 消しゴムが付いておらず，本体の断面が六角形である鉛筆

B.4 次の行為のうち，「業としての特許発明の実施」に該当するにもかかわらず，特許権侵害にならないものの組み合わせとして正しいのは，1～5のうちどれか。

A. 特許発明に係る製品を，特許権者に無断で個人的に使用する行為。
B. 医薬Aと医薬Bを混合してなる医薬Cの特許発明につき，特許権者に無断で，医師の処方箋に基づいて薬剤師が調剤する（医薬Aと医薬Bを混合して医薬Cを作る）行為。
C. 特許発明に係る製品を，特許権者に無断で，カメラによって撮像する行為。
D. 特許権者から購入した，特許発明に係る製品を，販売する行為。
E. 特許発明の技術的範囲に入らない製品を，特許権者に無断で，製造販売する行為。

1. AB　2. BC　3. BD　4. BE　5. DE

B.5 次の行為のうち，特許権Aの特許権侵害にあたる行為はどれか。なお，X，Y，Wは特許権者でもなく，特許権者からライセンスを受けた者でもない。Zは特許権者からライセンスを受けた者である。製品Bは，特許権Aの技術的範囲に入るものとする。

1. 特許権者が製品Bを製造販売する行為。（特許権者の行為）
2. 特許権者が販売した製品Bを購入したXが，その製品BをYに転売する行為。（Xの行為）
3. Zが販売した製品Bを購入したXが，その製品BをYに転売する行為。（Xの行為）
4. 特許権者が販売した製品Bを購入したXが，特許発明の本質に係わらない製品Bの一部を取り替えた後，Yに販売する行為。（Xの行為）
5. 特許権者が販売した製品Bを購入したXが，特許発明の本質に係る製品Bの一部を取り替えた後，Yに販売する行為。（Xの行為）

B.6 次の記載のうち正しいものはどれか。

1. 特許権者は，侵害者に対して侵害の停止を求めることはできるが，直ちに損害賠償を請求することはできない。損害賠償を請求できるのは，侵害の停止を求めたにもかかわらず侵害が続行された場合だけである。
2. 特許権者が被告に対して侵害行為の差止を求める訴訟においては，被告が侵害行為をしていないことを証明しない限り差し止めを免れることはできない。
3. 特許権侵害に基づく損害賠償は，特許権者の特許品1個当たりの利益に，侵害者に

よる侵害品の販売個数を乗じた額として請求することができる。

4. 特許権の存続期間が満了すると，存続期間中の過去の侵害行為について損害賠償請求を行うことはできない。

5. 独自開発を行った製品であれば，その製造販売が特許権侵害となることはない。

B.7 下記の小問に答えよ。

小問 1：Y 社の販売行為は，X 社の請求項 1 の特許の特許権侵害となるか。
小問 2：Y 社の販売行為は，X 社の請求項 2 の特許の特許権侵害となるか。
小問 3：Z 社の販売行為は，X 社の請求項 1 の特許の特許権侵害となるか。
小問 4：R 教授の使用行為（資料 5）は，X 社の請求項 1 の特許の特許権侵害となるか。
小問 5：R 教授の販売行為（資料 6）は，X 社の請求項 1 の特許の特許権侵害となるか。
小問 6：個人 S の使用行為（資料 7）は，X 社の請求項 1 の特許の特許権侵害となるか。

X 社の開発したスーパーシャープ（資料 1）

X 社は，図 X に示す「スーパーシャープ」を開発し，資料 2 の特許請求の範囲にて特許を取得している。この特許発明は，斜めの穴を有する貫通孔 3 をもった消しゴム 2 によって，消しゴムを誤って飲み込んでも窒息せず，しかも穴が斜めになっているので芯タンク 1 の芯が外に飛び出さないという効果をもつものである。

図 X　スーパーシャープ

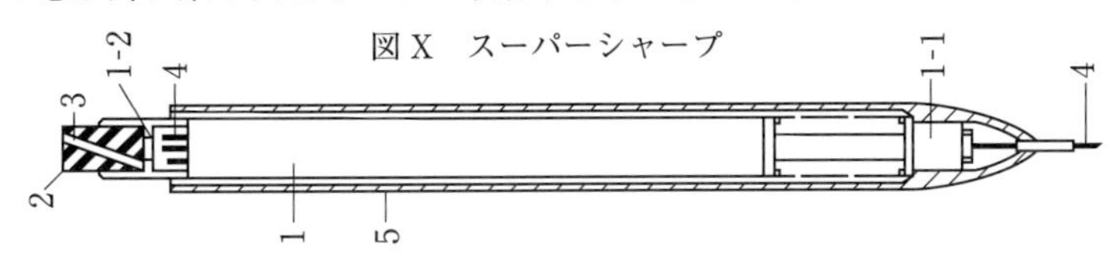

X 社特許（資料 2）

【特許請求の範囲】

【請求項 1】

(a)　芯繰り出し機構と，
(b)　芯繰り出し機構に芯を供給するための芯タンクと，
(c)　当該芯タンク内の芯が飛び出さないように，芯容器の後端部に着脱可能に取り付けられ，少なくとも一部が斜めに形成された貫通孔が設けられた消しゴムと，
(d) を備えたシャープペンシル。

【請求項 2】

(e)　少なくとも一部が斜めに形成された貫通孔が設けられた消しゴム。

Y 社の販売する Y シャープ（資料 3）

Y 社は下図に示すような「Y シャープ」を販売している。なお，Y 社は，X 社から「スーパーシャープ」を購入したユーザから，中古品である「スーパーシャープ」を回収し，消しゴム 100 を下記の図面のような物に取り替え，芯を補充した上で，「Y シャープ」として販売している。

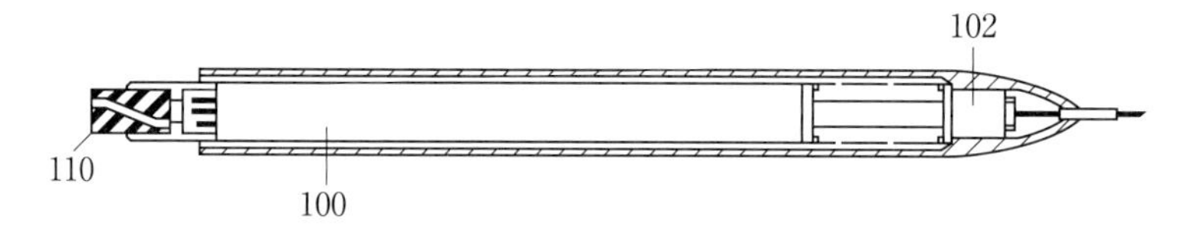

Z 社の販売する Z シャープ（資料 4）

Z 社は下図に示すような「Z シャープ」を販売している。なお，Z 社は，X 社から「スーパーシャープ」を購入したユーザから，中古品である「スーパーシャープ」を回収し，芯を補充した上で，「Z シャープ」として販売している。

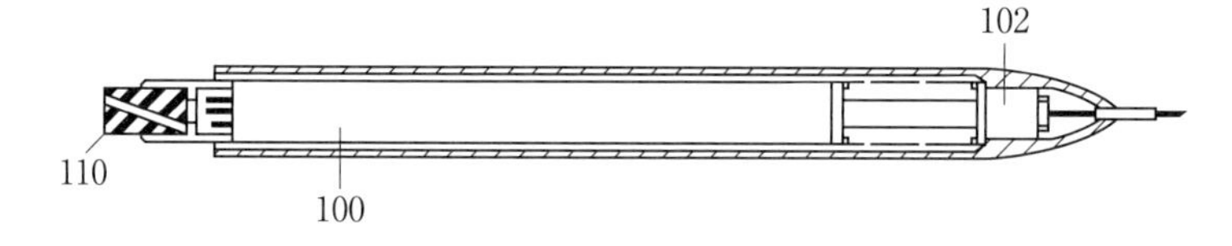

大学教授 R の使用行為（資料 5）

大学教授である R は，シャープペンシル等の着脱式消しゴムについて，幼児が窒息しないための貫通穴の形状がどうあるべきかを研究している。R は，Y 社から Y シャープを購入し研究のために使用している。

大学教授 R の販売行為（資料 6）

大学教授である R は，シャープペンシル等の着脱式消しゴムについて，幼児が窒息しないための貫通穴の形状がどうあるべきかを研究している。R は，Z 社から Z シャープを購入し研究のために使用していたが，研究が終わったので Z シャープを業者 S に販売した。

個人 S の使用行為（資料 7）

S は，大学教授 R から購入した Z シャープの消しゴム部分を下図のような新しい消しゴムに取り替えた上，シャープペンシルとして個人的に使用している。なお，取り替えた新しい消しゴムは，Y 社から購入した Y シャープに付いていた消しゴムである。

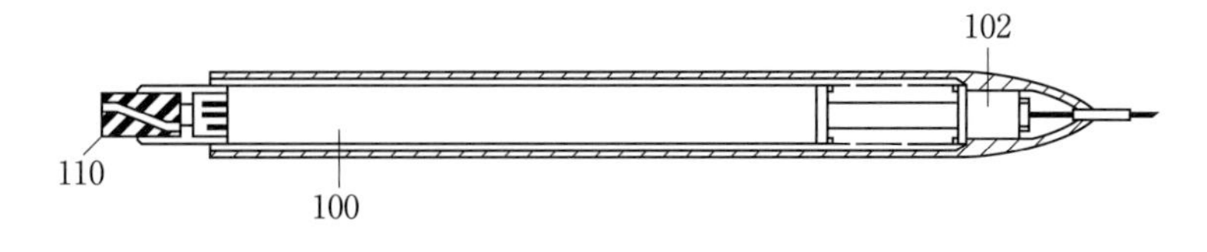

B.8　以下に示すのは，特許のことをよく知らない A と B の会話である。A の発言と B の発言が噛み合っていない原因を指摘せよ。（300 字程度）

A「特許出願は，具体的に書いては損らしいよ。抽象的に書いた方が得だって聞いたよ。」

B「そんなことないよ，具体的に書かなければだめだって聞いたよ。」

A「それは，君の聞き間違いだろう。俺の知り合いは，具体的に書いたために権利範囲が狭くなって，類似品を特許権侵害にできず，困ったそうだよ。だから，具体的に書いたら損なんだよ。」

B「おかしいな，僕の知り合いは，発明内容をしっかりと書かなかったために，特許がとれなかったらしいよ。」

B.9　処方箋に基づく調剤行為を特許権侵害としない趣旨を説明せよ。（300 字程度）

5 誰が特許権者になるのか

この章では，誰が特許出願をして特許権者になることができるのかを説明する。「3章　何が特許になるのか」では，特許を受けることのできる発明についてその要件を説明した。この章で述べるのは，特許を受けることのできる人は誰かという要件である。

5.1 特許を受ける権利

発明をした場合，その発明について特許をとることができるのは，原則的にいうと，発明者個人である。法律的には，発明者は「特許を受ける権利」を有する，ということになる。出願をして審査を受けなければ特許権を与えられないため，発明をしただけではまだ特許権を有するとはいえないので，特許を受ける権利を持っているという。つまり，発明をすれば，出願をする権利を持つということである。

特許を受ける権利は，他人に譲渡することができる。X さんが発明 α をし，X さんの発明 α についての特許を受ける権利を Y さんが譲り受けて，Y さんの名義で出願をしてもよいのである。この場合，特許が付与されれば，Y さんが特許権者となる。X さんは，発明者として特許証に表示されるという名誉を得るが，特許権を持つものではない。すでに特許を受ける権利を譲っているからである。

他人の発明を盗んで出願をした場合には，特許を受ける権利を有していないので，特許を受けることはできない（特許法 49 条 7 項）。

5.2 会社の技術者・開発者が発明をした場合

会社に所属する技術者や開発者が発明をした場合は，誰が特許を受ける権利を持つのであろうか。

> **例題 5.1**　自動車メーカー X 社の開発者である A さんは，副燃焼室を設けることで燃費を向上させたエンジンを発明した。この場合，特許を受ける権利は，A さんを雇用している X 社にあるのだろうか，それとも A さんにあるのだろうか。

この場合も，原則的には，発明者である技術者・開発者が特許を受ける権利を持つことになる。ただし，X社が，就業規則などで，職務上の発明（職務発明という）について，特許を受ける権利は会社が持つと定めていた場合は，それに従うことになる。

多くの企業が，就業規則（職務発明規定）などによって，職務上発明したものについては，特許を受ける権利は会社が有するとの規定を設けている。したがって，結果的には会社の名義（出願人という）で，特許出願をすることになる。この場合，発明をしたAさんは発明者として表示されることになるが，特許権者にはなれない。あくまでも，会社Xが権利者となるのである。

付録1の出願書類の例に示す願書を参照してほしい。上記の場合であれば，願書の発明者の欄にAさんの名前が表示され，出願人の欄に会社Xの名前が表示されることになる。

発明をした技術者は，特許を受ける権利を会社に取得させるのであるから，これに対する対価を会社から支払ってもらうことになる。特許法では，その特許によって会社が得た利益に応じて，発明者に対価を支払うように規定している。

第35条

3　従業者等は，契約，勤務規則その他の定めにより，職務発明について使用者等に特許を受ける権利若しくは特許権を承継させ，又は使用者等のため専用実施権を設定したとき…は，相当の対価の支払を受ける権利を有する。

青色発光ダイオードの発明者と会社との間で争われた事件では，この特許を受ける権利を会社に譲渡した対価の額が問題となった。

5.3　開発委託や共同開発の権利関係

開発を他の会社に委託する場合や他の会社と共同開発する場合には，いずれの会社に特許を受ける権利があるのかが問題となる。

派遣した従業員が，派遣先の会社の設備を使用して発明を完成した場合も，派遣先の会社に特許を受ける権利があるのか，派遣元に特許を受ける権利があるのかが問題となる。

したがって，開発委託や共同開発，派遣社員や出向などの場合には，これに関連して生まれた発明について，いずれが特許を受ける権利を持つのかを契約によって明らかにしておくことが好ましい。

6 特許出願から特許取得まで

6.1 出願の審査（概要）

出願をしてから，審査官による審査が完了するまでの手順は次のとおりである。図 6.1 において，かっこで示した手続きは，出願人が行う手続きを示している。その他は，特許庁が行う手続きである。

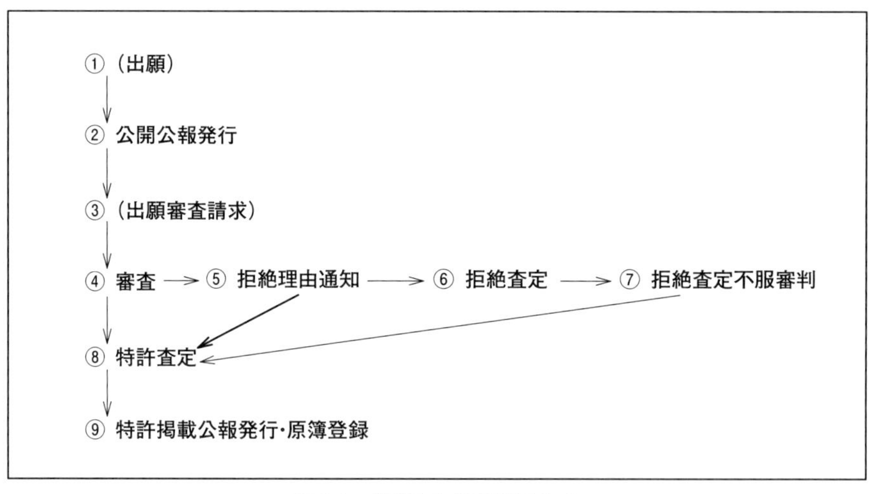

図 6.1 出願から審査完了まで

6.2 特許出願

特許出願の際に必要な書類（出願書類）の概要については「3.5.2 出願書類」にて説明した。この章では，それぞれの出願書類の役割について詳しく説明をする。

6.2.1 出願に必要な書類

特許出願の際には，所定の書類を特許庁長官に提出しなければならない（実際にはオンラインにてデータを送信することができる）。特許法は，出願に必要な書類を次のように規定している。

> **第36条**　特許を受けようとする者は，次に掲げる事項を記載した願書を特許庁長官に提出しなければならない。
> 一　特許出願人の氏名または名称及び住所または居所並びに法人にあっては代表者の氏名
> 二　発明者の氏名及び住所または居所
> 2　願書には，明細書，特許請求の範囲，必要な図面及び要約書を添付しなければならない
> 3　前項の明細書には，次に掲げる事項を記載しなければならない。
> 一　発明の名称
> 二　図面の簡単な説明
> 三　発明の詳細な説明
> 4　前項第3号の発明の詳細な説明の記載は，次の各号に適合するものでなければならない。
> 一　経済産業省令で定めるところにより，その発明の属する技術の分野における通常の知識を有する者がその実施をすることができる程度に明確かつ十分に記載したものであること。
> …

特許法36条では，①　出願するときには願書を提出する（36条1項），②　願書には，明細書，特許請求の範囲，（必要なら）図面，要約書を添付する（36条2項）ということが規定されている。つまり，図6.2に示す書類を，出願の時に提出することになる。

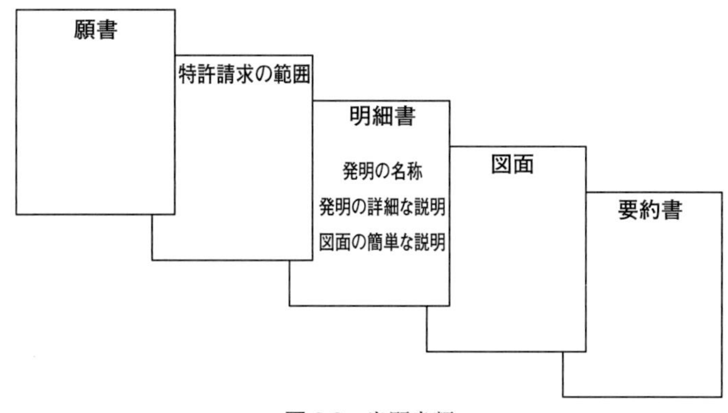

図6.2　出願書類

さらに，明細書には，発明の名称，発明の詳細な説明，図面の簡単な説明を記載しなければならないと定められている（36条3項）。加えて，明細書の発明の詳細な説明には，その分野の専門家が発明を実施できる程度にその発明を説明しなければならない（36条4項）。

6.2.2 願　　書

願書は，誰が発明者であるか，誰が出願人であるか，誰が代理人であるかなどを記載した書面である。願書を含む出願書類を，付録1として巻末に添付しているので参照のこと。

6.2.3 特許請求の範囲

特許請求の範囲は権利書としての役割を有する。4.5節で述べたように，特許権の権利範囲は，特許請求の範囲の請求項の記載によって定められる。特許出願の際に，請求項をどのように記載するかによって，権利範囲が狭くなったり，広くなったりする。したがって，請求項の記載はきわめて重要である。

請求項においては，明細書（発明の詳細な説明）に記載していない発明を記載して権利を請求することはできない（特許法36条6項1号）。明細書に記載していない発明について権利取得を認めると，発明を開示する代償として特許を与えるという法の趣旨に反するからである。

第36条 …

6　第2項の特許請求の範囲の記載は，次の各号に適合するものでなければならない。

一．特許を受けようとする発明が発明の詳細な説明に記載したものであること。

…

4.5節では，特許請求の範囲に請求項が1つだけの場合を例として説明した。しかし，実際には，下に示すように，特許請求の範囲に多数の請求項を記載するのが一般的である。

【書類名】　特許請求の範囲

【請求項1】

(a) 芯材と，

(b) 芯材を取り巻く断面多角形の本体と，

(c) を備えた鉛筆。

【請求項2】

請求項1の鉛筆において，

(d) 前記断面多角形は断面六角形であることを特徴とする鉛筆。

【請求項3】

請求項1の鉛筆において，さらに，

(e) 本体に装着して使用する外周断面が多角形のゴム製グリップを備えたことを特徴とする鉛筆。

このように，特許請求の範囲に複数の請求項を記載して出願し，特許になった場合には，それぞれの請求項ごとに特許権があることになる。したがって，上の特許請求の範囲では，3つの特許権が含まれることになる。

請求項2に注目してほしい。「請求項1の鉛筆において」というように記載されている。これは，請求項1に記載した構成要件のすべてを含んだ上でという意味である。つまり，請求項2を書き換えると次のようになる。

【請求項2】
(a) 芯材と，
(b) 芯材を取り巻く断面多角形の本体と，
(c) を備えた鉛筆において，
(d) 前記断面多角形は断面六角形であることを特徴とする鉛筆。

上記の請求項2のように記述してもかまわないのであるが，(a) ～ (c) が請求項1にダブっており冗長である。そこで，この部分を省略するため「請求項1の鉛筆において」と記載したのである。このような形式の請求項を，従属請求項という。これに対して，請求項1を独立請求項という。

請求項1では断面多角形すべてを権利範囲としており，請求項2では断面六角形に絞り込んでいる。同じように，請求項3も請求項1の従属項である。ゴム製グリップが構成要件として追加されている。

以上のように，従属請求項は，独立請求項よりも権利範囲が狭い。したがって，理論的には，独立請求項があれば，従属請求項は不要である。なぜなら，従属請求項の権利範囲は独立請求項の権利範囲に含まれるからである。

しかし，審査の段階で，広い権利範囲の請求項から，狭い範囲の請求項までを審査官に示して，どの程度の範囲で権利が取得できるのかを判断してもらうため，従属請求項を記載することが多い。権利範囲が広い請求項ほど，新規性・進歩性がないと判断される可能性が高い。逆に，権利範囲が狭い請求項ほど，新規性・進歩性があると判断される可能性が高いからである。

6.2.6 明　細　書

上記では，出願書類の内の特許請求の範囲について説明した。次に，明細書について説明を行う。

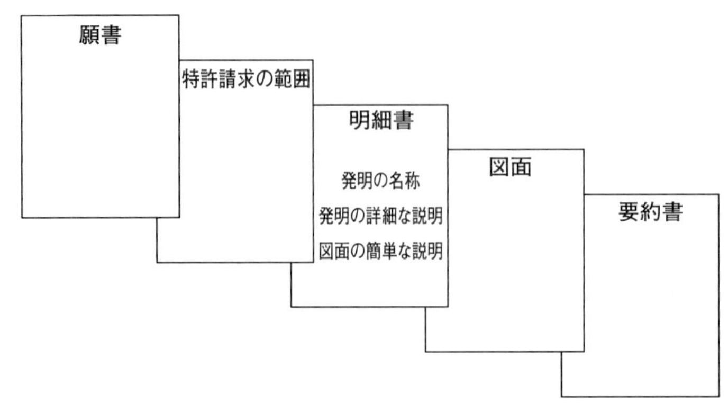

図 6.3 出願書類

明細書には，発明の名称，図面の簡単な説明，発明の詳細な説明を記載する。さらに，この発明の詳細な説明は，その発明の属する技術の分野における通常の知識を有する者（つまりその分野の専門家のこと，「当業者」という）が，発明を実施できる程度に記載する。

特許法は，新規な発明を世に開示することの代償として特許を与える。これにより，一定期間の独占を許した後は，その発明を社会にて共有しようとするのである。したがって，この目的達成のためには，特許権者以外の人が出願書類を読んで，その発明を実施できなければならない。明細書の詳細な説明には，それを読んだ専門家が発明を実施できる程度に詳細に発明を記述しなければならないとされているのは，このためである。このように，明細書は技術文献としての役割をもっている。

付録 1 として添付した出願書類を見てもわかるように，出願書類の中で明細書の分量が際だって多い。発明を詳細に説明しなければならないからである。

6.2.5 図 面

発明内容の説明を文章だけで行うことは困難である。発明の理解を容易にするために必要な図面を添付する。なお，文章だけで発明を説明できるのであれば図面は添付しなくともよいが，化学分野の発明など特殊なものを除いて，図面なしでの説明は困難であろう。

6.2.6 要 約 書

発明の要約を記述したものである。400 字以内で簡潔に発明内容を記述することが求められる。

6.3　公開公報発行

原則として，出願から1年6ヶ月経過すると，審査が終了しているか否かにかかわらず特許庁公報（公開公報）に出願の内容が掲載され，一般に公開される（特許法第64条）*1。これを出願公開という（図6.1の②参照）。このように未審査のものでも内容の公開を行うのは，出願されている内容を一般に知らせて重複した研究開発を防止するためである。付録2に「公開公報」を添付するので参照のこと。

なお，出願人が希望する場合には，出願から1年6ヶ月より前であっても出願公開が行われる(早期出願公開)。

また，出願公開公報は，その発行時点において，まだ審査もされず特許されていないものがほとんどである。特許された後に発行される，特許掲載公報とは違うので注意が必要である。

6.4　出願審査の請求

出願をしただけでは，審査は開始されない。別途，出願審査請求が必要である（特許法第48条の2）（図6.1③参照）。この審査請求の手続きとともに，審査料を支払う。なお，審査請求の期間は出願から3年である。この期間を過ぎても審査請求をしない場合には，出願は取り下げたものと見なされ，権利を取得できなくなる（特許法第48条の3）。

審査を受けたいから出願を行うのに，出願とは別に審査請求が必要であるというのは，出願人にとって何ら利益のないことのように思えるかもしれない。しかし，出願を行った時点では重要な発明であると考えていても，2〜3年経つと消費動向や会社の方針が変わり，特許取得の必要がなくなる場合もある。出願審査請求の費用は，通常15万円程度と高額であるから，このような場合，審査請求をしなければ（つまり審査請求の費用を支払わなければ）出願人にとって費用の節約になる。また，特許庁にとっても，出願人が権利取得を望まなくなった出願まで審査する必要がなくなり，全体としての審査促進を図ることができる。

出願審査の請求を早く行えば，審査官による審査も早く開始される。しかし，出願と同時に出願審査請求を行うことが，常に得策であるとは限らない。出願の中には，情勢の変化により，権利取得が不要になるものもあるからだ。出願時点では，その発明の価値が明らかでないものについては，情勢を見るために出願審査請求を遅らせてもよいだろう。

なお，中小企業や大学に対しては，出願審査請求料を1/2〜1/3にする措置がとられている。

*1　特許が取れる前に出願内容を公開すると，これを模倣する者が現れる恐れがある。これに対しては補償金請求権（特許法第65条）が認められている。詳しくは後述する。

6.5 審査官による審査

6.5.1 概　　要

出願の審査は，審査官によって行われる（特許法第47条)。審査官は，先に説明した特許要件を審査し，すべての特許要件を充足していれば，特許を許可する旨の決定を行う。これを特許査定という。

特許要件を充足していないと考えた場合には，審査官は，特許を付与できない旨及び理由（どの特許要件を充足していないか）を通知する。これを拒絶理由通知という（図6.1の⑤参照)。

拒絶理由通知に対しては，特許請求の範囲の請求項の記載を狭い範囲にしたり（補正書)，意見を述べたりして（意見書)，審査官に反論して特許の取得を目指す。審査官は，出願人の補正書・意見書を見て，最終的に特許をすべきと考えたら特許査定をする（特許法第51条)。一方，特許をすべきでないと考えたら拒絶査定をする（特許法第49条)。図6.1では，⑥が拒絶査定を，⑧が特許査定を表している。

なお，出願審査請求を行ったからといって，すぐに審査が開始されるわけではない。日本の審査官は，多くの未処理案件を抱えているので，審査が開始されるまでには1年程の時間を要する。一方で，模倣品が市場に出回っているなどの場合には，早く審査を行ってもらいたいという要請がある。そこで，早く審査を行ってもらう早期審査制度が設けられている。i）その発明を出願人が実施していること，ii）その発明について外国へも出願していること，iii）大学・高専などの出願であること，iv）中小企業または個人の出願であることv）省エネなどの効果を有する発明についての出願であること等のいずれかの条件を満たせば，早期審査を請求することができる。

6.5.2 審査の対象

審査官は，出願された発明について，特許要件を満たしているかどうかの判断を行う。ここで，審査の対象となるのは，出願人が権利取得を望む発明，つまり特許請求の範囲に記載された発明である。たとえば，明細書，特許請求の範囲に次のように記載して出願をしたとする。

【書類名】 明細書
【発明の名称】 鉛筆
【発明の技術分野】 この発明は，筆記用具である鉛筆に関する。
【従来技術】 従来の鉛筆は，横断面が丸であった。
【発明の概要】
　【発明が解決しようとする課題】 従来の鉛筆は，机の上に置いておくと転がってしまい，机から落ちて芯が折れてしまうという問題があった。
　【課題を解決するための手段】 この発明に係る鉛筆は，横断面を多角形とした。これにより，転がりを防止している。

【図面の簡単な説明】

【図1】　一実施形態による鉛筆の外観を示す図である。

【図2】　横断面を示す図である。

【発明を実施するための形態】

図1に，この発明の一実施形態による鉛筆の外観を示す。また，図2にその横断面を示す。この実施形態では，横断面を六角形としている。これにより，転がりを防止している。

なお，上記実施形態では横断面を六角形としたが，四角形としてもよい。つまり，断面が多角形であれば転がりを防止することができる。ただし，鉛筆を持つときは3点で支持するので，3の倍数である六角形の方が持ちやすい。

また，この実施形態による鉛筆の製造方法は，従来の鉛筆と同じである。

【書類名】　特許請求の範囲

【請求項1】

(a) 芯材と，

(b) 芯材を取り巻く横断面多角形の本体と，

(c) を備えた鉛筆。

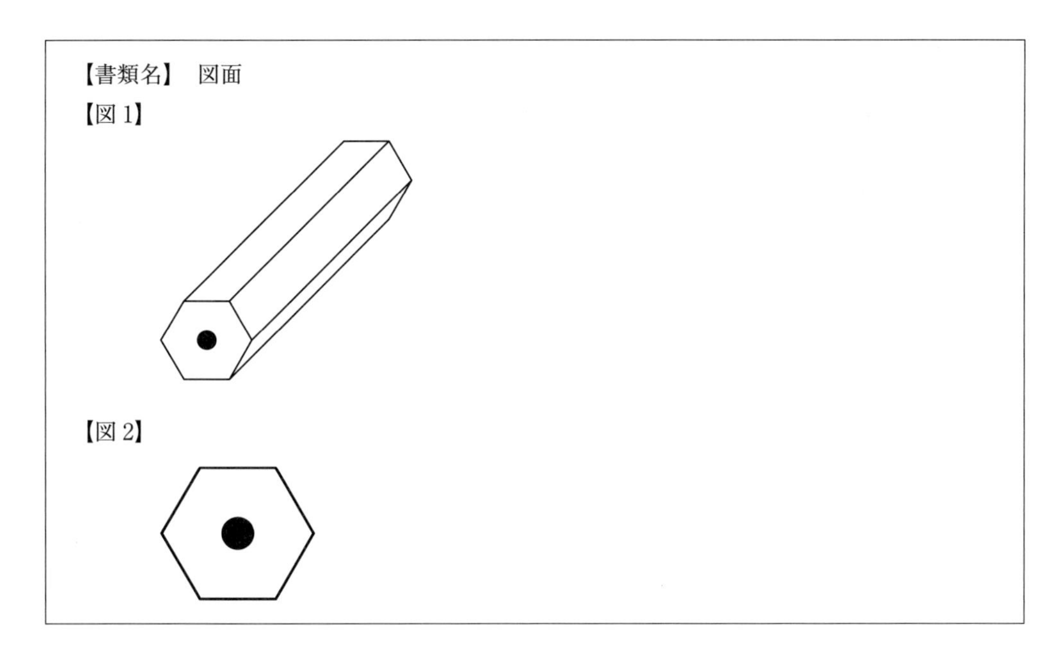

明細書には，横断面六角形の鉛筆だけでなく，横断面四角形の鉛筆も記載されており，横断面が多角形の鉛筆が記載されている（明細書の「発明を実施するための形態」を参照)。特許請求

の範囲の請求項1では，横断面多角形の鉛筆が請求されている。この出願につき，審査官は，断面多角形の鉛筆を審査対象として審査を行うことになる。つまり，審査官は，断面多角形の鉛筆について，「発明に該当するか」「新規性はあるか」「進歩性はあるか」「発明は適切に記述されているか」という特許要件を満たしているかどうかを判断する。

転がりを防止するために横断面を多角形にしたという物理的構造に関するアイデアであり，自然法則を利用した技術的思想の創作といえるので「発明」に該当する。また，明細書・図面には，この発明に係る鉛筆の構造が記載されており，その製造方法は従来の鉛筆と同じであることが記載されている。したがって，当業者（その分野の専門家を当業者という）は，明細書・図面を読むことによって，この鉛筆を製造することが可能であり「発明は適切に記述されている」ということができる。

審査官は，新規性・進歩性があるかどうかを判断するために，この出願の出願日より前に知られていた技術（従来技術）を調べる。

6.5.3 拒絶理由通知

たとえば，審査官は，横断面を四角形にした鉛筆を掲載した技術雑誌（出願日より前の発行）を見い出したとする。出願人は，請求項1に横断面多角形の鉛筆を記載して出願をしており，横断面多角形の鉛筆についての権利取得を望んでいる。これに対し，従来技術として横断面四角形の鉛筆が見つかったのであるから，新規性がないということになる。

請求項1は横断面多角形と抽象的であり，従来技術は横断面四角形と具体的であるが，横断面多角形の一種である横断面四角形が従来技術として存在するのであるから，横断面四角形を含む請求項1について特許を与えることはできない*1。

この場合，審査官は，次のような拒絶理由通知を出願人に対して出すことになる。

拒絶理由通知

横断面を四角形にした鉛筆が，出願前に発行された技術雑誌に掲載されている。したがって，本願の請求項1に係る発明は新規性がない。

6.5.4 補正書・意見書

上記の拒絶理由通知を受け取った出願人は，これに対し，意見を述べることができる。また，現在の請求項に記載した発明では，反論が困難であると思われる場合には，請求項を補正した上で意見を述べることができる。

*1 請求項に記載された発明が横断面四角形であり，従来技術が横断面多角形の場合には，新規性がないということはできない。横断面多角形が知られているからといって，横断面四角形が知られているとはいえないからである。ただし，この場合，新規性はあるが，進歩性がないと判断される可能性が高い。横断面多角形が知られていれば，横断面四角形を導き出すことは容易だからである。

上述の場合，現在の請求項に記載した発明では，反論が困難である。しかし，以下のように，横断面六角形の鉛筆に補正した上で（下線部は補正箇所を示す），意見を述べることが可能である。

> 【書類名】　補正書
> 【補正対象書類名】　特許請求の範囲
> 【補正の内容】
> 　【請求項1】
> (a) 芯材と，
> (b) 芯材を取り巻く横断面六角形の本体と，
> (c) を備えた鉛筆。

> 【書類名】　意見書
> 【意見の内容】　本願発明は，横断面を六角形にした鉛筆であり，六角形であることから転がりにくいというだけでなく持ちやすいという効果がある。これに対し，従来技術は四角形の鉛筆であって，転がりにくいという効果はあるものの，四角形であるから指で保持したときに角が指に当たってしまって持ちやすいとはいえない。よって，本願発明は新規性がある*1。

特許請求の範囲や明細書の補正は，出願当初の明細書・図面などに記載した範囲内に限られると規定されている（特許法17条の2第3項）。補正が行われると，補正された内容にて出願が行われたものと見なされる（遡及効があるという）。したがって，出願当初に記載されていなかった事項にまで補正をすることを認めると，遡及効により第三者に不利益を与えることになる。このため，補正は，出願当初の明細書・図面などに記載した範囲内に限るとされているのである。

> **第17条の2**　…
> 　3　…明細書，特許請求の範囲又は図面について補正をするときは…，願書に最初に添付した明細書，特許請求の範囲又は図面に記載した事項の範囲内においてしなければならない。

上記の例では，横断面多角形を横断面六角形に補正している。これは，出願当初の明細書において，横断面を六角形にすることについての記載がされていたから許されたのである。もし，横断面六角形についての記載がなければ，上記の補正は認められず，審査官に拒絶されることになる。

*1　新規性をクリアしても，進歩性の問題もクリアしなければならないので，本来であれば，進歩性についての主張をしておく必要がある。

6.5.5 拒絶査定

審査官は，拒絶理由通知に対する補正書・意見書を見ても，拒絶理由が解消していないと考える場合には，拒絶査定を行う*1。拒絶理由通知を出さずに，いきなり拒絶査定を行うことはできない。出願人に意見を述べる機会を与えなければならないからである。

拒絶理由通知に対する補正書・意見書を見て，拒絶理由通知が解消し，特許を付与できると考える場合には，特許査定を行う。なお，特許査定は，出願人に対して不利益な処分ではないので，いきなり行うことができる。

6.6 拒絶査定に対する審判

審査官の行った拒絶査定に納得がいかない場合には，審判を請求できる（特許法第121条）（図6.1の⑦参照）。審判では，3人または5人の審判官が審査官の行った拒絶査定が正しいものであったかどうかを判断する（特許法第136条）。

なお，この審判官の判断（拒絶審決）に納得がいかない場合には，さらに知的財産高等裁判所に訴えを起こすことができる（特許法第178条）。

6.7 特許掲載公報の発行・原簿登録

特許査定がされると，30日以内に登録料（1～3年分）を支払うことにより，特許原簿に登録がなされ，特許権が発生する（特許法第66条，107条，108条）（図6.1の⑨）。登録がされると，特許掲載公報が発行される。特許掲載公報には，特許された出願の内容が掲載される（特許法第66条第3項）。これにより特許の内容が一般に公表される。付録3に「特許掲載公報」の例を示す。

6.8 特許無効審判・特許異議の申立

6.8.1 審査官も完全でない

新規性や進歩性がないにもかかわらず特許が与えられてしまった場合には，困ったことになる。

*1 補正により拒絶理由は解消したが，補正されたことによって新たな拒絶理由が生じた場合には，もう一度拒絶理由通知を出す（最後の拒絶理由通知）。

例題 6.1　Y社は，光学式マウスの製造販売を行っている。ところが，X社から突然に，Y社の光学式マウスがX社の特許を侵害しているとの警告を受けた。特許の内容を調べると，確かに，Y社の光学式マウスはY社の特許発明の技術的範囲に入るものであった。ただし，X社が出願した時点で，その光学式マウスは，その技術的詳細がすでに技術文献に掲載されていた。Y社は，どのような手段を講じることができるだろうか。

このままX社の主張を認めてはY社に不公平である。X社は，出願の時点ですでに技術雑誌に記載されていて新規性がない光学式マウスについて特許を取得したのであり，本来は特許されるべきものではなかったからである。そこで，特許法では，このような瑕疵（キズのあること）のある特許を無効にするための特許異議の申立，無効審判という制度が設けられている。Y社の出願前に発行された技術雑誌を証拠として提出し，新規性がないという理由にて，審判官によりもう一度判断をしてもらうことができる。

6.8.2　特許無効審判

特許無効の申立があると，審判官（3名または5名）が審理を行う（123条）。たとえば，進歩性がないという理由による申立があれば，提出された先行技術に基づいて，進歩性があるかどうかを判断する。

第123条　特許が次の各号のいずれかに該当するときは，その特許を無効にすることについて特許無効審判を請求することができる。この場合において，2以上の請求項に係るものについては，請求項ごとに請求することができる。

特許要件を満たしていないと判断した場合には，特許を無効にする。本来特許されるべきではなかったものであるから，最初から特許はなかったものとして扱われることになる。特許要件を満たしていると判断した場合には，特許をそのまま有効とする。なお，無効審判の結果に不服であれば，知的財産高等裁判所に提訴することができる。

特許無効審判はいつでも請求することができるが，特許権侵害訴訟を提起された場合に，これに対抗するために請求する場合が多い。この場合，裁判所における特許権侵害訴訟と特許庁における無効審判の双方が同時に進行することになる。

なお，特許庁に対して無効審判を請求せずに，特許権侵害訴訟において裁判所で特許の無効を主張することが認められている。無効審判によって無効となっても，訴訟の中で無効となっても，特許権侵害が成立しない点は同じである。ただし，無効審判において特許が無効になると，特許庁が原簿に特許が無効となった旨を記録し，特許権は確定的に無効になる。これに対し，裁判において特許無効が認められた場合，その事件においてのみ特許が無効となるのであって，原簿に無効が記録されるわけではない。このように，無効審判は特許権を本格的に無効にする手続きであり，裁判における無効はその事件に限って特許権を無効にするという点で異なっている。

しかし，ある裁判において特許が無効であると判断されれば，他の裁判においても同様の判断がなされることになるだろうから，実質的にはどちらも同じであると考えてよいであろう。

6.8.3 特許異議の申立

特許掲載公報の発行から6ヶ月以内であれば，特許異議を申し立てることができる。特許無効審判と同様の手続きであるが，手続きが簡易なものとなっており，誰でも（利害関係がなくとも）申し立てることができる（特許法113条）。

6.9 情報提供

特許が成立した後は，特許異議の申立や無効審判を請求できる。では，まだ特許されていない出願を発見し，その出願の特許成立を阻止するためには，何か方法があるだろうか。

例題 6.2 Y社は，古くから光学式マウスの製造販売を行っている。ところが，すでにY社が5年前から販売しカタログにその機能を詳細に説明しているマウスについて，X社が特許出願をしていることがわかった。X社の出願は1年半前であり，これが出願公開されたことによって，その出願の存在が判明したものである。Y社は，どのような手段を講じることができるだろうか。

例題6.2のような場合に，特許法は情報提供という制度を用意している。審査官に対して，従来技術などを提出し，審査のための資料を提供することができる。例題6.2の場合なら，Y社は，5年前のカタログを情報提供することができる。有効な資料であれば，審査官はこれを採用して，新規性や進歩性がないとの判断をするであろう。なお，情報提供は，匿名にて行うことができる。

6.10 先使用権

例題6.1において，X社は無効審判を請求して特許を無効にすることができた。では，次のような場合はどうであろうか。

例題 6.3 Y社は，3億円もの研究費を投じて光学式マウスを独自に開発した。Y社は，試作品を経て，当該試作品と同様の構造を有する光学式マウスの製造販売を開始し，順調に売上げを伸ばしていた。ところが，X社から突然に，Y社の光学式マウスがX社の特許を侵害しているとの警告を受けた。特許の内容を調べると，確かに，Y社の光学式マウスはX社の特許発明の技術的範囲に入るものであった。X社が出願した時点では，この光学式マウスは，いずれの技術文献にも掲載されていなかった。また，X社が出願した時点では，Y社は光学式マウスをまだ市場に発表しておらず，社内秘の試作品が完成していたに過ぎなかった。Y社は，どのような手段を講じることができるだろうか。

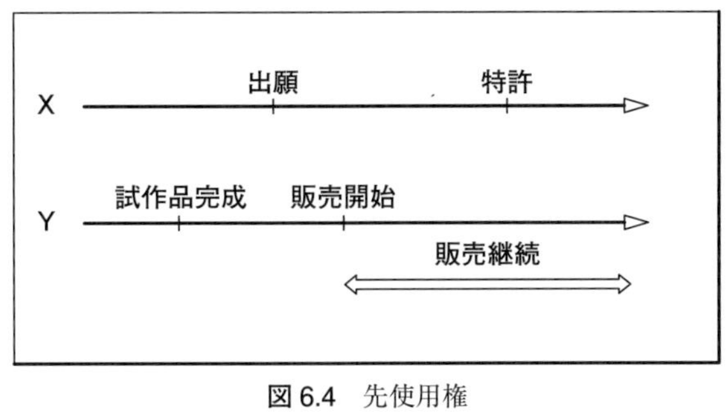

図6.4　先使用権

仮に，X社が出願を行った時点で，すでにY社が光学式マウスを販売していたとしたら，新規性・進歩性がないとして無効審判を請求できたはずである。しかし，例題6.3においては，X社が出願した時点では，Y社は光学式マウスをまだ市場に発表していないのであるから，無効審判を請求することはできない。

しかし，Y社は，X社が出願した時点では試作品を完成させており，自らが出願をしていれば特許を取得できた可能性があった。また，Y社は，X社出願の時点で試作品をすでに完成させており，Y社の継続的な実施を認めなければ，設備投資が無駄となり，公平を欠くことにもなる。

そこで，例題6.3のような場合に，Y社に対して継続的に実施を認める法定通常実施権が認められている。これを先使用権という（79条）。

第79条　特許出願に係る発明の内容を知らないで自らその発明をし，又は特許出願に係る発明の内容を知らないでその発明をした者から知得して，特許出願の際現に日本国内においてその発明の実施である事業をしている者又はその事業の準備をしている者は，その実施又は準備をしている発明及び事業の目的の範囲内において，その特許出願に係る特許権について通常実施権を有する。

先使用権が認められるためには，i）特許出願に係る発明の内容を知らないで自らその発明をしたこと，ii）特許出願の際現に日本国内においてその発明の実施である事業をしていること又はその事業の準備をしていること，iii）実施又は準備をしている発明及び事業の目的の範囲内であることを満たさなければならない。

例題6.3では，Y社は独自に開発を行っているので「特許出願に係る発明の内容を知らないで自らその発明をした」ということができ，要件i）を満たす。また，X社の特許出願の際に，試作品を完成させているので「発明の実施である事業の準備をしている」ということができ，要件 ii）を満たす。さらに，現在販売中の光学式マウスは試作品と同様の構成であり，光学式マウスを製造販売するという事業の目的も変わっていない。したがって「実施又は準備をしている発明及び事業の目的の範囲内」であるということができ，要件 iii）を満たす。このように，Y 社は，先使用権の要件を充足しているので，通常実施権を有しており，X 社特許を侵害していないと主張することができる。

6.11 特殊な出願

6.11.1 国内優先権出願

出願したあとで，改良発明を行ったり別の実施例を考えついたりした場合には，先の出願内容と新たな改良発明などを合わせて，ひとつの出願にまとめることができる（特許法第 41 条）。つまり，先の出願を取り込んだ形で，新たなひとつの出願とすることができる。このような制度を，国内優先権制度という。（図 6.5 参照）

先の出願に補正で追加することが許されないような内容であっても，上述の国内優先権を利用することで，1 つの出願にまとめることができる。ただし，先の出願日から 1 年以内に後の出願をしなければ，国内優先権を利用することができないので注意が必要である（特許法第 41 条第 1 項第 1 号）。

国内優先に基づく出願を行った場合，元の出願は取り下げたものと見なされる。元の出願に記載していた内容 A の新規性・進歩性などの特許要件については，元の出願の出願日 t_1 で判断され，国内優先によって追加した内容 B は，国内優先に基づく出願の出願日 t_2 で判断される。

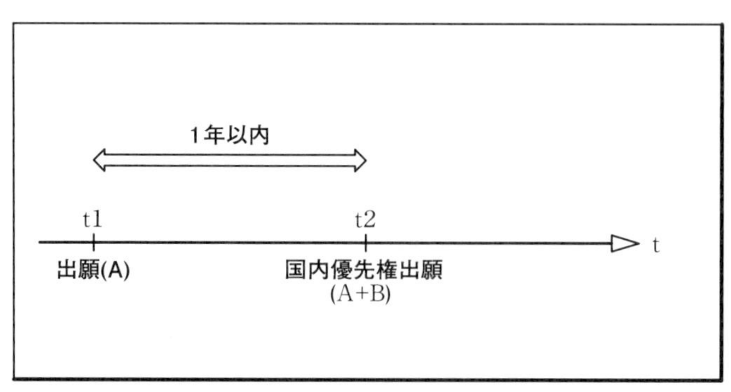

図 6.5 国 内 優 先

6.11.2 分割出願

出願中に2以上の発明が含まれていた場合，出願を分割することができる。分割によってした新たな出願を分割出願という。分割出願は，現実の出願日 t2 ではなく，元の出願（親出願）の出願日 t1 にしたものとみなされて，新規性・進歩性などの要件が判断される（図6.6参照）。

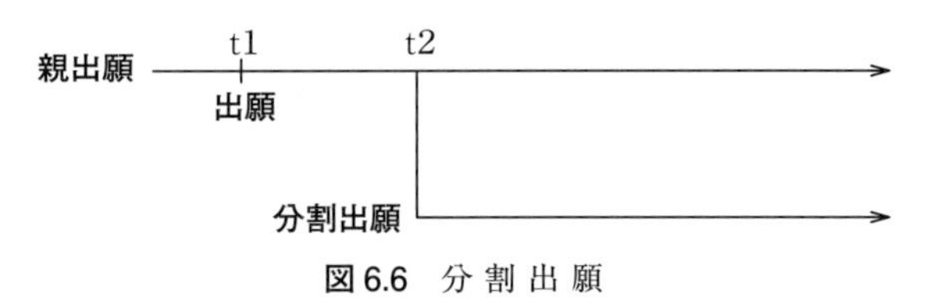

図6.6　分割出願

分割出願は，最初に拒絶理由通知を受け取るまでの間，拒絶理由通知に対して応答するための期間，拒絶査定から3月間，特許査定から30日間などの期間において行うことができる。

「理解を深める」

分割出願は，戦略的に利用されることも多い。特許出願をして，特許権を取得できたことは喜ばしいことであるが，特許が登録されると，特許請求の範囲の技術的範囲を広げるような訂正を行うことは許されない。このため，後に，他社が類似品を販売してきたときに，わずかな違いで特許発明の技術的範囲に入らず，侵害にできない場合がある。むしろ，まだ審査中であれば，補正を行うことによって，他社の類似品が確実に入るような請求項にて権利を取得できたかもしれない（もちろん出願時点で明細書に記載されていた発明の範囲内でなければならない）。

そこで，親出願が特許されそうになれば，分割出願を行うことにより，審査中の出願を維持する。さらに，その分割出願も特許されそうになれば，さらに分割出願を行う。実務上，このような方策がとられることもある。

理解度確認演習 C（1章～6章）

解答は巻末を参照のこと。

C.1　補正について正しいものはどれか。

1. 特許出願をした後は，出願書類を補正することは一切できない。
2. 請求項の補正は，出願当初の特許請求の範囲，明細書，図面に記載した範囲内でなければすることができない。
3. 特許出願をした後は，明細書についてのみ補正をすることができ，特許請求の範囲については補正をすることができない。
4. 請求項の補正は，出願当初の特許請求の範囲に記載した範囲内でなければすることができない。
5. 特許出願をした後，特許査定があるまでは，どのような補正であれ自由にすることができる。

C.2　次の書類のうち，出願時の出願書類に含まれないものはどれか。

1. 願書
2. 明細書
3. 特許請求の範囲
4. 意見書
5. 要約書

C.3　次の記載のうち誤りはどれか。

1. 拒絶査定不服審判や特許無効審判における審決に対しては，不服を申し立てることはできない。
2. 拒絶査定不服審判においては，3人または5人の審判官によって，審査官の行った拒絶査定の妥当性が審理される。
3. 特許無効審判においては，3人または5人の審判官によって，審査官の行った特許査定の妥当性が判断される。
4. 情報提供は匿名にて行うことができる。
5. 特許権侵害の警告を受け取った後であっても，その特許について特許無効審判を請求することができる。

C.4　拒絶理由通知について正しいものはどれか。

1. 拒絶理由通知を受け取ると，出願は必ず拒絶される。
2. 出願審査請求を提出する前に，拒絶理由通知が到着する場合もある。
3. 拒絶理由通知を受け取ると，もはや出願内容を補正することはできない。
4. 拒絶理由通知を受け取ると，所定の期間内に意見書を提出する機会が与えられる。
5. 拒絶理由通知は，出願人が審査官に対して提出する書類である。

C.5　次の記載のうち正しいものはどれか。

1. 特許出願があれば，すべての出願について審査が行われる。
2. 特許出願の願書には，発明者と出願人が表示されている。特許権者となるのは発明者である。
3. 特許出願においては，発明の内容を詳細に説明した明細書，希望する権利範囲を明確にした特許請求の範囲などを提出しなければならず，口頭説明によってこれに代えることはできない。
4. 独自に新しい施工方法を開発し，この施工方法によって建て売り住宅を建てて販売した。低コストを実現した施工方法であったため，売れ行きは好調であったが，特許権者から警告状が届いた。警告状の内容は，特許権侵害であるからその施工方法を止め，すでに施工した分については損害賠償をせよとの内容であった。そのような特許権があることは知らなかったので，今後の施工を中止することはしかたないが，すでに施工済みの分についての損害賠償はしなくともよい。
5. 分割出願についての新規性などの判断は，その分割出願をした日を基準として行われる。

C.6　ある特許出願について，Aに記載した手続きより後にBに記載した手続きが生じる可能性のないものはどれか。

1. A＝拒絶理由通知　B＝意見書
2. A＝特許出願　B＝審査請求
3. A＝特許出願　B＝公開公報の発行
4. A＝拒絶査定　B＝特許査定
5. A＝特許査定　B＝出願審査請求

C.7　次のうち誤りはどれか。

1. 国内優先権の主張を伴う出願において，先の出願に記載していた発明については，先の出願の出願日（優先日）を基準として新規性や進歩性が判断され，追加した発明については国内優先権の主張を伴う出願の現実の出願日を基準として新規性や進歩性が判断される。

2. 国内優先権の主張を伴う出願を行うと，先の出願は取り下げたものとみなされる。
3. 国内優先権の主張を伴う出願を行って特許を取得した場合，その特許は，先の出願の出願日から20年で満了する。
4. 国内優先権の主張を伴う出願は，先の出願から1年以内に行わなければならない。

C.8 次のうち特許無効審判によって特許を無効にする理由とならないものを選べ。

1. 特許された発明に，新規性がない場合。
2. 特許された発明が，特許権者によって実施されていない場合。
3. 特許された発明に，進歩性がない場合。
4. 特許出願の明細書に，当業者が発明を実施できる程度に発明が説明されていなかった場合。

C.9 次のうち先使用権の要件でないものはどれか。

1. 特許出願に係る発明の内容を知らないで自らその発明をしたこと
2. 特許出願の際，現に日本国内においてその発明の実施である事業をしていること又はその事業の準備をしていること
3. 実施又は準備をしている発明及び事業の目的の範囲内であること
4. 自ら特許出願をしていること

C.10 出願審査請求制度の趣旨を説明せよ。(300字程度)

C.11 特許法が，20年という期間を限定して特許権を与えるようにしている趣旨を説明せよ。(300字程度)

C.12 出願公開公報と特許掲載公報を比較して説明せよ。(300字程度)

7 特許要件（その2）

「3章 何が特許になるのか」では，特許要件としての発明の成立性，新規性，進歩性，記載要件について説明した。特許法には，これらの特許要件以外に多くの要件が定められている。すべての要件を満たさなければ特許を取得することはできない。ただし，拒絶理由としてよくみられる特許要件は限られている。先に説明した成立性，新規性，進歩性は，特許取得の際に頻繁に出てくる要件である[*1]。

以下では，進歩性などに次いで，実務上，みる可能性のある先願性，拡大された先願の地位，不特許事由について説明する。

7.1 先 願 性

複数の人が，同じ発明について特許出願をした場合，誰に特許が与えられるのであろうか。

例題 7.1 Xさんは，亜鉛が風邪に効くことを見い出し，亜鉛を含有する風邪薬を発明した（図7.1参照）。

Xさんは，特許出願をするため弁理士[*2]Aに相談し出願を依頼した。弁理士Aは，出願書類を作成し，1月半後に出願を済ませた。Yさんは，Xさんより後に，独自に亜鉛が風邪に効くことを見い出し，亜鉛を含有する風邪薬を発明した。結果的にXさんの発明とYさんの発明は同じであった。Yさんは，特許出願をするため弁理士Bに相談し，出願を依頼した。弁理士Bは，出願書類を作成し，1ヶ月後に出願を済ませた。なお，Xさんの出願の請求項1と，Yさんの出願の請求項1が実質的に同じであった。また，発明をしたのはYさんが後であったが，出願をしたのはYさんが先となった。この場合，特許を取得できるのは，Xさん，Yさんのいずれであろうか。

*1 発明であることという要件は，コンピュータソフトウェアの分野では頻繁に問題となるが，他の技術分野では問題とならないことが多い。

*2 知的財産に関し特許庁・裁判所における手続を代理することを業務として行う国家資格である。弁理士試験は法律が中心の試験であるが，発明内容の技術的理解が必要なため，弁理士の約7割は理工系出身者である。

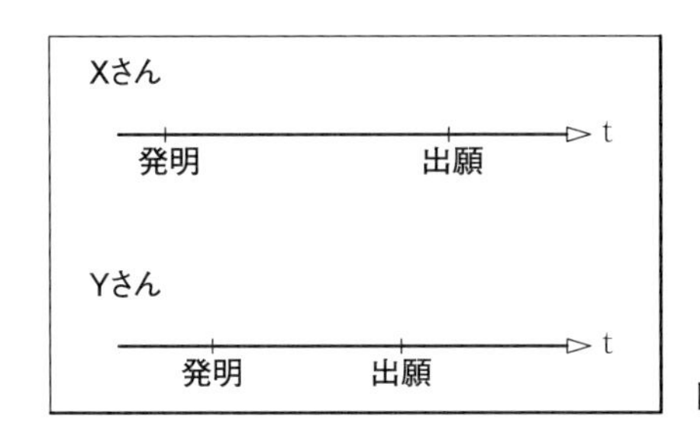

図 7.1 先願性

例題 7.1 のように，同じ発明について，違った日に 2 人から出願があった場合には，先に出願したBに特許が与えられる（特許法 39 条）。特許権は独占権であるから，同じ内容の権利が 2 つ生じることを避けるためである。なお，同じ発明であるかどうかは，請求項の記載が実質的に同じであるかどうかによって判断する。

特許法 39 条 同一の発明について異なった日に 2 つ以上の特許出願があったときは，最先の特許出願人のみがその発明について特許を受けることができる。

特許法 39 条の規定があるので，X さんが，Y さんよりも早く発明していたことを主張して，特許を取得することはできないのである。出願日を基準として，先に出願したものに権利を与えるようにしている（先願主義という）。「3.3 新規性があるか」において，新規性の判断は出願時にて行うと説明したことと同様の考え方である。

新規性は，出願された発明が，出願前に公表されている発明と同じであるかどうかを問題にしたのに対し，先願性は，出願された発明が，先に出願された発明（公表されていなくともよい）と同じであるかどうかを問題とする。

先願性は，同じ内容の権利を複数成立させないという趣旨であるから，2 つの出願の請求項に記載された発明が同一である場合だけに適用される。なお，先の出願を先願といい，後の出願を後願という。

「理解を深める」

新規性と先願性の関係について整理しておきたい。図 7.1 の場合において，Y さんが，X さんの出願前にその発明を公表していれば，X さんの出願は新規性なしとして拒絶される。しかし，Y さんは出願をしただけであり，その発明内容を公表していなければ，X さんの出願は新規性がないとはいえない。Y さんの出願した発明は出願公開公報によって新規性がなくなるが，出願公開公報が出るまで（出願から 1 年 6 ヶ月）は Y さんが自ら公表しない限り新規性は失われない。このような場合に，X さんの出願は Y さんの出願の後願であるとして拒絶される。

実際には，このような先願性によって出願が拒絶される場合は，それほど多くない。仮に先願性による拒絶理由通知を受けても，請求項を補正して先願と同一でない発明にすれば，先願性拒絶を回避することができる。

7.2　拡大された先願の地位（29条の2）

上記で説明した先願性の要件は，請求項に記載した発明が同一である場合に適用される。では，先願の明細書に記載された発明と，後願の請求項に記載した発明が同一である場合には，どのように取り扱われるのであろうか。

例題7.2　Xさんは，亜鉛が風邪に効くことを見い出し，亜鉛を含有する風邪薬αを発明した（図7.2参照）。Xさんは，明細書において風邪薬の成分を明らかにし，その風邪薬の製造装置βを記載して作り方を明らかにした上で，風邪薬αを特許請求の範囲（請求項）に記載して出願をした。この出願は，1年半後に出願公開された。図において，$\alpha/(\alpha+\beta)$は，明細書にαおよびβを記載し，特許請求の範囲にαを記載したという意味である。

一方，Yさんは，亜鉛を含有する風邪薬αの製造装置βを独自に発明した。Yさんは，明細書に風邪薬の製造装置βを記載して，製造装置βを請求項に記載して出願をした。Yさんの出願は，Xさんの出願よりも後であったが，Xさんの出願の公開よりも前であった。Yさんは，特許を取得できるだろうか。

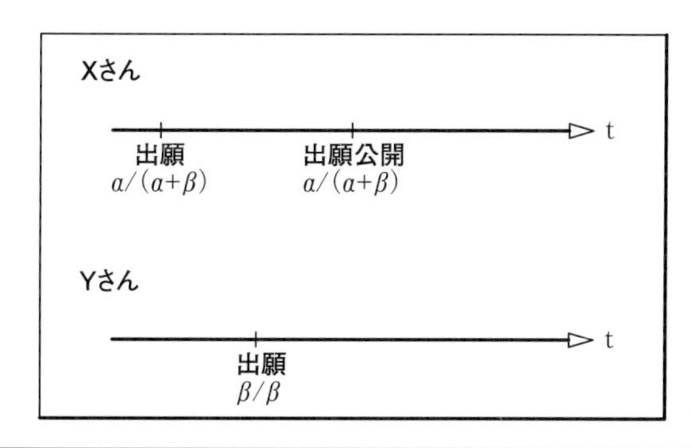

図7.2　拡大された先願の地位

例題7.2において，仮に，Yさんの出願がXさんの出願公開より後であれば，新規性なしとして拒絶されることになる。Yさんが請求項に記載した発明αが，すでに公開されたXさんの発明に記載されているからである。しかし，例題7.2では，Yさんの出願の方が，Xさんの出願公開よりも先である。したがって，新規性による拒絶はされない。

では，先願性はどうであろうか。Yさんが請求項に記載したのは発明β（製造装置）であり，Xさんが請求項に記載したのは発明α（風邪薬）である。両者が請求する発明は異なっている。したがって，先願性によって，Yさんの出願は拒絶されない。

それでは，Yさんの出願は特許されるのであろうか。特許法は，新規な発明を世に公開する代償として特許を与えるものである。Yさんの出願は，発明βを請求するものである。Yさんが出願した時点では，Xさんの出願は公開されていないが，Yさんの出願が出願公開される時点では，先にXさんの出願がすでに公開されていることになる。Yさんが権利を請求する発明βは，Xさんの出願公開によってすでに世に知られることになり，Yさんの出願は，新規な発明を世に公開するものではないということになる。

そこで，特許法は，例題7.2のような場合，拡大された先願の地位（29条の2）の要件により，Yさんに対して特許を与えないこととしている。つまり，先願の出願書類のいずれかに記載された発明について，先願が公開される前に出願された後願については，特許を与えないとしている。したがって，例題7.2のケースでは，Yさんは特許を取得できない。

なお，先願と後願の発明者が同一である場合や，先願と後願の出願人が同一である場合には，例外として，29条の2によって拒絶されない*1。

第29条の2 特許出願に係る発明が当該特許出願の日前の他の特許出願…であつて当該特許出願後に…特許掲載公報の発行若しくは出願公開の発行がされたものの願書に最初に添付した明細書，特許請求の範囲に記載された発明…と同一であるときは，その発明については，…特許を受けることができない。

7.3 不特許事由（32条）

公の秩序や善良の風俗を害するような発明は，たとえ他の要件を満たしても特許されない。たとえば，偽札製造装置，金塊密輸用チョッキなどの発明がこれに該当するとされている。

第32条 公の秩序，善良の風俗又は公衆の衛生を害するおそれがある発明については，第29条の規定にかかわらず，特許を受けることができない。

*1 29条の2と先願性の解説動画を用意している。YouTubeにて「29条の2 古谷」で検索して下さい。

理解度確認演習 D（1 章～ 7 章）

解答は巻末を参照のこと。

D.1 次に示す 1～5 のうち，A の出願が，B の出願によって，拡大された先願の地位（29 条の 2）の規定にて拒絶されるのはどれか。なお，図中の表記において $\alpha/(\alpha+\beta)$ は，発明 α と発明 β が明細書に記載され，発明 α についてのみ請求項に記載されていることを表す。図において，日時は左から右へ流れている。

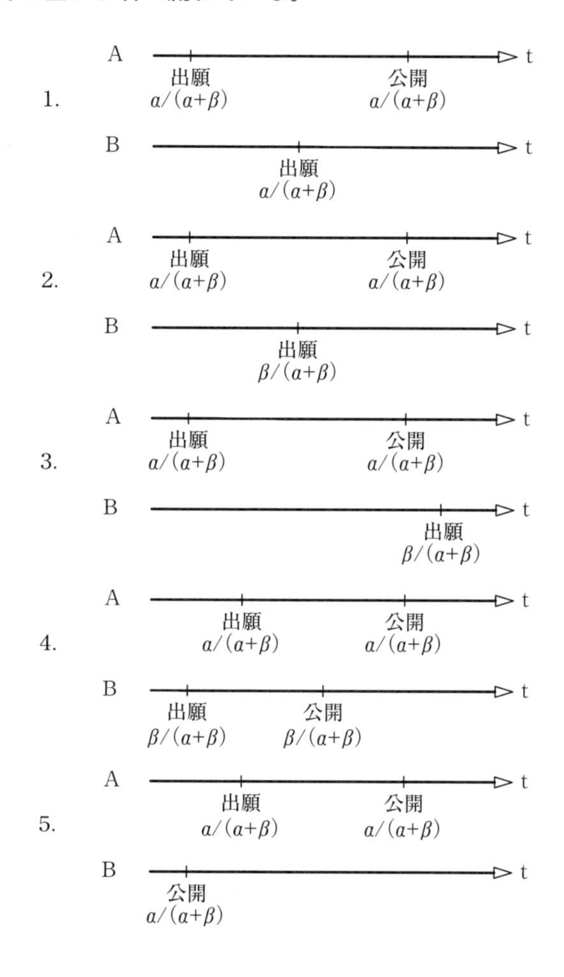

D.2　上記1問題において，Bの出願がAの後願であるとして特許法39条によって拒絶されるのはどれか。

D.3　以下のAとBの会話を読んで，Aの特許がいずれの要件によって無効にされたかを選べ。

A　参ったよ。拒絶無効審判で特許が無効になったよ。
B　特許をとった時には，世紀の大発明だと言っていたじゃない。誰か既に同じ発明を出願していたの？
A　そう。俺よりも先に出願していたようだ。
B　請求項が同じだったということ？
A　そうじゃないんだ。
B　じゃあ。君の出願の請求項に記載した発明と同じ発明が，先の出願の明細書に記載されていたということ。
A　そうなんだ。

1. 新規性
2. 進歩性
3. 先願性
4. 29条の2
5. 新規性と29条の2のいずれも可能性がある
6. 新規性と進歩性のいずれも可能性がある
7. 新規性と先願性のいずれも可能性がある

D.4　下表は，新規性，進歩性，先願性，29条の2の各要件に基づいて拒絶を行う場合に用いる証拠を表したものである。たとえば，新規性によって拒絶を行う場合には，従来技術文献として，特許公報を用いることができ，さらには，論文などの特許文献以外の文献も用いることができる。表中の，(1)(2)(3)の空欄を埋めよ。

	証拠方法
新規性	特許公報だけでなくその他の文献も証拠とできる
進歩性	(1)
先願性	(2)
29条の2	(3)

D.5　29条の2が特許要件とされている趣旨を説明せよ。(300字程度)

8 特許権の効力（その2）

特許発明の技術的範囲については，「4.5　効力の及ぶ技術的な範囲」において基本的な考え方を説明した。この章では，この基本をふまえた上で，実務的に重要な，応用的内容について説明する。

8.1 間接侵害

8.1.1 特許権の効力

まず，特許発明の技術的範囲について復習しておく。特許権者は，特許発明を実施する権利を専有する（68条）。特許発明の技術的範囲は，特許請求の範囲に基づいて定める（70条）。請求項に記載した構成要件のすべてを備えたものが効力の及ぶ範囲となる。

【請求項1】
(a) 芯材と，
(b) 芯材を取り巻く横断面多角形の本体と，
(c) を備えた鉛筆。

上記のような請求項にて権利が取得されている場合，たとえば，構成要件 (a), (b), (c) のすべてを備えた横断面六角形の鉛筆を，特許権者の承諾なく製造・販売すれば，特許権侵害となる。

8.1.2 間接侵害

すべての構成要件を備えた物に対して権利が及ぶというのが原則である。これを直接侵害という。しかし，この原則だけでは，特許権者を十分に保護できない場合が生じる。

例題 8.1　鉛筆メーカーであるX社は，上記請求項1にて特許権を有している。ところが，Y社は，横断面六角形の鉛筆本体だけを製造し，多くの鉛筆メーカーZ1，Z2，Z3に販売している。鉛筆メーカーZ1，Z2，Z3は，Y社から購入した横断面六角形の鉛筆本体に芯を挿入して鉛筆を製造し販売している。（図8.1参照）

X 社が，他の鉛筆メーカーに対して，特許権侵害であると主張できるのは間違いない。しかし，X 社は，多くの鉛筆メーカー Z1，Z2，Z3 を相手にするよりも，Y 社一社に対して差止請求をしたい。供給元さえ絶てば，他の鉛筆メーカー Z1，Z2，Z3 が侵害品を作れなくなると考えたからである。X 社は，Y 社に対して，特許権侵害に基づく差止請求を主張できるだろうか。

同様に，芯材を鉛筆メーカー Z1，Z2，Z3 に販売する Q 社に対しても，差止請求を主張できるだろうか。

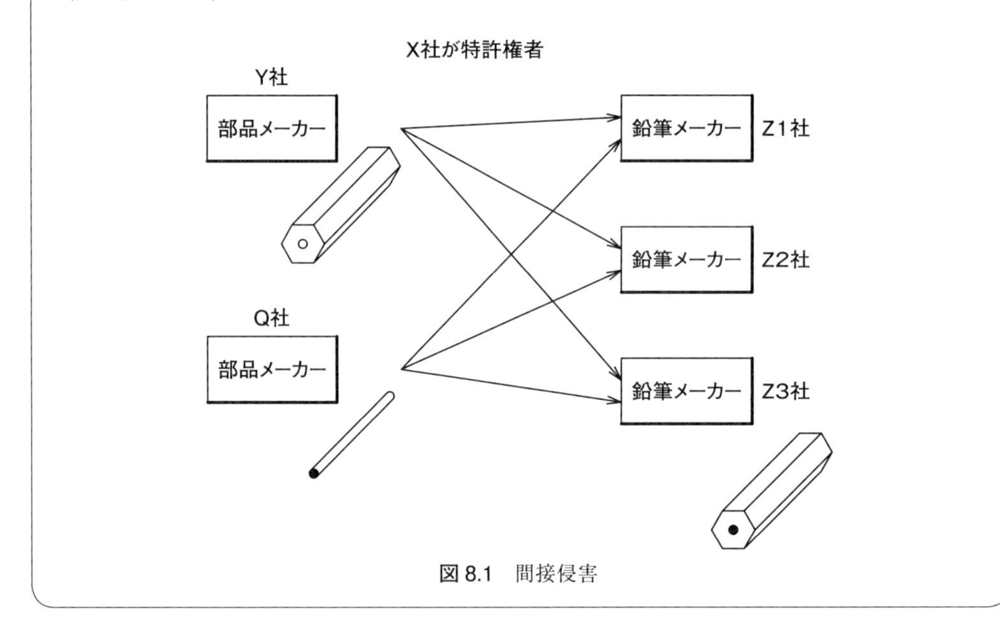

図 8.1　間接侵害

請求項に記載した構成要件のすべてを備えたものが侵害となるという原則から考えると，横断面六角形の鉛筆用本体を製造する Y 社の行為は，侵害とはならない。構成要件の 1 つである芯材を備えていないからである。

しかし，Y 社が横断面六角形の鉛筆用本体を製造販売したために，鉛筆メーカー Z1，Z2，Z3 が特許権侵害をしているともいえる。つまり，Y 社の行為が，鉛筆メーカー Z1，Z2，Z3 の侵害を誘発しているのであり，Y 社の行為を見逃すことは好ましくない。そこで，特許法では，間接侵害という規定を設け，Y 社の行為を侵害であるとみなしている（101 条）。つまり，上記のように，その特許品を作るためにのみ使用する物（これを専用品という。上記では，横断面六角形の鉛筆用本体）を，製造したり販売したりした場合にも，やはり特許権侵害であるとしている（101 条 1 号）。したがって，例題 8.1 のケースでは，X 社は Y 社に対して横断面六角形の鉛筆本体の製造を中止するように求めることができる。

なお，専用品ではない汎用品（特許品以外の物の製造にも用いることができる物），上記でいえば「芯材」を，製造販売しても侵害にはならない。専用品は，特許品の製造にのみ用いる物であるから侵害を誘発することが明らかであるが，汎用品は特許品以外の物の製造にも用いることができるので，侵害を誘発するとは限らないからである。

> **101条**　次に掲げる行為は，当該特許権又は専用実施権を侵害するものとみなす。
> 一　特許が物の発明についてされている場合において，業として，その物の生産にのみ用いる物の生産，譲渡等若しくは輸入又は譲渡等の申出をする行為

また，専用品とまではいえなくとも，その特許品にとって発明の構成上重要な部品を，侵害に使われることを知りながら販売した場合にも，その販売行為は侵害であるとしている（101条2号）。

101条1号の間接侵害では，被擬品が特許品の生産に「のみ」用いられる物（専用品）であることが条件となっていた。したがって，被擬品に他の用途がある場合には，「のみ」に該当せず，間接侵害が成立しない。

これに対して，101条2号の間接侵害では，上記「のみ」までは要求されない。被擬品がその特許発明における課題解決のために必須の物（不可欠品という）であればよい。したがって，他に用途がある場合でも，間接侵害が成立する。ただし，101条2号の間接侵害では，被擬品を販売している者が，特許権の存在を知っており，被擬品の購入者が侵害品を製造するために購入していることを知っている場合に限り，間接侵害を成立させている。

> **101条**　次に掲げる行為は，当該特許権又は専用実施権を侵害するものとみなす。
> 二　特許が物の発明についてされている場合において，その物の生産に用いる物であつてその発明による課題の解決に不可欠なものにつき，その発明が特許発明であること及びその物がその発明の実施に用いられることを知りながら，業として，その生産，譲渡等若しくは輸入又は譲渡等の申出をする行為

たとえば，例題8.1において，Y社の販売する横断面六角形の本体が，木製の長ナット*1にも使われるとすれば*2，専用品ということはできず，101条1号の間接侵害は成立しない。しかし，本件特許発明の課題は転がらない鉛筆を提供することであり，横断面六角形の本体は，転がらなくするために不可欠の物である。つまり，不可欠品であるということができる。したがって，Y社が，X社の特許の存在を知っており，かつ，鉛筆メーカーZ1，Z2，Z3がこの本体を使って侵害品を製造することをY社が知りながら本体を販売したのであれば，101条2号の間接侵害が成立することになる。

---

*1　中央の穴をネジ穴に加工することで木製の長ナットにできるものとする。

*2　単に理論的な他の用途があるからといって専用品でないと判断することは問題がある。どのような物であっても，理論的には，他の用途を見い出すことができてしまい，専用品に該当しなくなってしまうからである。したがって，他の用途の有無は，実用的・経済的にみて他の用途があるかどうかによって判断する。

8.2 均等侵害

上記のように，特許法は特許品の部品などによって侵害が誘発されるのを防ぐため間接侵害を導入して特許権者の保護を充実している。一方で，特許発明が実質的に模倣されているにも拘らず文言上は侵害とならない場合がある。たとえば，次のような請求項にて権利が取得されていると仮定する。

【請求項1】
開口を有する収納部と，
収納部に収納された液体ミルクと，
収納部の開口部周縁に突出して設けられ，先端部裏面に溝が設けられたつば部と，
開口を覆うように，つば部に剥離可能に貼り付けられたシール部材と，
を備えたミルク入り容器。

この発明は，図8.2に示すようなコーヒー用のミルク入り容器に関するものである。

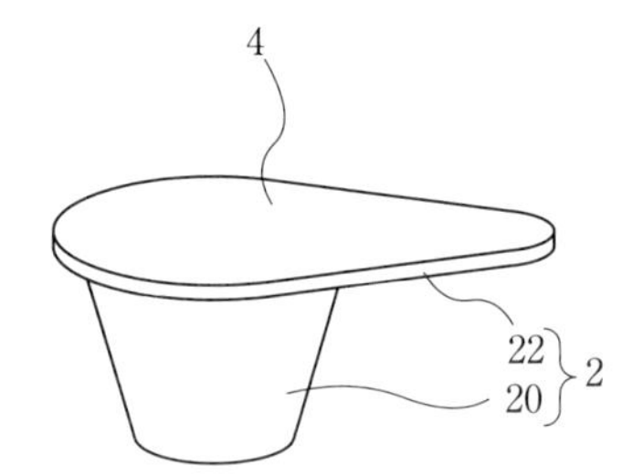

図8.2　ミルク入り容器

発明のポイントは，図8.3の断面図のように，つば部2cの裏側に，溝8を設けた点にある。これによって，溝8でつば部を折り曲げることができ，簡単にシール部材4をはがすことができる。

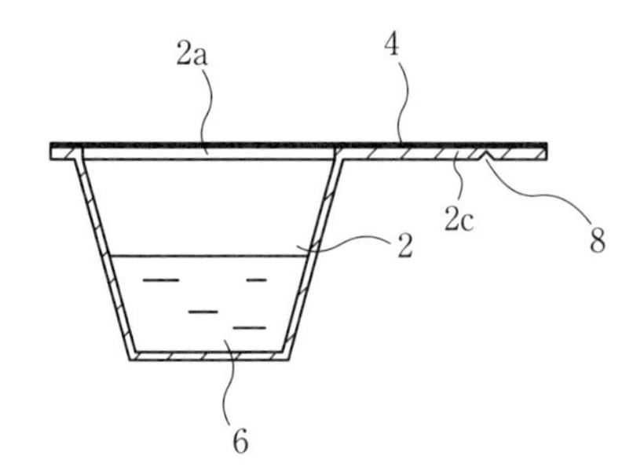

図8.3　ミルク容器（断面）

例題8.2　ミルク入り容器を販売するX社は，上記の請求項1にて特許を取得している。ところが，同業者であるY社が，構造はまったく同じで，中にレモン汁を収納したレモン汁入り容器を発売してきた。X社は，Y社に対して特許権侵害であると主張できるだろうか。

請求項に記載された構成要件をすべて備えたものに権利が及ぶという原則からすれば，Y社の容器は特許権侵害ではない。請求項1では，液体ミルクが収納されるとしており，Y社の容器はレモン汁が収納されているからである。

しかし，この特許発明の本質部分は，シールをはがしやすくするために，つば部先端の裏面に溝を設けた点にある。液体ミルクが収納されているかレモン汁が収納されているかは，この特許発明の本質には関係なく，Y社の容器は裏面に溝を備えており，X社の特許の本質を実質的に備えているということができる。

請求項1において，液体ミルクに限定せず液体と記載しておれば，Y社の容器も侵害となったはずである。請求項の書き方が悪かったとしかいいようがない。

しかし，Y社のような行為を許してしまうと，実質的に特許権侵害であると思われるような行為を放置することになる。また，出願人が，すべての可能性を考慮して，請求項を作成することも実際上は困難である。

そこで，上記のように，実質的に発明の本質を用いているような場合には，請求項の構成要件のすべてを備えていなくとも特許権侵害であるとしている。これを，均等侵害という。

もちろん，これを無制限に認めるわけにはいかないので，構成要件と異なる部分が，i）発明の本質部分でないこと，ii）構成要件を置き換えても特許発明と同じ作用効果が得られること，iii）置き換えることが容易であることvi）被擬品（侵害が擬われている製品）が特許発明の出願時における従来技術と同一，または容易に推考できたものでないことv）被擬品が出願手続において権利範囲から意識的に除外されたものでないことの要件を満たさなければ，均等侵害は認められない。なお，要件i）ii）iii）は均等侵害を主張する特許権者が立証責任を負うので積極的要件と呼ばれている。要件iv）v）は要件i）ii）iii）が立証されたとしても被告側が立証することで均等侵害を免れることのできる抗弁であり，消極的要件と呼ばれている。

均等侵害は，間接侵害と違って特許法に明文の規定があるわけではない。裁判所が，特許法の趣旨を解釈して，妥当な結論を出すために採用した理論である。実際のところ，均等侵害が認められたケースはそれほど多いわけではない。やはり，請求項を注意深く記述して，均等論をあてにしないというのが実務の方向である。

8.3　基本特許と改良特許

8.3.1　他人の特許権の範囲内で特許を取得できるか

例題 8.3　X社の社長は，次のように考えて特許を取得している。我社は，特許権を取得するが，権利を行使するつもりはない。我々が特許を取得する目的は，特許さえ取得しておけば，その特許発明を我々が実施した際に，他社の特許を侵害しないことが保証されるからである。このような考え方は，正しいであろうか。

X 社の社長の考え方の前提となっているのは，他人が特許を取得した範囲に重ねて，自らが特許を取得することはできないということである。しかし，他人の特許権の範囲内で特許は取得できないものであろうか。

たとえば，A さんが鉛筆を発明し，特許を取得したとする。その請求項が下記のようであったとする。

> 【請求項 1】
> (a) 芯材と，
> (b) 芯材を取り巻く本体と，
> (c) を備えた筆記具。

A さんが特許を取得した後に，B さんが，断面多角形の鉛筆を発明したとする。その請求項を次のようにして出願をした。

> 【請求項 1】
> (a) 芯材と，
> (b) 芯材を取り巻く横断面多角形の本体と，
> (c) を備えた筆記具。

B さんは特許を取得することができるだろうか。B さんが特許出願をした時点において，A さんの鉛筆の発明は特許公報に掲載されている。しかし，B さんの断面多角形の鉛筆が，A さんの鉛筆に対して進歩性を有していれば，B さんは特許を取得することができる。特許要件さえ満たしていれば，他人の特許権の範囲の中であっても，特許権を取得することができる。このような特許を，一般に，改良特許という。

B さんの権利は，A さんの権利の中に入っていることが理解できるだろうか。図 8.4 を参照してほしい。A さんの特許を基本特許，B さんの特許を改良特許という。

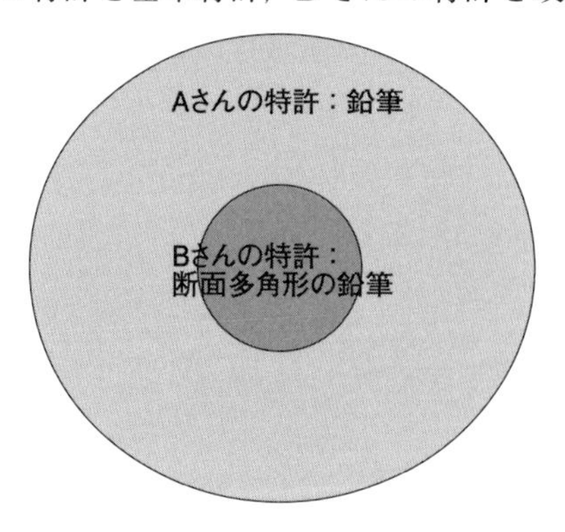

図 8.4 基本特許と改良特許

8.3.2　基本特許と改良特許の権利関係

では，基本特許と改良特許の権利関係はどうなるのであろうか。A さんは，鉛筆についての特許を有しているのであるから，鉛筆である限り権利を及ぼすことができる。したがって，B さんは自分で特許を有しているとはいえ，A さんの許諾なしには，断面多角形の鉛筆を実施することができない。

一方，A さんは，横断面が多角形でない鉛筆については自由に実施できるが，横断面が多角形の鉛筆については B さんの許諾を得なければ，実施することができない。つまり，横断面多角形の鉛筆については，A さんも B さんも対等であるということになる。

例題 8.3 では，自らが特許を取得してその発明を実施した場合には，他社の特許権を侵害することはないという前提に立っている。しかし，上述の B さんのように，自らが特許を取得したとしても，他人の特許を侵害することになる場合がある。したがって，例題 8.3 における X 社の理解は間違っている。

8.3.3　開発の際の留意点

基本発明と改良発明の権利関係をよく知った上で，戦略を立てなければ方針を誤ることがある。たとえば，基本特許を取得したからといって安心していては，改良特許をとった他社に追い上げられる可能性がある。特に，他社の取得した改良特許が，きわめて有効なものである場合，完全に対等な立場に落とされてしまうこともある*[1]。したがって，基本特許をとったからといって安心せず，改良特許の取得に努める必要がある。

なお，改良特許を生み出しやすいのは，製品を作っている企業である。なぜなら，製造時の問題点，ユーザからの要求など，発明を生み出すための情報を容易に入手できるからである。したがって，基本特許を取得して製品の製造を独占している間に，改良特許を取得し，その地位を確固たるものにすることが好ましい。

一方，他社に基本特許を取得されたからといってあきらめる必要はない。有効な改良特許を取得することで，少なくとも，対等の立場にまで持っていくことができる。

8.4　補償金請求権

上記では，特許権を取得した場合の効力について述べてきた。では，特許権を取得するまで，つまり出願中の場合には，何も権利が与えられないのであろうか。

*1　たとえば，図 8.4 のケースにおいて，断面多角形の鉛筆しか市場で売れないとすれば，B さんと A さんは，実質上対等であるといえよう。

8.4.1 特許成立前に類似品を発見したら

特許権は，原簿への登録があって発生する（図 8.5 参照）。特許出願をすると，出願から 1 年半で出願内容が公開される。通常，審査が終了して権利が取得できるまでには，2〜3 年を要する。したがって，出願公開の際には特許権が発生していないことが多い。つまり，権利のない状態で，出願内容を公表することになるのである。これによって，当然，出願公開された発明を模倣する者が出てくる。特許法は，出願公開によって引き起こされる模倣から出願人を守るため，補償金請求権を認めている。

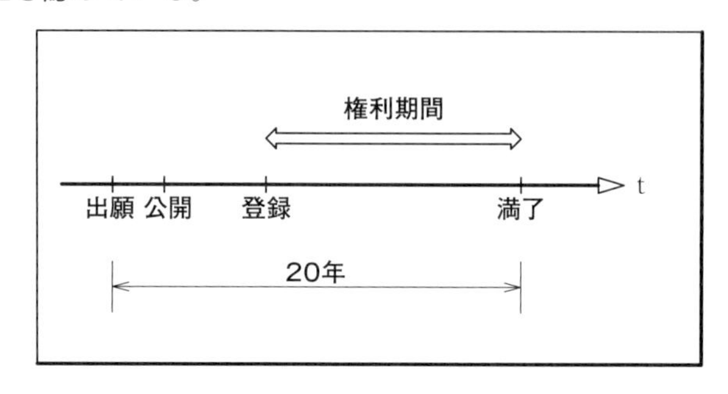

図 8.5 権利期間

8.4.2 補償金請求権

出願公開後，出願した発明を他人が実施している場合，補償金請求権に基づく警告を行うことができる。この警告は，概ね図 8.6 のような内容で行う。

> 当職らの調査によりますと，貴社が製造販売されている製品 X は，2002 年○月○日に公開された当社の出願（特願 2000-○○○○号）に係る発明の技術的範囲に入っております。したがいまして，直ちに，製品 X の製造販売を中止されるようお願いいたします。中止されなかった場合，本件出願が特許されたあかつきには，本警告書送達の日から特許登録までの期間につき，ロイヤリティを請求させていただきます。

図 8.6 補償金請求権に関する警告書

つまり，特許になったあかつきには，遡ってロイヤリティ相当額（ライセンス料相当額）を請求するという権利が，特許出願人にある（65 条の 3)。図 8.7 の太線矢印にて示す期間（警告後登録までの期間）の模倣品販売行為について，ロイヤリティ相当額を請求できる。ただし，出願が登録されなかった場合には，請求できない。ここで，ロイヤリティ相当額とは，特許発明を他人に非独占的にライセンスする際の使用料である。つまり，特許されていると仮定してライセンスした場合と同じ額の補償金を請求することができるのである。

登録後にも，模倣者が模倣品を販売している場合，登録後の行為については，特許権侵害として損害賠償・差止請求を行うことができる。

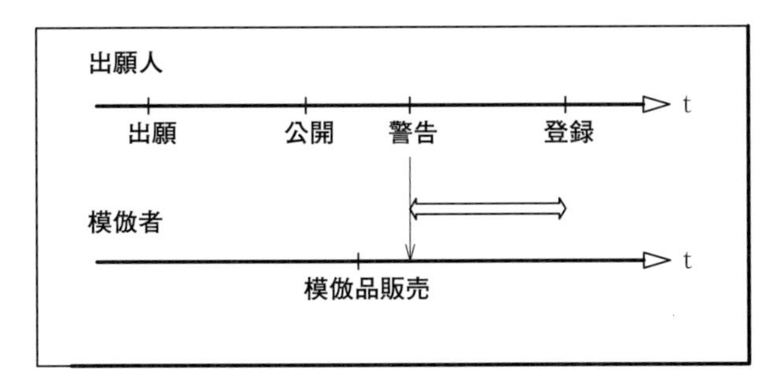

図8.7　補償金請求権

第65条　特許出願人は，出願公開があった後に特許出願に係る発明の内容を記載した書面を提示して警告をしたときは，その警告後特許権の設定の登録前に業としてその発明を実施した者に対し，その発明が特許発明である場合にその実施に対し受けるべき金銭の額に相当する額の補償金の支払を請求することができる。当該警告をしない場合においても，出願公開がされた特許出願に係る発明であることを知って特許権の設定の登録前に業としてその発明を実施した者に対しては，同様とする。
2　前項の規定による請求権は，特許権の設定の登録があつた後でなければ，行使することができない。

なお，警告後の行為についてのみ補償金請求権の対象としたのは，まだ特許権が発生していないのであるから，その特許出願の存在を知らずに実施していた場合にまで補償金を支払わなければならないとするのは行き過ぎだからである*1。なお，相手方が出願公開された発明であることを知って実施していた場合には，警告を行わなくとも，補償金を請求することができる。

*1　特許権発生後は，その特許の存在を知らずに実施した場合であっても特許権侵害となる。

理解度確認演習Ｅ（1章～8章）

解答は巻末を参照のこと。

E.1　補償金請求権について，A～Fのうちの正しいものを組み合わせたものはどれか。1～5の数字で解答せよ。

A. 出願公開があった後，その出願に係る発明について第三者が無断で実施した場合，出願人は差し止め請求を行うことができる。

B. 補償金請求権は，その出願が特許されない場合であっても，請求することができる。

C. 特許権を取得した後に，第三者が無断で特許発明を実施した場合，その実施行為については，損害賠償と補償金の双方を請求することができる。

D. 補償金請求権は，ロイヤリティ（実施料）相当額を請求できるという権利である。

E. 出願公開がされる前に，第三者が無断で，その出願に係る発明について実施をした場合，その実施行為について補償金請求権を請求することができる。

F. 補償金請求権は，出願した発明が特許された場合でなければ請求することができない。

1. DF　2. AF　3. DC　4. BF　5. EF

E.2　AさんとBさんが次のような特許権を有している。Aさんの特許も，Bさんの特許も，下図に示すような，使い切りのコーヒー用ミルクを容器に収納したものである。

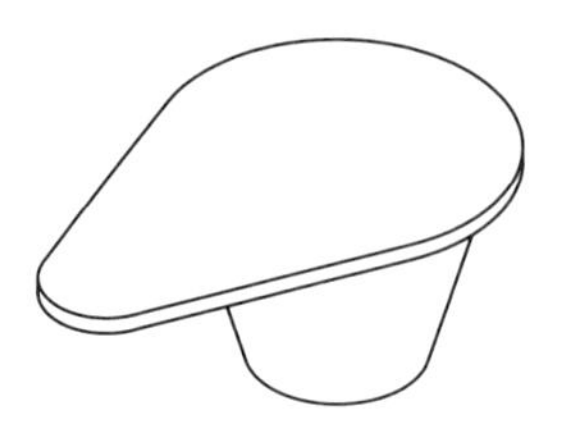

Aさんの特許

【請求項1】

開口を有し，ミルクを収納するための収納部と，

収納部の開口部周縁に突出して設けられたつば部と，

開口を覆うように，つば部に剥離可能に貼り付けられた剥離部材と，

を備えたミルク収納容器。

B さんの特許
【請求項 1】
開口を有し，ミルクを収納するための収納部と，
収納部の開口部周縁に突出して設けられ，裏面に溝を有するつば部と，
開口を覆うように，つば部に剥離可能に貼り付けられた剥離部材と，
を備えたミルク収納容器。

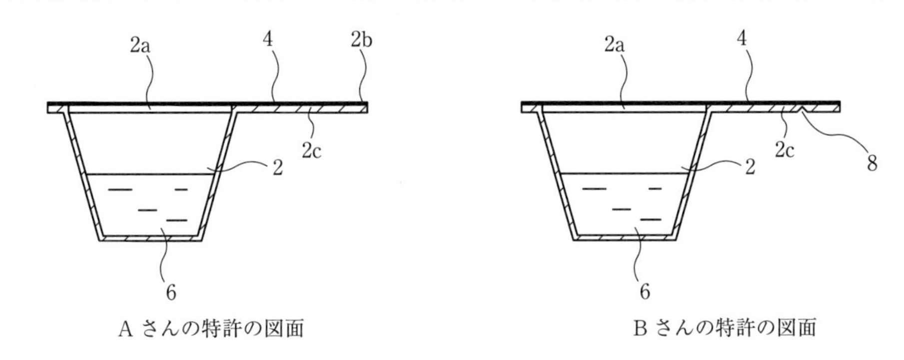

A さんの特許の図面　　B さんの特許の図面

以下の行為のうち，A さんもしくは B さんのいずれの特許権も侵害しない行為はどれか。なお，以下において「ミルク収納容器」といえば，開口を有しミルクを収納するための収納部と，収納部の開口部周縁に突出して設けられたつば部と，開口を覆うようにつば部に剥離可能に貼り付けられた剥離部材とを備えたものをいう。

1. B さんが，「つば部の裏に溝の設けられていないミルク収納容器」を，製造・販売する行為
2. A さんが，「つば部の裏に溝の設けられていないミルク収納容器」を，製造・販売する行為
3. B さんが，「つば部の裏に溝の設けられたミルク収納容器」を，製造・販売する行為
4. A さんが，「つば部の裏に溝の設けられたミルク収納容器」を，製造・販売する行為
5. C さんが，「つば部の裏に溝の設けられていないミルク収納容器」を，製造・販売する行為

E.3　下図は，特許権侵害を分類したものである。A～E に入る言葉として正しい組み合わせを示したものは 1～5 のうちどれか。

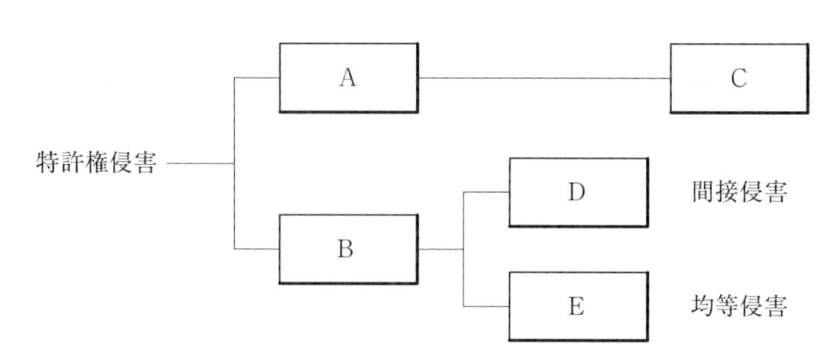

1. A－構成要件充足　B－構成要件充足せず　C－直接侵害　D－侵害を誘発　E－実質的にみれば構成要件を充足
2. A－構成要件充足せず　B－構成要件充足　C－間接侵害　D－侵害を誘発　E－実質的にみれば構成要件を充足
3. A－構成要件充足　B－構成要件充足せず　C－直接侵害　D－実質的にみれば構成要件を充足　E－侵害を誘発
4. A－構成要件充足せず　B－構成要件充足　C－直接侵害　D－侵害を誘発　E－実質的にみれば構成要件を充足
5. A－構成要件充足　B－構成要件充足せず　C－直接侵害　D－侵害を誘発　E－特許無効の可能性あり

E.4　間接侵害が認められている趣旨を説明せよ（300字程度）。

E.5　101条2号の間接侵害において，「不可欠品」であることだけでなく「知りながら」を要件としている趣旨を説明せよ（300字程度）。

E.6.　以下の事実（1）～（4）を読んで，設問に答えよ。

事実：

(1)　X社は，食品包装パックにつき，以下に示す特許950001号を有している。

(2)　Y社は，平成27年の秋頃に，使用説明書に示す「簡単くん」の開発を計画した。しかし，Y社は，上記X社特許が，将来の事業の障害になるかもしれないと考え，X社特許の無効審判を請求した。

(3)　上記Y社の申し立てた無効審判では，Y社の主張は認められず特許は有効であるとの審決が下された。

(4)　Y社は，平成28年春には「簡単くん」の開発を完了し，この「簡単くん」のスーパーマーケットに対する販売を開始し，現在に至っている。

設問：

X社は，Y社の「簡単くん」の販売を中止させたい。どのような主張をすべきかを理由とともに説明せよ。なお，解答に当たっては，問題の後に添付した「事例問題の解答の仕方」を参照すること。

（19）日本国特許庁（JP）　（12）**特許公報**（B2）　（11）特許番号
第 950001 号
（45）発行日　平成 26 年（2014）5 月 29 日　（24）登録日　平成 26 年（2014）3 月 1 日

（51）Int.Cl.5　識別記号　庁内整理番号　FI　技術表示箇所
B65D　77/24　B65D　77/240
25/20　25/20　A
請求項の数 1（全 5 頁）

（12）出願番号　特願 2011-970805
（22）出願日　平成 23 年 11 月 13 日
（65）公開番号　特開 2013-919809
（43）公開日　平成 25 年 7 月 10 日

（73）特許権者　9000034562
X 株式会社
大阪府大阪市北区西新町 3 丁目 4 番 5 号
（72）発明者　大貫　和永
大阪府大阪市北区西新町 3 丁目 4 番 5 号
X 株式会社内
（72）発明者　坂田　篤
大阪府大阪市北区西新町 3 丁目 4 番 5 号
X 株式会社内
（74）代理人　古谷　栄男（外 4 名）

審査官　松下　正

（54）【発明の名称】　食品包装パック

（57）【特許請求の範囲】
【請求項 1】
食品を置くための底面と底面の周囲に設けられた側壁とを有するトレイと，
トレイの側壁に差し込むための二股部と，二股部の上部に連続する直線状の縦部材と，縦部材に所定の角度をもって連続する直線状の傾斜板とを有する間隔保持具と，
食品を置いたトレイと，トレイの側壁にその二股部を差し込んだ間隔保持具との全体を覆う透明フィルムと，
を備えた食品包装パック。
【発明の詳細な説明】
【技術分野】
【0001】
本発明は，刺身などの生鮮食品の包装パックに関するものである。

【背景技術】

【0002】

刺身を容器（トレイ）に盛りつけて販売する場合，鮮度がよいこととボリューム感のあるきれいな盛りつけが要求される。トレイに刺身をボリューム付けして盛りつけるとき，どうしても刺身がトレイの上部からはみ出し，透明フィルムでパックすると，刺身は押されて見映えが悪くなり鮮度も落ちてくる。

【0003】

そこで，従来は，第11図，第12図に示すように，台座1に支柱2を設けて，この支柱頂部に扁平形状のフィルム受け3を形成した食品容器のフィルム包装用支柱が提案されている。

【発明が解決しようとする課題】

【0004】

しかし，従来の包装用支柱は台座1を有しており，この台座を容器の底に置くものであるので，食品を入れる前に包装用支柱を入れなければならない。したがって容器の底が平坦であることが必要で，容器の底のスペースも必要であり，このため作業性が悪く，かつ大きめの容器を必要とするので非経済的であるなどの問題点がある。

【0005】

本発明は上記の問題点を解決するためになされたもので，保持具のスペースを必要とせず，かつ見映えも良好であり，さらにトレイに，溝を有する突起物や，段部を設ける必要のない食品包装パックを提供することを目的とするものである。

【課題を解決するための手段】

【0006】

本発明の食品包装パックは，第1図および第2図に示す番号により説明すれば，トレイ1内の食品を透明フィルム8で包装する食品包装パックにおいて，二股部3に縦部材4を連設し，さらにこの縦部材4に傾斜板5を連設して透明プラスチック製の間隔保持具2を形成し，この間隔保持具2の二股部3をトレイ1の側壁6に係合させ，食品を入れたトレイ1を透明フィルム8で傾斜板5の上面を押圧して包装するようにしたことを特徴としている。

【作用】

【0007】

したがって刺身が盛り付け時にトレイ1の側壁6の高さより上にはみ出しても，間隔保持具2をトレイの側壁6にワンタッチで取り付けて，透明フィルム8は刺身の上側にある空間を有するように張られるので，透明フィルム8が刺身に密着して押し付けるようなことはない。

【発明を実施するための最良の形態】

【0008】

以下，本発明の実施形態を第1図～第4図により説明する。1は発泡スチロールなどから形成されたトレイ（容器），2は透明プラスチック製の間隔保持具である。この間隔保持具 2 は二股部 3 に縦部材 4 を連設し，さらにこの縦部材 4 に傾斜板 5 を連設して一体的に形成されたものである。縦部材 4 の機能は，専ら傾斜板 5 を支えるためのものであり，必ずしも二股部 3 に対して垂直なもののみを意味するのではなく，ある程度，傾斜していても，傾斜板 5 を支えるものであればよい。間隔保持具 2 の二股部 3 をトレイ 1 の側壁 6 に係合させ，刺身 7 を入れたトレイ 1 を透明フィルム 8 で傾斜板 5 の上面を押圧して包装する。9 は大根を細切りにしたけんである。なお傾斜板 5 と縦部材との角度 θ は 0～90 度の間，好ましくは 20～70 度とし，透明フィルムで押圧しながらパックしたときに角度 θ が 90 度前後となるようにする。

【0009】

間隔保持具として第 5 図に示すように，二股部 3 の左側に縦部材 4 を設けてもよく，また第 6 図に示すように二股部 3 の中央上部に縦部材を設けてもよい。また第 7 図および第 8 図に示すように，平板の下部中央を切り欠いて二股部 3 を形成してもよい。10 は切り欠き係合片である。

傾斜板 5 の上面に透明フィルム 8 が密着した状態で保冷すると，傾斜板 5 の下面に霜が形成されて外観上好ましくないので，第 9 図に示すように傾斜板 5 の上面に突起 11 を設けたり，第 10 図に示すように傾斜板 5 の先端に折曲げ片 12 を設けたりして，透明フィルム 8 が傾斜板 5 の上面に密着しないようにする場合がある。また，第 10 図 a に示すように，二股部より上を曲線状にしてもよい。

【発明の効果】

【0010】

本発明は上記のように構成されるので，透明フィルムがトレイからはみ出した刺身などの食品に密着して押圧することはなく，このため食品の外観を良好にし，かつ鮮度を落とすようなこともない。また間隔保持具はトレイの側壁にワンタッチで係合固定されるので，トレイの大きさ，形状に関係なく，パック包装作業を迅速，かつ確実に行うことができ，しかも間隔保持具のスペースを必要とせず，見映えも良好であり，さらにトレイに，溝を有する突起物や，段部を設ける必要がないなどの実用的効果を奏する。

…以下省略…

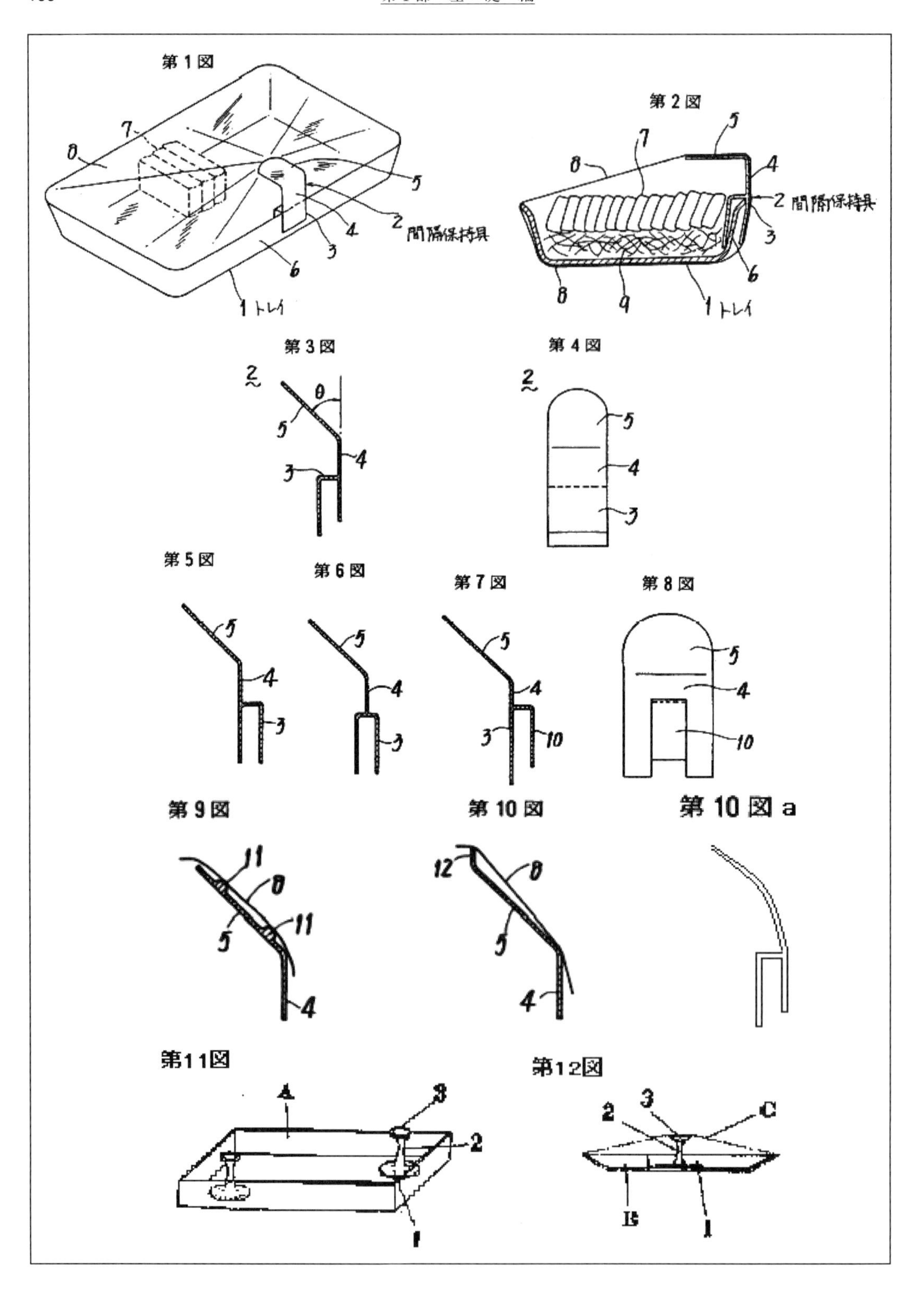
第1図
7
8
5
2 間隔保持具
4
3
6
1 トレイ
第2図
5
8
7
4
2 間隔保持具
3
6
8
9
1 トレイ
第3図
2
θ
5
4
3
第4図
2
5
4
3
第5図
5
4
3
第6図
5
4
3
第7図
5
4
3
10
第8図
5
4
10
第9図
11
8
5
11
4
第10図
12
8
5
4
第10図 a
第11図
A
3
2
1
第12図
2
3
C
B
1

「簡単くん」の使用説明書（抜粋）

Ｙ株式会社

弊社のクリップ「簡単くん」をご購入いただきありがとうございます。「簡単くん」は，刺身などを見映え良くラップするためにお使いいただけるクリップであり，スーパーマーケットの売り上げ増大に貢献いたします。

参考のため，「簡単くん」の外形を第Ａ図，第Ｂ図に記しておきます。「簡単くん」の二股部を，商品を入れたトレイの壁に差し込みます。そして，トレイ全体をラップ（透明フィルム）でくるみます。そうすると，第Ｃ図に示すように，商品がラップにあたらずに見映え良くラップができます。使用時の参考としてください。

また，「簡単くん」は，上記のようにラップの際に用いるだけでなく，ラップせずに値札を貼り付けて，陳列棚の端部に二股部を差し込むことにより，値段表示にも使えますので，とても便利です*。

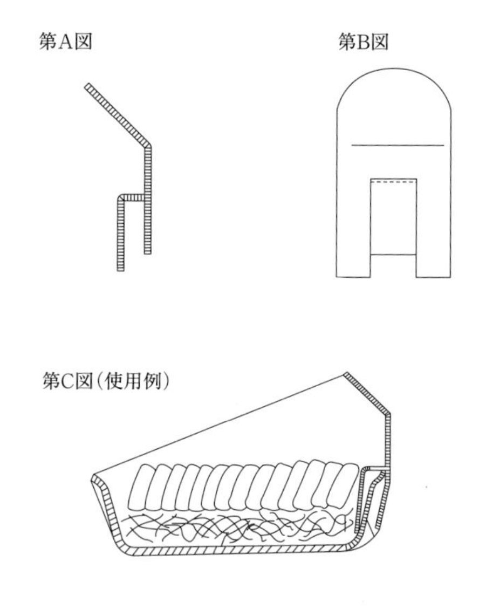

＊当社の調査によりますと，「簡単くん」を購入されたスーパーのほぼ100％がラップをして使っておられ，35％が値札にも使っておられます。

事例問題の解答の仕方

【例題】 次の事実を読んで，問に答えよ。

Xは，従来の鉛筆がすべて断面丸であって転がりやすく机の上から落ちてしまうことを改良するため，断面六角形の鉛筆を発明した。すでに世の中には黒い芯の鉛筆だけでなく，赤や青の芯の鉛筆があったが，Xは深く考えることはなく，以下の特許請求の範囲にて出願を行って権利を取得した。Xが特許権を取得した後，特許権の有効期間中に，Yは，以下に示すような鉛筆用本体を販売している。Xは，Yの販売行為が侵害であるというためにどのような主張をすべきかを述べよ。なお，消極的要件は充足しているものとし，積極的要件について検討すること。

Xの特許権

【特許請求の範囲】

【請求項1】

黒色の芯材と，

黒色の芯材を取り巻く断面六角形の本体と，

を備えた鉛筆。

Yの販売する鉛筆

芯材の周りに本体を有する鉛筆である。本体の材質は木材でありその断面形状は六角形である。芯材は赤色であり，その断面形状は円形である。

上記の例題を読んだとき，Yの鉛筆が断面を六角形にするという重要な点を備えていながら，芯の色が異なる，という点に着目できれば，均等侵害の問題であると気づくことができる。とすれば，Xは均等侵害を主張すればよいことになる。だからといって，「Xは均等侵害を主張すればよい」と書いただけでは，わずかな得点しか期待できない。そのような結論に至った理由を示して，特許法を理解していることを示す必要がある。

では，どのように理由を書いて，理解を示せばよいのか。それが問題である。特許法の理解を示すといっても，例題の事例に関係のないことは，いくら書いても得点にはならない。上記の結論に至るまでの考え方を書くことによって，特許法の理解を示すのがよい。

まず，なぜ均等侵害にたどり着いたのかを考える。それは，直接侵害の主張ができないと判断したためである。答案としては，原則として，直接侵害にあたらないということを示すことが重要である。

では，なぜ，直接侵害の主張ができないと判断したのか。それは，Yの販売する製品が，Xの特許の構成要件のすべてを備えていないからである。なぜ，構成要件のすべてを備えていないといえるのか。それは，Yの販売する鉛筆は「芯材が赤色」であり，Xの特許の構成要件のうちの「黒色の芯材」を備えていないからである。以上をまとめると，次のようになる。

Ｙの販売する鉛筆の芯材は赤色であり，Ｘの特許の構成要件である「黒色の芯材」と異なっている。したがって，Ｙによる鉛筆用本体の販売行為は，文言上，Ｘの特許権を侵害するものではない。

次に，なぜ均等侵害に思い至ったのか，その理由を示す。例題では，Ｘの特許発明である鉛筆は，転がりにくいという効果を有している。Ｙの鉛筆は，芯材の色を除いて他の構成要件を全て備えている。したがって均等侵害の可能性があることになる。

Ｙの鉛筆は，芯材の色が違うだけでＸ特許の他の構成要件を全て備えている。したがって，均等侵害について検討する。

続いて，均等侵害に該当するかどうかを検討する。最高裁判所が示した均等侵害の要件は５つあった。(1) 異なる部分が発明の本質部分でないこと，(2) 置き換えても同じ作用効果が得られること，(3) 置き換えることが当業者にとって容易であること，(4) 被擬品が従来技術と同一，または従来技術から容易に推考できたものでないこと，(5) 被擬品が出願手続において権利範囲から意識的に除外されたものでないことの５つである。問題文より積極的要件 (1) ～ (3) のみを検討する。

Ｘの特許の本質的部分は，断面を六角形にした点にある。とすれば，芯材の色が黒色であるか赤色であるかは，発明の本質部分ではない（要件 (1)）。また，黒色の芯材を赤色の芯材に置き換えても，断面が六角形である限り転がらないという作用効果は得られる（要件 (2)）。さらに，芯材の色を何色にするかは当業者にとって設計事項であり，黒色の芯を赤色の芯に置き換えるのも容易である（要件 (3)）。したがって，５つの要件を充足し，均等侵害が成立する。

以上をまとめると，次のようになる。

最高裁判所は，(1) 異なる部分が発明の本質部分でないこと，(2) 置き換えても同じ作用効果が得られること，(3) 置き換えることが当業者にとって容易であることの要件が備わった場合に，均等侵害が成立しているとしている（消極的要件は充足するものとする）。
上述のようにＸの特許の本質的部分は，断面を六角形にした点にある。とすれば，芯材の色が黒色であるか赤色であるかは，発明の本質部分ではない（要件 (1)）。また，黒色の芯材を赤色の芯材に置き換えても，断面が六角形である限り転がらないという作用効果は変わらない（要件 (2)）。さらに，黒色の芯を赤色の芯に置き換えても，転がらないという作用効果を奏することは容易に想到できる（要件 (3)）。よって，Ｙの鉛筆の販売行為は均等侵害に該当する。
したがって，ＸはＹに対し，Ｙの鉛筆の販売行為はＸの特許権の均等侵害に該当することを主張すべきである。

上記説明した３つの部分をつなげると，以下のように解答ができ上がる。

【参考解答】

Ｙの販売する鉛筆の芯材は赤色であり，Ｘの特許の構成要件である「黒色の芯材」と異なっている。したがって，Ｙによる鉛筆用本体の販売行為は，文言上，Ｘの特許権を侵害するものではない。
Ｙの鉛筆は芯材の色が違うだけで，Ｘ特許の他の構成要件を全て備えている，したがって均等侵害について検討する。
最高裁判所は，(1) 異なる部分が発明の本質部分でないこと，(2) 置き換えても同じ作用効果が得られること，(3) 置き換えることが当業者にとって容易であることの要件が備わった場合に，均等侵害が成立しているとしている（消極的要件は充足するものとする）。
上述のようにＸの特許の本質的部分は，断面を六角形にした点にある。とすれば，芯材の色が黒色であるか赤色であるかは，発明の本質部分ではない（要件 (1)）。また，黒色の芯材を赤色の芯材に置き換えても，断面が六角形である限り転がらないという作用効果は変わらない（要件 (2)）。さらに，芯材の色を何色にするかは当業者にとって設計事項であり，黒色の芯を赤色の芯に置き換えても転がらないという作用効果を奏することは容易に想到できる（要件 (3)）。よって，Ｙの鉛筆の販売行為は均等侵害に該当する。
したがって，ＸはＹに対し，Ｙの鉛筆の販売行為はＸの特許権の均等侵害に該当することを主張すべきである。

以上の解答により，構成要件のすべてを備えた物が技術的範囲に入るという原則，均等侵害がそのような直接侵害の例外であるということ，均等侵害が認められている趣旨，均等侵害が認められるために裁判所が示した要件，およびこれらについての具体的な事例への適用などの理解を示すことができる（出題者は，これらの事項が書けていれば配点をすることになる）。

「理解を深める」

侵害かどうかを判断する際のフローチャートを示しておく。第４章で示したフローチャートに間接侵害，均等侵害，先使用権を追加したものである。

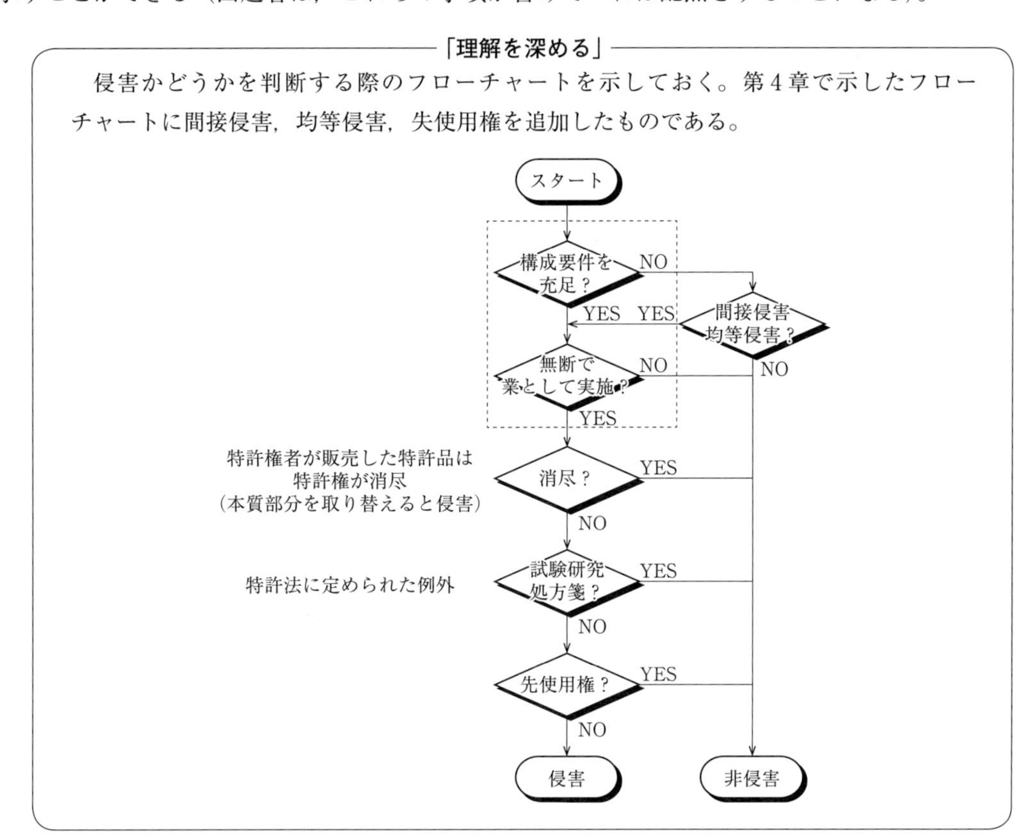

9 実用新案

今までのところでは，特許について説明を行ってきた。日本では，特許法に類似した制度として実用新案法が設けられている（2章参照)。特許法も実用新案法も，保護の対象としているのは技術的なアイデアであって，その点共通している。しかし，実務では実用新案登録出願は，特許出願に比べると利用がきわめて少ない*[1]。また，実用新案では出願できる対象も限定されている。したがって，ここでは，簡単に実用新案制度に触れるにとどめておく。

9.1 出願できる対象

特許法では発明を対象としていたが，実用新案法では考案を対象としている。発明と考案は実質的には同じものであると考えてよい。ただし，実用新案登録出願では，物理的な構造などに限って登録を受けることができる。ソフトウェアに関連する考案は登録されない。なお，電気回路や化学的構造についても，実用新案登録出願を行うことができる。

実用新案法第3条　産業上利用することができる考案であって物品の形状，構造又は組合せに係るものをした者は，次に掲げる考案を除き，その考案について実用新案登録を受けることができる。

9.2 無審査での権利付与

実用新案登録出願については，審査官によって新規性・進歩性などの要件の審査がされない。実用新案法に，新規性や進歩性の要件が規定されていないわけではない。特許法と同じように，新規性や進歩性がなければ登録を受けることができないと明記されている。にもかかわらず，審査を行わずに，原則として権利を与える（実用新案登録を行う）のである。

無審査であるにもかかわらず，特許と同じように差止請求権，損害賠償請求権もある。このように無審査にて権利を与えると，要件を満たさない考案について実用新案登録がされる可能性が

*1　2019年において，特許出願が31万件であるのに対し，実用新案登録出願はわずか5千件ほどにすぎない。

高く，安易に権利行使を認めると混乱を生じるおそれがある。そこで，登録後に差止請求権などを行使する場合には，事前に，審査官による審査を受けて，審査結果を記載した実用新案技術評価書を相手方に提示した後でなければならないとしている。

実用新案法第29条の2 実用新案権者又は専用実施権者は，その登録実用新案に係る実用新案技術評価書を提示して警告をした後でなければ，自己の実用新案権又は専用実施権の侵害者等に対し，その権利を行使することができない。

実用新案の権利期間は，出願から10年で満了する。特許が20年であることに比べると短い。

9.3 実用新案の利用

上記のように，権利行使の面で難点があるため，実用新案はあまり利用されていない。ただし，流行性の高い商品のように，早い権利取得が望まれる場合には，実用新案は利用価値がある。無審査であるから，出願から6月ほどで権利を取得することができるからである。

ただし，近年，特許出願の早期審査制度が機能しており，早期審査を請求すれば数ヶ月で審査結果が出ている。したがって実用新案の利用価値は小さくなっている*1。

*1 実用新案は特許に比べて進歩性の基準が低い。この点がメリットとして残っている。

10 外国特許出願

10.1 外国における権利取得

以上では，日本国内における特許権の取得について説明してきた。しかし，世界一市場化により，外国での権利取得がますます重要になってきている。そこで，以下では，海外での特許取得について説明する。

10.1.1 特許は国ごとに効力を持つ

日本で特許を取得すれば，それは世界中の他の国でも効力を持つのであろうか。日本の特許は，日本の国内においてのみ有効である。したがって，製品やサービスを外国においても展開するつもりなら，日本国内での特許権取得だけでなく，外国での特許権を取得することが好ましい。権利を取得したい国ごとに出願しなければならないのである。

10.1.2 出願国を選定

万全な保護を得るためには世界中の国に特許を持っているのが理想である。しかし，現実に世界中の国で権利を取ることは，費用や手続きの面で困難である。そこで，権利取得の必要がある国に限定して特許出願することになる。

特許権を取得すべき国としてまずあげられるのは，製品の輸出先やユーザの居住する国である。輸出先の国やユーザの居住国は，製品やサービスの市場であるから，特許取得のメリットが大きい。

また，製品を海外で生産するのであれば，その生産国においても特許を取得しておいた方がよい。通常，生産を海外で行うのは，日本よりもその国の方がコストが安く，生産設備も整っている場合が多い。したがって，模倣品も同じくその国で製造される可能性が高い。このとき，生産国に特許を持っていれば，製造の段階で模倣品を製造している相手方を侵害として追及できる。製造の段階でストップできれば，模倣品が出回るのを簡単に防止できる。また，特定の国でしか生産できないような製品であれば，生産国の特許を有するだけで全世界の模倣品を完全に抑えることも可能となる。

10.1.3　優先権の主張

一般的には，日本で特許出願をした後，海外への出願を行う。これは，出願書類（明細書）を外国語に翻訳するのに時間がかかるからである。国によって公用語が異なるので，多くの国に出願する場合にはなおさらである。

ところが，特許要件（新規性）のところで説明したように，出願が済むまでは販売も公表もできない。多くの国は，他の国で発明が公表されただけでも，新規性がないとして特許を与えない。そうすると，すべての国に出願が終了してからでないと販売や公表ができなくなってしまう。

そこで，多くの国では条約（パリ条約）を結んで，お互いに自国での出願をした後，1 年以内に他の国に出願をした場合には，自国での出願日に出願したのと同等に扱うことを約束している。これを優先権[*1]という。現在ほとんどの国が，このパリ条約に加入している。

この優先権を主張すれば，上記の問題が解決する。すなわち，日本での出願を済ませておけば，外国への出願完了を待たずに販売や公表ができる。

A 社はウェブシステムの発明につき，日本で特許出願をした。その後，そのウェブシステムを説明したカタログを配布した。さらに，その後，同じ発明内容について優先権を主張して，中国へ出願をした。A 社が優先権の主張をしていなければ，カタログを配布したことにより新規性がなくなり，A 社は中国において特許を受けられない（図 10.1 参照）。

しかし，A 社は優先権を主張しているので，中国の出願につき，日本での出願日に出願したものと同等の扱いを受ける。したがって，カタログの配布よりも先に出願したことになって，中国で特許を受けることができる（図 10.2 参照）。

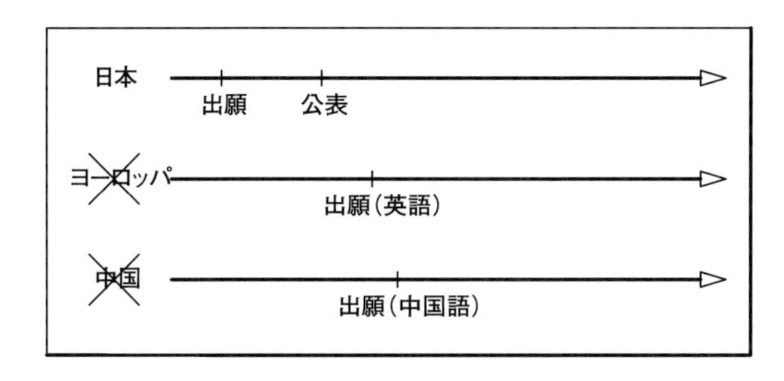

図 10.1　外国出願の際の新規性

*1　正確にいうと，優先権とは，パリ条約のいずれかの国において，特許出願（第一国出願という）をしてから 1 年以内に他の国（パリ条約加盟国）に特許出願（第二国出願という）をすれば，第一国出願の日に出願したと同等に扱うという内容である。なお，第一国出願は，自国に限らず他国での出願であってもかまわないが，いずれかの出願のうち最先の出願から 1 年以内に他の国への出願を行わないと優先権の主張が認められないので，注意が必要である。

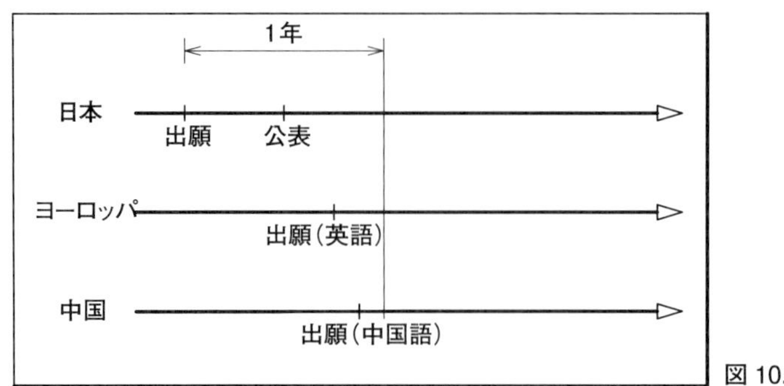

図 10.2 優先権

このように，優先権は，外国で特許を取る際にはきわめて有効な手段であるが，注意しなければならない点がある。それは，自国での出願から1年以内に他の国へ出願しないと，優先権の主張ができない点である。なお，優先権を主張した場合の，第1国における出願日を優先日という*1。優先権を主張した出願にて特許を取得した場合，特許掲載公報に優先日が表示される（付録3の第1ページ左欄の「優先日」の項目参照）。

10.1.4 出願ルートの選定

外国へ特許出願をする場合，イ）その国に直接出願するルートと，ロ）多数国への出願を1つにまとめた広域出願を行うルートとがある。広域出願としては，ヨーロッパ各国への特許出願を1つにまとめたヨーロッパ特許出願*2 や，世界各国への特許出願を1つにまとめた PCT 国際出願*3 が，実務上よく使われている。

① ヨーロッパ特許出願

ヨーロッパ特許庁*4 に，ヨーロッパ特許出願を提出することにより，ヨーロッパ各国への出願を一度にできる。これにより，ヨーロッパ特許条約の加盟国（ヨーロッパのほとんどの国が加盟している）のうちから出願人が指定した国（指定国という）に対して権利取得を希望したものとして扱われる。

ヨーロッパ特許出願は，英語，ドイツ語，フランス語のいずれかですることができる。ヨーロッパ特許出願の審査は，ヨーロッパ特許庁が行う。まず，従来技術文献を探し特許性について審査する先行技術審査がされる。先行技術審査の結果は，サーチレポート・サーチ見解書として出願人に送られる（図 10.3 参照）。したがって，このサーチレポート・サーチ見解書を見て権利の取得が困難そうであれば，以後の手続きを中止して余分な費用がかからないようにすることもできる。

続いて，探し出した文献に基づいて進歩性等を判断する実体審査がされる。審査により拒絶理由があると，ヨーロッパ特許庁の審査官が判断した場合，オフィス・アクション（日本の拒絶理

*1 外国から日本へ出願がされた場合，出願公開は，原則として優先日から1年6月後に行われる。
*2 ヨーロッパ特許条約（EPC）に基づく広域出願
*3 特許協力条約（PCT）に基づく広域出願
*4 ドイツのミュンヘンに本部があり，オランダのハーグ，ドイツのベルリン，オーストリアのウィーンに支部がある。

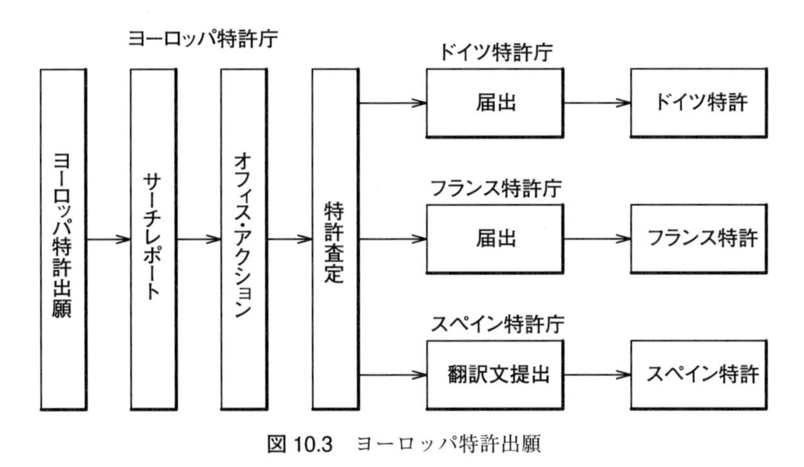

図 10.3　ヨーロッパ特許出願

由通知に当たる）が発行される。オフィス・アクションに対し，反論や補正を行うことが可能である。

ヨーロッパ特許庁が特許可能であると判断すれば，あとは出願内容の翻訳文を各指定国に提出して，各国ごとの特許を得ることができる。各国の特許庁は，ヨーロッパ特許庁の審査結果に反することはできない。たとえば，ヨーロッパ特許庁が特許可能であると判断しているにもかかわらず，各国の特許庁がこれに反して拒絶査定を行うことはできない。ヨーロッパ特許庁の審査結果に従わねばならないのである。なお，図 10.3 に示すように，ドイツやフランスなど主要国は，自国語の翻訳文の提出を求めていない。したがって，ヨーロッパ特許庁が特許査定を行った旨の届け出を行うことで，これらの国での特許権を得ることができる。

ヨーロッパ特許出願は，指定国 1 国に直接出願する場合に比べると，数倍の費用がかかる。しかし，ヨーロッパ特許出願では各指定国での審査手続きがなく，これに要する費用が不要である。したがって，3 ヶ国以上での権利取得を希望する場合には，ヨーロッパ特許出願をした方が費用が安くなる場合が多い。なお，日本での出願後，優先権を主張してヨーロッパ特許出願をすることもできる。図 10.4 参照。

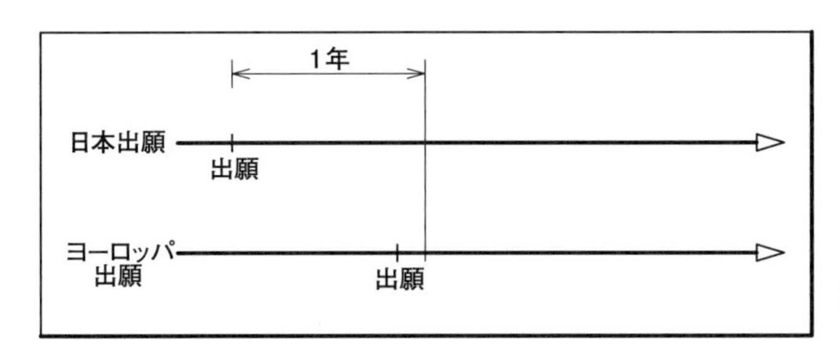

図 10.4　優先権主張を伴うヨーロッパ出願

②　国際出願

国際出願を行って，各国への出願を 1 つにまとめて行うこともできる。国際出願は，国際機関である受理官庁に対して提出する。日本で出願する場合，日本語・英語による出願が認められている。また，指定国のすべてに対して出願したことになるのは，ヨーロッパ特許出願と同じである。日本での出願に基づいて優先権を主張して国際特許出願を行うことも可能である。この点も，ヨーロッパ特許出願と同じである。なお，国際出願において，ヨーロッパ特許庁を指定国の1つとすることができる。

国際出願がされると，出願日（優先権主張をしている場合は優先日）から1年6月で出願内容が公開される（国際公開）*1。

国際出願の審査は，国際機関の行う審査（国際段階での審査）と，各指定国での審査（国内段階での審査）の2段階に分かれている。ヨーロッパ特許出願とは違って，各国の特許庁は，国際機関の行った審査結果に拘束されず，各指定国での審査が行われる。つまり，国際出願では，国際段階での審査はあくまでも予備的なものであり，最終的な判断は各指定国の国内段階での審査によって決められる。各国で審査を受けるためには翻訳文を提出しなければならず，ヨーロッパ特許出願のように特許取得が確実となってから翻訳文を提出する制度に比べると，物足りない一面もある。（図10.5参照）

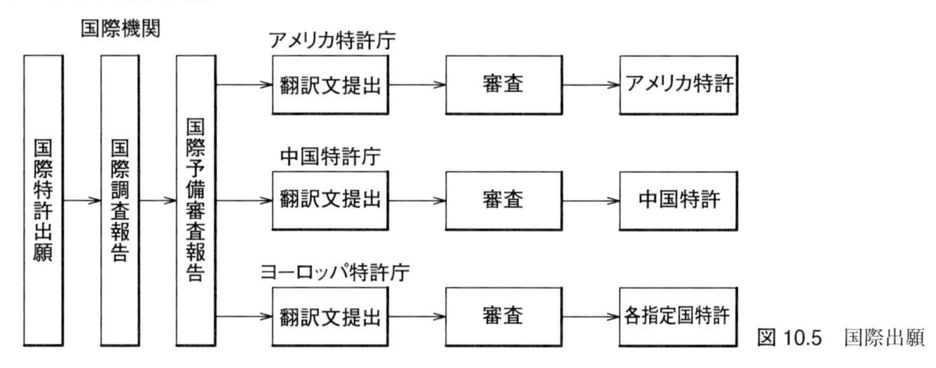

図10.5　国際出願

国際段階の審査では，まず，従来技術文献をさがし出す国際調査がされ，続いて，さがし出した文献に基づいて進歩性等を判断する国際調査見解・国際予備審査報告が作成される。出願人は，国際調査報告，国際調査見解，国際予備審査報告を見て，各指定国での特許可能性を，ある程度知ることができる。したがって，権利の取得が困難そうであれば，各指定国で審査を受けることを中止して，余分な費用がかからないようにすることもできる。各指定国の国内審査を受けるためには，その国の言語で翻訳文を出さなければならず，この翻訳費用は外国での特許取得に要する全費用のうちの大きなウエイトを占める。したがって，各指定国で審査を受ける前に特許可能性を知ることができるのは，大きなメリットである。なお，国際調査報告の段階で特許性の判断を示す国際調査見解が添付されるので，実務的には国際予備審査は請求されないことが多い。

なお，直接出願した場合には，優先権主張のために1年以内に翻訳文を提出しなければならなかった。これに対し，国際出願を行った場合には，国際出願の日*2より30月以内に各国への翻

*1　国際公開は，日本における出願公開と同じ効果を持つ。
*2　優先権主張をした場合には，優先日より30月となる。

訳文を提出すればよい（図 10.6 参照）。したがって，期間的な余裕を得ることが可能となる。いずれの国でビジネスが成功するか不明である場合などには，国際特許出願が有効である。

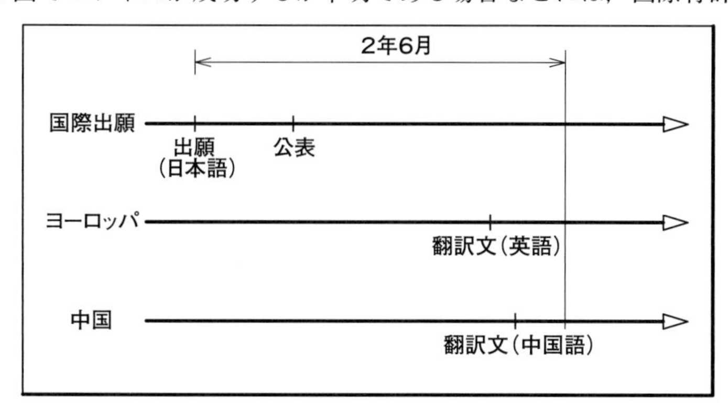

図 10.6　翻訳文の提出

10.2　外国出願における留意点

10.2.1　米　　国

①　情報開示義務（information disclosure statement）

米国では，一般にフェアーさが求められることが多い。特許法においても同様である。米国以外の国では，出願人が，新規性や進歩性を否定する可能性のある情報（文献）を知りながらこれを審査官に隠したまま権利を取得する行為に対して直接的な制裁はない。第三者がそのような情報（文献）を知るところになれば，特許無効審判によって特許が無効にされるかも知れないという危険が存在するだけである。

しかし，米国では事情が違う，新規性や進歩性を否定する可能性のある情報[*1]（文献）を知りながらこれを審査官に隠したまま権利を取得した場合，そのような行為を行ったというだけで，当該特許による権利行使が認められなくなってしまう。重要な情報を審査官に提出する義務（情報開示義務（IDS））が課されるされているのである。この義務は，米国で特許が成立するまで続く。

したがって，発明者として知っている情報のうち，自分の発明に関連する文献は提出しておく方が好ましい。したがって，米国出願に対応する日本出願やヨーロッパ出願で引用された引用文献は，必ず，米国特許庁に提出しておくことが必要である。

②　権利解釈（112 条 6 項）

*1　審査官が拒絶理由に使うであろうと思われるような文献をいう。その文献によって，実際に新規性や進歩性が否定されるかどうかは問題でない。

米国では，請求項（claim）にて，～手段（means for～）という表現をした場合，当該～手段という概念に含まれるすべてのものが権利範囲に含まれることにならない。たとえば，請求項において，1つの構成要件として「固定手段」という表現をしたとする。日本ならば，原則として，固定手段には，固定する際に使う物のすべてが含まれることになる。接着剤，釘，ボルト，クリップなどが含まれることになる。

しかし，米国では「固定手段」に何が含まれるかは，明細書の実施形態（embodiments）に記載した実施例[*1]に限定される。たとえば，実施例に接着剤しか記載していなければ，釘を使ったような類似品には権利が及ばないことになる。この点，権利取得，権利解釈において注意が必要である。

③ 特許対象

日本では，人体を対象とした治療方法は，特許対象から外されている。治療方法に特許が与えられると，緊急の患者の治療にも医師は特許権者の承諾を求めなければならず，患者の生命や人体を危険に陥れるおそれがあるからである。なお，動物を対象とした治療方法は，特許対象となっている。

これに対し，アメリカでは，人体であれ動物であれ，治療方法についての特許取得が可能である。

また，ソフトウェア発明に関しては，ほぼ日本と同じように，特許取得が可能となっている[*2]。

④ 新規性喪失の例外

日本に比べると，米国では新規性喪失の例外が広く認められている。出願を行い，それが公開公報に掲載された場合であっても，新規性を失わなかったものとして扱われる。このような場合，日本では，自ら発表したとはいい難いので新規性喪失の例外は認められない。

10.2.2 ヨーロッパ

① 特許対象

ヨーロッパでは，人体であれ動物であれ，治療方法についての特許は認められていない。

また，ヨーロッパは，特許対象を技術的なものに限定している。この点は，日本に類似しているが，実際のところは，日本よりも厳しい運用がなされている。

日本においては，図10.7に示すように，一旦，発明の成立性が認められると，非技術的な部分だけが斬新である場合であっても進歩性が認められる。

---

*1 実際には，実施例及びその均等物までがその範囲。

*2 以前は，コンピュータを使わない純粋なビジネスモデルさえ特許されていたが，Alice最高裁判決が出て，現状では，日本よりも厳しい審査がなされている。

		コンピュータ技術	
		斬新	公知・容易
非技術的処理	斬新	○	○
	公知・容易	○	×

図 10.7　日本における進歩性

これに対し，ヨーロッパでは，図 10.8 のように，非技術的な部分だけが斬新であっても，進歩性は認められない。いい換えると，技術的に斬新さがない限り特許は取得できない。したがって，ヨーロッパにおいては，ビジネスモデルや，非技術的なソフトウェアについては権利取得ができないことに注意が必要である。

		コンピュータ技術	
		斬新	公知・容易
非技術的処理	斬新	○	×
	公知・容易	○	×

図 10.8　ヨーロッパにおける進歩性

②　新規性喪失の例外

ヨーロッパは，新規性喪失の例外につき厳しい扱いをしている。たとえば，日本では，新規性喪失の事由を問わず例外を認めているが，ヨーロッパでは限定的な事由の場合にしか認められていない。国際的な博覧会や，脅迫などによって無理矢理公開させられた場合などに限って，新規性喪失の例外が認められているに過ぎない。

したがって，出願前に刊行物などに発表すると，日本では新規性喪失の例外により特許を取得できる可能性が残されるが，ヨーロッパでは特許を取得できないことになるので，注意が必要である。

理解度確認演習F（1章～10章）

解答は巻末を参照のこと。

F.1　実用新案と特許との比較をした以下の文のうち，間違っているものはどれか。

1. 特許権の存続期間は出願から20年で満了するのに対し，実用新案権の存続期間は出願から10年で満了する。
2. 特許は審査官の審査を経て登録されるが，実用新案は無審査で登録される。
3. 特許法には特許要件が規定されているが，実用新案法には登録要件が規定されていない。
4. 特許法も実用新案法も，自然法則を利用した技術的思想の創作を保護するという点においては同じである。
5. 特許法ではソフトウェアも保護対象となるが，実用新案法ではソフトウェアは保護対象とならない。

F.2　損害賠償請求の説明として正しいのはどれか。

1. 損害賠償請求は，たとえば独自開発をしたなどの理由で，侵害者が侵害であることを認識していなかった場合には請求することができない。
2. 差止請求権は過去の行為に対する救済であるが，損害賠償請求は未来の行為に対する救済である。
3. 実用新案権者は，特許権者と異なり差止請求権を行使することはできない。
4. 損害額の立証責任は特許権者側にある。
5. 差止請求を求めた場合には損害賠償を請求することができない。

F.3　実用新案について次のうち，間違っているのはどれか。

1. 実用新案権に基づいて，差止請求を行う場合には，事前に審査官による審査を受け，その審査結果（実用新案評価書という）を相手方に提示して行わなければならない。
2. 実用新案権に基づく損害賠償請求を行うことはできない。
3. 化学的構造に特徴のある物質について実用新案権を取得することは可能である。
4. 電気回路について実用新案権を取得することは可能である。

F.4　外国への特許出願についての次の記載のうち，誤りはどれか。

1. 適法に優先権を主張して外国特許出願をすると，その外国特許出願について，優先権主張の基礎となった日本出願の日に出願したと同等の扱いを受けることができる。
2. 日本の特許権は日本だけに効力が及び，米国の特許は米国だけに効力が及ぶ。
3. 国際特許を取得すると，指定した国のすべてに特許権の効力が及ぶ。
4. 優先権主張が認められる条件は，少なくとも，最初の出願から 1 年以内に他の国に出願することである。
5. 日本人が，米国の特許権を取得することは可能である。

F.5　国際特許出願について，正しいのはどれか

1. 国際特許出願は，英語でしなければならない。
2. 国際特許出願は，日本語ですることができない。
3. 国際特許出願をした場合，30 ヶ月まで，各指定国への翻訳文の提出を保留することができる。
4. 日本での特許出願に基づく優先権を主張して，国際特許出願をすることはできない。
5. 国際特許出願の日（国際出願日）が，新規性判断の基準として使われることはない。

F.6　米国特許出願について，誤りはどれか。

1. 発明者だけが，米国特許出願の出願人になることができる。
2. 企業であっても，米国特許権の権利者になることができる。
3. 日本出願が出願公開されてから，1 年以内に米国特許出願をした場合，当該出願公開がされたことだけを理由として，米国特許出願が拒絶されることはない。
4. 米国では，出願した発明の特許性（新規性など）を否定する疑いのある情報（対応する日本出願における引用文献など）を審査官に提出しなかった場合，特許権の権利行使が認められないことになる。
5. 米国では，特許請求の範囲（claim）に基づいて権利範囲を解釈しない。

F.7　ヨーロッパ特許出願について，誤りはどれか。

1. ヨーロッパ特許庁が特許査定をした出願について，各国特許庁は，原則として拒絶査定をすることはできない。
2. ヨーロッパ特許庁へ出願する際には，権利取得を希望する指定国を明示する。
3. 国際特許出願の指定国として，ヨーロッパ特許庁を指定することはできない。
4. 日本出願を基礎とした優先権主張をして，ヨーロッパ特許出願を行うことができる。
5. ドイツで特許を取得したい場合，ヨーロッパ特許出願をしてドイツを指定国とするか，直接，ドイツの特許庁に出願するかの，2 つのルートを選択することができる。

F.8　次のうち，正しいものはどれか。

1. 新規性，進歩性さえ備えていれば，発明は特許される。
2. 存続期間満了によって特許権が消滅した後でも，特許権侵害についての損害賠償を請求することができる。
3. 特許の登録がなされることによって特許権が発生するので，特許登録前には，類似品が販売されていても，何もとる手段はない。
4. 明細書は主として権利書としての役割を有し，特許請求の範囲は主として発明内容を開示する役割を有する。
5. 国際特許出願が登録されると，指定国すべてに特許権が発生する。

F.9 次のうち，正しいものはどれか。

1. 請求項に記載した構成要件が多いほど権利範囲は狭い。
2. 自社が特許を取得した製品を製造販売する場合には，他人の特許権を侵害するおそれはない。
3. 同一の発明について2以上の出願があった場合，先に公開したものに特許が与えられる。
4. ドイツへの特許出願をする際には，必ずヨーロッパ特許出願をしなければならない。
5. 成立した特許に対してこれの無効を請求することはできるが，出願中の特許について，特許成立を阻止するための手続きはない。

F.10 パリ条約における優先権が認められている趣旨を説明せよ。

F.11 次の事実（1）～（3）に基づいて設問に答えよ。

事実：

(1) X社はアメリカの法人であり，収納容器について日本特許950001号を有している。特許公報は，本書の付録3を参照のこと。

(2) Y社は，レモン汁収納容器の開発を平成24年春から開始し，平成25年には完成させた。そして，平成26年1月より，商品説明書に示すようなレモン汁収納容器を製造販売していたところ，X社より，上記特許の侵害であるとして製造販売を中止するように求められた。

(3) Y社は，X社の液体収納容器と同じ内容を記載した出願公開公報（120ページ参照）を見つけ出した。

設問：

Y社は，X社からの差止請求に対し，製造販売を継続するためにどのような手段をとればよいか。理由とともに答えよ。

商品説明書（Y の販売するレモン汁収納容器）

Y は，容器本体の収納部 2d にレモン汁を入れた後に，シール 4 を貼り付けて，レモン汁を収納した容器を完成させ，販売している（下図参照）。つば部 2c は一方向に突出して設けられ，つば部先端の裏面には，溝 8 が設けられている。溝 8 でつば部を折ることにより，シール 4 を容易に剥がすことができる。

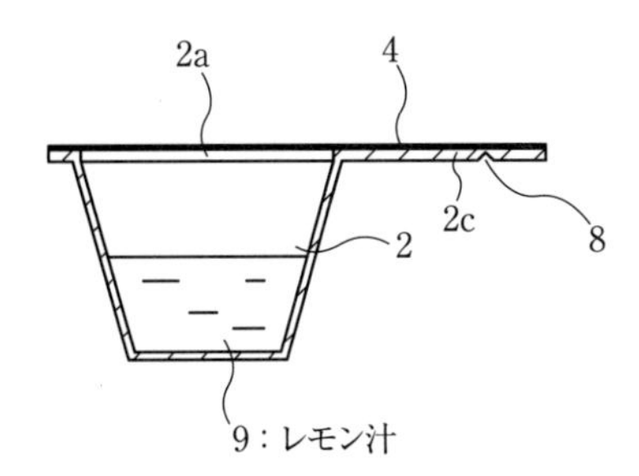

Y社の見つけ出した出願公開公報

(19) 日本国特許庁（JP）　(12) **公開特許公報**（A）　(11) 特許出願公開番号
特開 2011-348991
(P2011-348991A)
(43) 公開日　平成23年（2011）10月1日

(51) Int.Cl.[5]	識別記号	庁内整理番号	FI	テーマコード（参考）
B66B 9/10			B66B 9/10	604B 5B046
11/10			11/10	

審査請求　有　　請求項の数1 OL（全5頁）

(12) 出願番号　特願 2010-170805

(22) 出願日　平成14年4月1日

(73) 特許権者　9001276549
Z株式会社
東京都新宿区大楽毛1丁目3番4号

(72) 発明者　北村　紀子
東京都新宿区大楽毛1丁目3番4号
Z株式会社内

(74) 代理人　鶴本　祥文（外1名）

審査官　光　弦太郎

(54)【発明の名称】　収納容器

(57)【要約】

【課題】　使い切りのミルク容器を提供する。

【解決手段】　容器本体2の中には，1回に使用する量のミルク6が収納されている。容器本体2の上面にはつば部2cが，一方向に突出して設けられている。つば部2cの上には，剥離可能にシール4が貼り付けられている。シール4を剥がせば，ミルクを注ぐことができる。

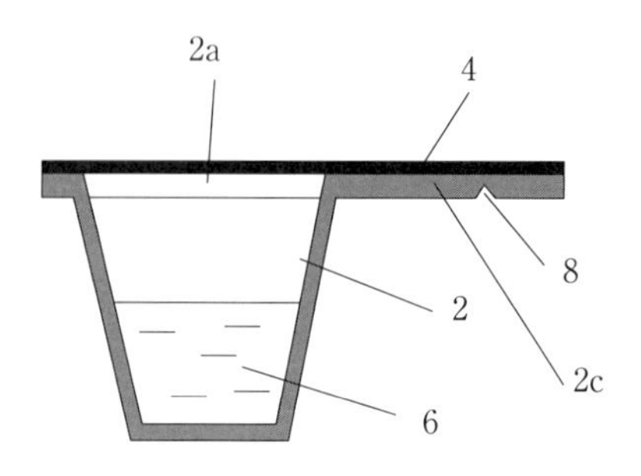

(57)【特許請求の範囲】
【請求項 1】
開口を有する収納部と，
収納部の開口部周縁に突出して設けられたつば部と，
開口を覆うように，つば部に剥離可能に貼り付けられた薄膜部材と，
を備えた収納容器。
【発明の詳細な説明】
【技術分野】
【0001】
この発明は，ミルクなどを収納する収納容器に関する。
【背景技術】
【0002】
喫茶店などにおいて，コーヒー用のミルクは，専用の容器に入れて提供していた。客は，容器に入れられたミルクを，必要な量だけコーヒーに注いで使用していた。
【発明が解決しようとする課題】
【0003】
しかし，専用の容器には，数十回分のミルクが収納されており，ミルクの鮮度が劣化するという問題があった。
【課題を解決するための手段】
【0004】
そこで，この発明では，1 回分のミルクを収納し，上部に剥離可能な薄膜部材で覆い，ミルクの鮮度を保持するようにした。
【発明を実施するための形態】
【0005】
一実施形態によるミルク容器を，図 1 に示す。容器本体 2 の上にシール 4 が貼り付けられている。このシールを剥離させて，内部のミルクを取り出す構造となっている。なお，図 2 は底面図である。
【0006】
この容器の断面は，図 3 のとおりである。容器本体 2 の中には，ミルク 6 が収納されている。容器本体 2 の上面にはつば部 2c が，一方向に突出して設けられている。このつば部 2c には，開口 2a が形成されている。つば部 2c の上には，シール 4 が貼り付けてある。開口 2a をシール 4 が覆っているので，容器本体 2 の内部のミルク 6 はこぼれない。
【0007】
このミルク容器からミルクを取り出すときは，次のようにする。まず，図 4 に示すように，容器本体 2 のつば部 2c の先端部 2b から，シール 4 を剥がす。さらに，シール 4 を引っ張ってシール 4 を完全に剥がす。これにより，シール 4 によって覆われていた開口 2a があらわれる。したがって，容器 2 を傾ければ，中のミルクを取り出すことができる。
【0008】
なお，図 5 に示すように，つば部 2c の裏面に溝 8 を設けてもよい。これにより，シール 4 を剥がしやすくできる。
また，上記では，ミルクを収納したが，レモン汁などその他の液体を収納してもよい。
【図面の簡単な説明】
【0009】
【図 1】
一実施形態によるミルク容器の斜視図である。
【図 2】
ミルク容器の底面図である。
【図 3】
ミルク容器の断面図である。
【図 4】
ミルク容器の使用方法を説明する図である。
【図 5】

他の実施形態によるミルク容器の断面図である。

【符号の説明】

【0017】

2……容器本体

2c……つば部

4……シール

8……溝

図1

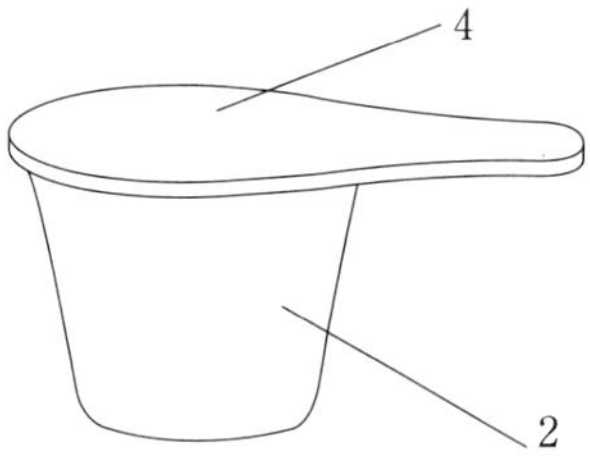

図4

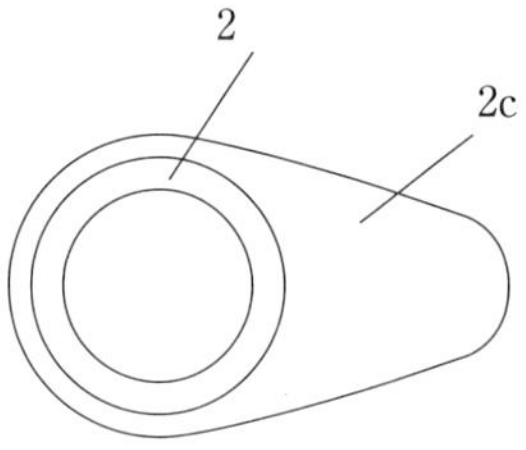

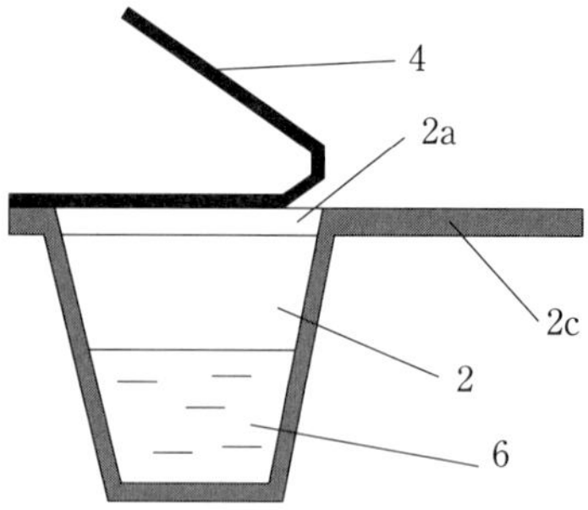

図2

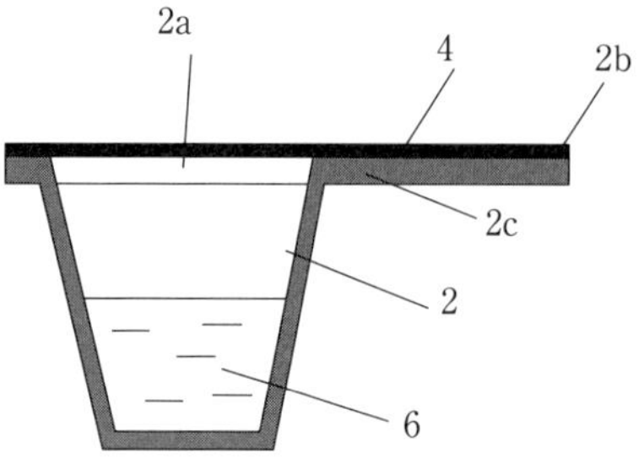

図5

図3

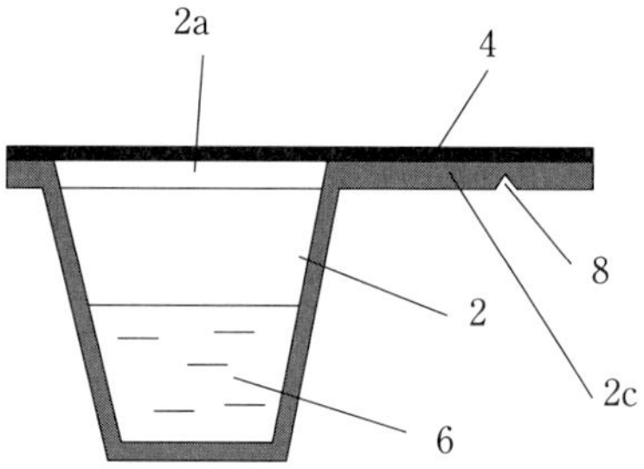

第Ⅱ部
実践編

When one door closes, another door opens ;
but we often look so long and so regretfully upon the closed door
that we do not see the one which has opened for us.
— Graham Bell

Whatever is worth doing at all is worth doing well.
— Philip D Stanhope

第Ⅰ部では，技術者・開発者が実務上必要となる法律知識と
その考え方を説明してきた。
第Ⅱ部では，この知識をベースとして読者に実践を行ってもらうようにした。
経験がある方も今まで何気なく行ってきたことが，
どのような意味を持っているのかを考えながら進めることで，
得るものが多いであろう。
学生の方は，実践がどのように理論と結び付いているのか
意識しながら取り組んでほしい。

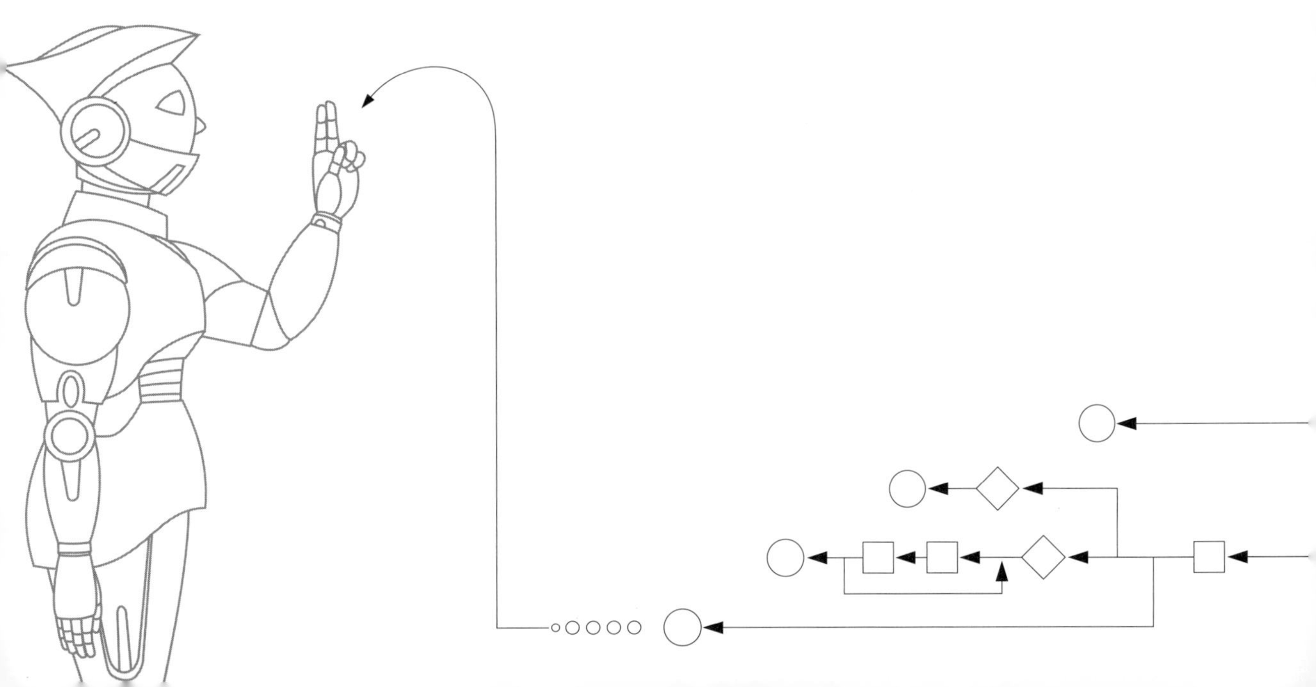

1　着想の発明化と発明の権利化

この章は，第Ⅰ部の第1章から第4章までの知識をベースとしている。

1.1　着想を発明に発展させる

第Ⅰ部の「3.4　進歩性があるか」で説明したように，進歩性の有無が特許を取得できるかどうかの分かれ道になることが多い。きわめて独創的な発明をした場合であれば，そのまま出願すればよい。ところが，常に独創的な発明を思いつくとは限らない。進歩性が危うい発明を思いつくことも多いのである。あきらめてしまうのは簡単であるが，進歩性のある内容に発展できることに越したことはない。

発明内容を発展させるためには，発明の持つ問題点を意識することが大切である。どのような発明であっても，その発明を実施した場合には何らかの技術的な問題点が出てくるはずである。この問題点を予測する。そして，予測した問題点についての解決策を考えるのである。

予測した問題点が，世間一般に認識されていないものであれば，その解決策は進歩性のある内容となる可能性が高くなる。あきらめずに，アイデアを発展させることが重要である。

1.2　発明から特許出願までの流れ

企業内において発明をした場合の，一般的な出願までの手順を示す。なお，この手順は企業によって異なるので，下記はあくまでも参考としてほしい。

① まず，発明をしたら発明者が従来技術を調査する（特許調査という）。自分の発明が，調査によって見い出された従来技術に対して新規性・進歩性があるかどうかを判断する。

② 特許が取れそうだと判断したら，発明者は，発明届出書を書いて知的財産部に提出する。

③ 知的財産部は，この発明届出書を見て，特許出願をするかどうかを決定する。この際，知的財産部において，より詳細な特許調査を行う場合が多い。

④ 特許出願をすることに決定したら，発明者，知的財産部員と弁理士が出願の打ち合わせを行う。

⑤ 打ち合わせに基づいて弁理士が出願書類原稿を作成し，発明者・知的財産部員に送る。

⑥　発明者，知的財産部員が，出願書類原稿をチェックする。

⑦　弁理士が代理人として特許出願をする。

なお，発明者は特許調査をせず，知的財産部または弁理士が特許調査をするようにしている会社もある。

1.3　知的財産部

企業の知的財産戦略を構築したり，管理したりする部門である。多くの企業では，知的財産部が権利取得，ライセンスなどの管理を行っている。経営戦略における知的財産の重要性の高まりとともに，知的財産部は知的財産の権利を行うだけでなく，経営戦略に関与するケースが増えてきている。

実務的には，知的財産部は，社内における発明の発掘と権利化，ライセンス交渉，訴訟対応，戦略の策定などを行う。

1.4　弁　理　士

特許出願や訴訟などにおいて，外部の専門家として活用できる存在である。多くの企業では，専属の顧問弁理士を契約していることが多い。また，企業規模が大きくなり，特許出願の件数が増えてくると，技術内容や事業分野ごとに専門の弁理士と契約していることがほとんどである。

社内弁理士も多数誕生しているが，社内にいる弁理士は，どちらかというと経営戦略に携わったり，ライセンス交渉に関与したりする。また，重要な侵害訴訟などでは，複数の外部弁理士を束ねたりする業務を行う。

技術者・開発者としては，自分の発明を特許出願する際，出願書類の作成を頼んだり，出願後に審査官等とのやりとりを任せたりする代理人としてつきあうことが多いであろう。

実務演習１（アイデアシート）

添付の見本を参考にして，自分のアイデアをまとめる。現在自分が携わっている分野（開発者なら担当開発品，学生なら卒論のテーマなど）についてのアイデアが好ましい。次の章で発明届出書のまとめ方を解説した後，アイデアについて発明届出書を作成する実務演習を行う。したがって，技術者・開発者であれば，実務演習を通じ，自分のアイデアについて発明届出書を完成させることができる。アイデアの内容がよければ，その発明届出書をそのまま知的財産部に提出して，特許出願に結び付けることも可能である。また，学生の場合であっても，やはり自分が慣れ親しんでいるテーマの方が，実務演習を行いやすいであろう。

とはいえ，開発テーマや卒論のテーマについて，面白いアイデアがない場合や，開発テーマや卒論のテーマ以外に面白いアイデアがある場合には，これらのテーマにこだわる必要はない。

アイデアシートにまとめるアイデアは，基礎編で解説した進歩性のあるものが好ましいが，実習であると割り切って，進歩性のないアイデアでもよい。

アイデアシートの見本１：構造分野

■タイトル　平行線定規

■従来の技術とその問題

（従来技術は自分の知っている範囲でよい：この課題に関しては特許調査をする必要なし）

今まで，平行線を引くには，次図の従来技術に示すように２つの三角定規２，４を使っていた。三角定規２，４を固定して，三角定規４の辺６によって線を引く。次に，三角定規４を上または下に動かした後，辺６によって線を引く。これを繰り返せば，多数の平行線を引くことができる。しかし，平行線を等間隔に引くことは難しかった。

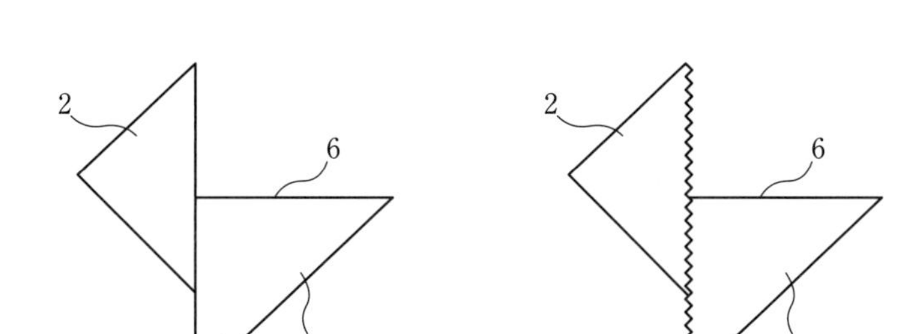

■アイデア

定規２，４に，互いにはまり込む凸凹を設けた。凸凹にはまるように定規４を動かして線を引けば，等間隔の平行線を簡単に引くことができる。

（※　このアイデアは，吉藤幸朔「特許法概説（第９版）」p.223 を参考にした）

アイデアシートの見本２：電気分野

■タイトル　雑音消去機能付き携帯電話

■従来の技術とその問題

（従来技術は自分の知っている範囲でよい：この課題に関しては特許調査をする必要なし）

従来の携帯電話は，貧弱なスピーカしか付いていない。このため，周囲がうるさいと，相手の声が聞こえづらいという問題があった。

■アイデア

携帯電話に，外部の雑音を収録するマイクを設ける。このマイクによって拾った音信号を位相逆転回路によって逆相にする。相手方の音声とこの逆相信号とを混合してスピーカに与える。外部の雑音は，逆相信号がスピーカから出力されることによって打ち消される。したがって，相手の声だけがよく聞こえる。

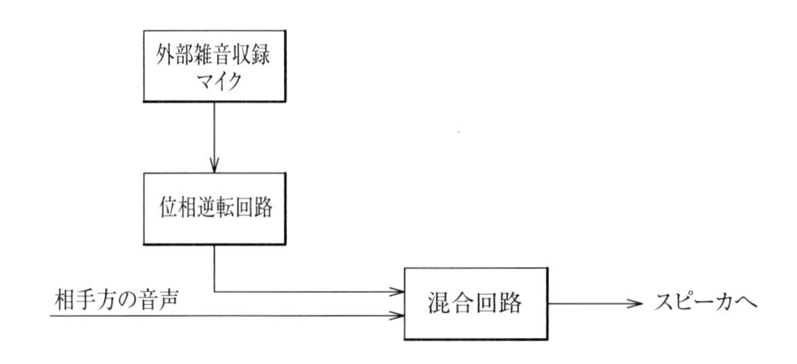

アイデアシートの見本3：ソフト分野

■タイトル　学習機能付きかな漢字変換ソフトウェア

■従来の技術とその問題

（従来技術は自分の知っている範囲でよい：この課題に関しては特許調査をする必要なし）

従来のかな漢字変換ソフトウェアは，ユーザーの使用状況にかかわらず漢字候補の表示順序が固定的であった。たとえば，「あい」に対する変換候補として，「藍」「間」「阿井」「愛」…という順に漢字が表示される。「愛」をよく使用するユーザーであっても，必ず，変換キーを4回押さねばならなかった。

■アイデア

漢字辞書において，各漢字ごとに使用回数を記録しておき，使用回数の多い順に漢字候補を表示するようにした。これによって，ユーザーがよく使う漢字ほど先に候補として表示されることになり，変換効率がよくなる。

「あい」

漢字	使用回数
藍	12
間	2
阿井	0
愛	36
⋮	⋮

2　発明届出書

この章は，第Ⅰ部の第１章～第７章までの知識を前提として解説を行っている。

2.1　この章のねらい

発明届出書とは，企業において発明をした技術者・開発者が知的財産部にその発明内容を報告する書類である。知的財産部は，発明届出書に基づいて，特許出願をするかどうかの判断をする。

このように，発明者の提出した発明届出書をきっかけとして特許出願を行っている企業が多い。この制度は，発明者が発明届出書を出してこそ機能するので，企業の中の研修でも発明届出書の作成方法を説明している。しかしながら，企業内研修では，時間の関係から，必ずしも発明届出書をどのように考えて作成するのかについて詳細に説明していないことがある。そこで，ここでは，発明届出書の考え方と書き方を説明する。

2.2　発明届出書とは

前述のように，企業において発明をした技術者・開発者が，知的財産部にその発明内容を報告する書類を発明届出書という。その呼び名は，特許案件説明書，発明説明書など企業によって異なっている。

なお，一般に，届出書のスタイルとして，簡易発明届出書と正式な発明届出書がある。以下，正式な発明届出書の書き方について解説をする。正式な発明届出書を書くことができれば，簡易発明届出書を書くことは簡単だからである。

なお，発明をした場合，いきなり発明届出書を書くのではなく，発明者自身が特許調査を行うことが好ましい。特許調査によって類似する先行出願や先行特許が見い出されない場合には，発明届出書を書いて知的財産部に提出する。

特許調査によってまったく同じ先行出願や先行特許が見つかった場合には，発明内容をさらに発展・改良させる必要がある。発展・改良した内容をすぐに発想できた場合には，その内容について発明届出書を書く。特許調査によって，まったく同一ではないが類似する先行出願や先行特許が見い出された場合には，特許出願を行っても進歩性がないと判断される可能性がある。しかし，進歩性の判断は微妙であるので，知的財産部に相談することが必要である。一見進歩性がないように見えても，発明のとらえ方によっては，進歩性を主張できる場合もあるからである。

いずれにしても，発明届出書の作成時間を無駄にしないために，特許調査を行った後，発明届出書を作成することが好ましい。なお，解説の都合上，特許調査の方法については次の章において解説し，以下では発明届出書の作成について解説を行う。実際の手順は，特許調査の後に発明届出書の作成であることを忘れないでもらいたい。

発明届出書作成の手順は，次のとおりである。①　発明の内容を整理する，②　思考メモにまとめる，③　図面を準備する，④　発明届出書を書くの順である。以下では，構造に関する発明についての発明届出書の作成手順を説明し，次にソフトウェア関連発明についての発明届出書の作成手順を説明する。

2.3　想定した発明（構造に関する発明）

ここでは，前章・実務演習1のアイデアシートの見本1に示す発明をしたと仮定して，発明届出書のまとめ方を説明する。アイデアシートの見本1は，平行線定規のアイデアであった。きわめて簡単な発明を例としたのは，発明届出書の書き方に焦点を当てて解説を行うためである。あたりまえのことを書いているように見えるが，この例を通じてどのような思考過程でまとめているのかを，学ぶことができる。

2.4　書く前の準備

いきなり届出書に書き始めずに，発明内容を整理するとよい。慣れないうちは，頭の中だけで考えずに，思考メモにまとめることが効果的である。たとえば，次のような思考過程で発明内容を整理し，思考メモにまとめる。

2.4.1　発明の効果を把握する

その発明が，どのような点において，効果があるのかを把握する。想定例であれば，「簡単かつ正確に等間隔の平行線を引くことができる」という効果を把握することができる。その発明が，直接的に持っている効果を見い出すことが重要である。たとえば，「ユーザーにとっては高機能の定規を購入でき，メーカーは販売増となる」というのは，上記発明の効果としては，あまりにも間接的すぎる。

また，従来比較し，従来技術にはなかった効果を見い出すようにすることも重要である。たとえば，想定例において，「定規をずらすだけで平行線を引くことができる」という効果は，従来技術にもあった効果であるから，発明の効果とするのは不適切である。従来の類似技術がない場合には，類似するとまではいえなくとも，最も近い技術と比較して，効果を見い出す。

この効果を正確に把握することが出発点である。効果に思い違いがあると，届出書の作成中にそのことに気づき，再び，出発点に戻って，効果の把握からやり直さねばならなくなる。

2.4.2 発明の構成（効果をもたらした工夫）を把握する

上記のようにして効果を把握したら，次に，どのような構造的工夫によって，その効果がもたらされたのかを把握する。その工夫こそが，発明の本質部分といえる。これを発明の構成という。想定した発明において，「簡単かつ正確に等間隔の平行線を引くことができる」という効果が得られるのは，「2つの定規の向かい合う辺に，互いにはまり合うように凹凸を設けた」からだといえる。したがって，「2つの定規の向かい合う辺に，互いにはまり合うように凹凸を設けた」点を，発明の構成（効果をもたらした工夫）として認識できる。（図2.1参照）

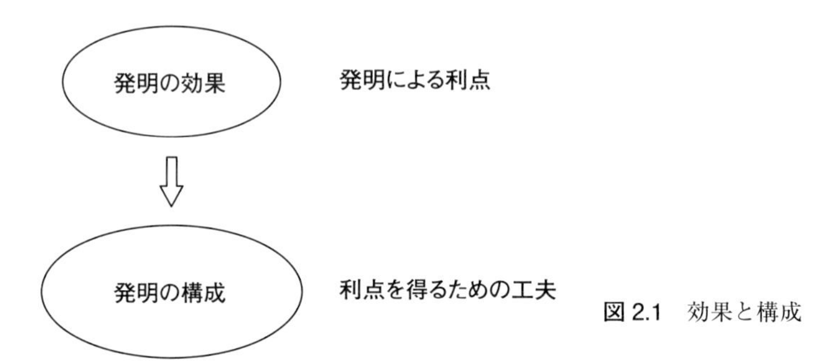

図2.1 効果と構成

「効果」および「効果をもたらした工夫」という2段階の考え方こそが，特許法的な発明のとらえ方のポイントである。図2.1に両者の関係を表す。「効果」は発明による利点であり，発明によって「何ができるようになったのか」という点に着目している。上記の例では，「簡単かつ正確に等間隔の平行線を引くことができる」ということになる。いわば，こんなことができたらいいという願望と考えてもよい。

これに対し，「効果をもたらした工夫（発明の構成）」は，そのような願望なり効果なりを達成できた工夫である。発明であるという以上，「願望」にとどまらず，それを実現する具体的解決方法を提示しなければならない。その具体的解決方法（工夫）こそが，「効果をもたらした工夫」である。「効果をもたらした工夫」は「願望」そのものではないので，「～ができるようになった」というような表現が適さないことは理解できるであろう。上記の例では，「2つの定規の向かい合う辺に，互いにはまり合うように凹凸を設けた」ということになるであろう。

第Ⅰ部の「3.4.2 進歩性の具体的判断例」の例題3.3において示した断面多角形の鉛筆であれば，「転がりにくい」というのが発明の効果であり，この効果をもたらした工夫（発明の構成）は「断面を多角形にした」ということになる。

前章・実務演習1のアイデアシートの見本2に示した雑音消去機能付き携帯電話であれば，発明の効果は「雑音の大きい環境においても相手の声がよく聞こえる」ということであり，効果をもたらした工夫（発明の構成）は「周囲の雑音を取得し，逆相にしてスピーカから出力するようにした」という点にある。

前章・実務演習1のアイデアシートの見本3に示したかな漢字変換であれば，発明の効果は「ユーザーの使用状況に応じて効率のよい変換候補を示すことができる」ということであり，効果をもたらした工夫（発明の構成）は「漢字ごとに使用回数を記憶しておき，使用回数の多い順に変換候補を表示するようにした」という点にある。

2.4.3　従来の技術を把握する

次に，従来技術を把握する。これは，すでに，「2.4.1　発明の効果を把握する」の際に把握しているはずである。前述のように，効果は，従来技術との相対的な関係によって把握できるものだからである。したがって，効果を把握したときに想定した従来の技術を再確認する。

上記のケースでは，「向かい合う辺が直線である2つの定規」であると確認できる。

2.4.4　従来技術の問題点を把握する

上記のように従来技術を認識すれば，次に，この従来技術の問題点（欠点といってもよい）を把握する。従来技術の問題点は，発明にはあった効果がないことである。つまり，従来技術の問題点は，発明の効果の裏返しであると考えてよい。

上記の例では，「簡単かつ正確に等間隔の平行線を引くことができる」という効果が，従来技術にないことが問題点である。これを表現し直すと，従来技術の問題点は，「正確に等間隔の平行線を引くことが難しい」ということになる。このようにして，従来技術の問題点を把握する。

2.4.5　思考メモにまとめる

上記の把握を行ったら，その内容を，メモ（思考メモ）にまとめる。参考のため，思考メモの例を図2.2に示す。

2.4.6　図面を用意する

思考メモができたら，次に，図面を用意する。図面は，発明届出書で表現すべき発明の理解を助けるものである。さらに，発明届出書作成後に，特許出願をすることになった場合，図面は，特許出願のための重要な情報源となる。

弁理士は，発明者の用意した図面に基づいて，明細書を作成する。前述のように明細書には，その分野の専門家が発明を実施できる程度に詳細に発明を記述しなければならない。したがって，発明届出書の図面が不十分であると，弁理士は明細書を完成できないことになる。このような点に留意して，以下のように図面を用意する。

①　従来技術の図面

まず，従来技術に関する図面を用意する。初めて，届出書を作成する人にとっては，どの程度の図面が必要であるかという判断が困難であろう。思考メモにまとめた従来技術の問題点が理解

思考メモ

(1)　発明の効果
簡単かつ正確に等間隔の平行線を引くことができる

(2)　発明の構成（効果をもたらした工夫）
2つの定規の向かい合う辺に，互いにはまり合うように凹凸を設けた

(3)　従来の技術
向かい合う辺が直線である2つの定規によって平行線を引いていた

(4)　従来技術の問題点
正確に等間隔の平行線を引くことが難しい

※　思考メモは，あくまでも，自分のための覚え書きであるから，自分さえわかれば十分です。提出する必要はありません。また，慣れてくれば，頭の中で考えるだけで十分です。

図 2.2　思考メモ

できる程度に従来技術を説明するつもりで図面を用意すればよい。

上記のケースでは，「正確に等間隔の平行線を引くことが難しい」という問題を説明できればよいのであるから，直線の辺をもつ2つの定規にて平行線を引く場合を図に表せばよい。たとえば，「2.7　詳細発明届出書の例」の図1に示すような図を用意する。

②　発明の実施形態の図面

次に，発明の具体例（実施形態という）がわかるような図面を用意する。ここで用意する図面は，発明を理解するために重要である。質的にも量的にも十分なものとなるよう配慮する。

物理的構造の発明であれば，i）構造がわかる図面，ii）その構造の使用状態や動作状態がわかる図面，iii）変形例の図面などを用意する。上記の例であれば，次のような図面を用意する。

i）　構造を示す図面

上記の例では，一辺が凸凹になってはまり合う2つの定規を示す図面を用意する。たとえば，「2.7　詳細発明届出書の例」の図2に示すような図を用意する。

ii）　使用状態（動作状態）を説明するための図

定規をずらせながら平行線を引いていく過程を示す図面を用意する。たとえば，「2.7　詳細発明届出書の例」の図3，図4に示すように，平行線を引く際の使い方がわかるように図を表す。

iii）　変形例の図面

凹凸以外で同じ効果を達成できる構造があれば，その図面を用意する。たとえば，「2.7　詳細

発明届出書の例」の図5に示すような図を用意する。この図を示す変形例は，一方の定規には連続した凹凸を設け，他方の定規にはこの凹凸にはまり込むローラを設けたものである。ローラにより，簡単に定規をずらすことができる。

変形例が豊富である方が，権利取得の可能性が高まり，また充実した権利を取得できる。

2.5　発明届出書を書く

以上の用意ができたら，発明届出書を書き始める。準備にずいぶん時間を費やしたようであるが，上記の用意ができていれば，後は比較的簡単である。

企業は，それぞれ，独自の届出書フォームを用意している。各企業とも，発明届出書の項目は異なるが，記入すべき本質は同じである。ここでは，図2.3に示す様式にて発明届出書を作成する。

発明届出書

「発明の名称」
「技術分野」
「背景技術」
「発明が解決しようとする課題」
「課題を解決するための手段」
「発明の効果」
「発明を実施するための形態」

図2.3　発明届出書

ここで取り上げた発明届出書は，「発明の名称」「技術分野」「背景技術」「発明が解決しようとする課題」「課題を解決するための手段」「発明の効果」「発明を実施するための形態」という項目を記入するようになっている。本書では，特許出願の際に提出する明細書（第Ⅰ部「7.4　明細書」参照）の記載項目と同じ項目とした。

それぞれの項目は，各企業によって表現が異なっていたり，企業によっては記入を不要としている項目もある。以下，各項目について，異なる表現の例を示す。（図2.4参照）

「背景技術」…「従来技術」
「発明が解決しようとする課題」…「従来技術の問題点」「従来技術の欠点」
「課題を解決するための手段」…「発明のポイント」「特許請求の範囲」
「発明の効果」…「発明のメリット」
「発明を実施するための形態」…「実施形態」「実施例」

図2.4　他の項目表現

2.5.1 発明の名称を記入する

まず，最初の項目である「発明の名称」を記入する。発明の名称に，あまりこだわる必要はない。ここでは，「平行線定規」とした。目的を明確にするため，「位置規制機能付き平行線定規」としてもよい。特許出願の際には，「古谷式平行線定規」のような技術的でない表現を含む名称は認められないので，発明届出書でもこのような表現は避けた方がよい。

2.5.2 技術分野を記入する

この項目には，どのような分野に関する発明であるかを記入する。技術分野とはなっているが，製品の分野という観点から記述してもよい。いずれにしても，まったく異なる分野を書くのでない限り，あまり正確性を気にする必要はない。上記の例では，「文房具」の分野とした。

2.5.3 背景技術を記入する

ここでは，先に作成した思考メモの「従来の技術」の項目を参考にして，用意した図1を参照して説明する。なお，図面を参照して説明するときは，図面に現れた各要素に符号をふって，この符号を参照しつつ説明する。たとえば，定規4の線引辺5というように符号（この場合，数字）を付して説明する。どの部分を指しているかが，明確にわかるからである。

どの程度詳しく説明すればよいかと悩む人もいる。この背景技術の項目は，次の項目である「発明が解決しようとする課題」（つまり従来技術の問題点）を理解するための前提である。したがって，「発明が解決しようとする課題」における従来技術の問題点が理解できる前提となる程度に詳しく書けばよい。

上記の例であれば，従来技術の定規が「正確に等間隔の平行線を引くことが難しい」という問題点を持っていることがわかるように書けばよい。

2.5.4 発明が解決しようとする課題を記入する

発明が解決しようとする課題には，背景技術において記載した従来技術の問題点および発明の目的を書く。これも，思考メモの「従来技術の問題点」の項目を参考にして説明するとよい。要は，発明から見た場合に従来技術にはどのような問題があったのかをわかるように書けばよいのである。最後に，思考メモにまとめた発明の効果を得ることが目的であることを記載する。

なお，企業によっては，「背景技術」と「発明が解決しようとする課題」とを1つの項目にまとめている場合もある。

従来技術の問題点は無数にあるので，これをすべて書く必要はない。発明によって解決できた問題点だけを書けばよい。

2.5.5　課題を解決するための手段を記入する

課題を解決するための手段には，思考メモの「発明の構成（効果をもたらした工夫)」の項目の記述をそのまま書けばよい。なお，企業によっては，この項目を「特許を取りたいポイント」と表現していることもある。

2.5.6　発明の効果を記入する

発明の効果には，思考メモの「発明の効果」の記述をそのまま書けばよい。

2.5.7　発明を実施するための形態を記入する

発明を実施するための形態は，最も力を入れて書くべき箇所である。構造的な発明の場合には，構造と動作を分けて説明すると混乱が少ない。構造そのものの説明をまず行う。次に，その動作や使い方などを説明する。

以下，上記の発明例について，発明を実施するための最良の形態の考え方と書き方を解説する。

①　定規の構造を説明する

用意した図２を参照しながら，定規の構造を説明する。この際注意しなければならないのは，発明の構成（効果をもたらした工夫）に当たる構造（特徴的構造ともいう）は，他の部分よりも詳しく説明することである。

②　使用方法を説明する

用意した図３，図４を参照して，この平行線定規の使い方を説明する。例に取り上げた発明では人間が作業を行うことが前提であるので，使用方法を説明すればよいことになる。機械装置の発明であれば，その動作を説明することになる。構造的な発明であれば，構造を説明するだけで，その作り方が自動的にわかることが多い。したがって，製造方法を改めて説明する必要はない。

ただし，製造方法自体が発明である場合や，特殊な建造物の構造であって施工方法が自動的にわからないような場合には，作り方を説明する必要がある。また，化学物質の発明の場合には，化学式を見ただけでは製造方法がわからない場合が多いので，製法を説明する必要がある。

③　変形例を説明する

上記のようにして１つの実施形態について説明が済めば，次に，変形例について説明する。このように，まず，１つの例について説明した後で，他の例について説明すると混乱が少ない。

この発明の変形例の場合，構造さえわかれば，使用方法は図３，図４の説明でわかるであろうから，図５を参照して構造だけを説明する。場合によっては，変形例についても，構造と使用方法の両方を説明しなければならないこともある。

このような付加的な内容が，豊富に提示されれば，権利を取得できる可能性が高くなり，また，取得できた権利の実効性が高まる。したがって，多くの変形例を記載することが重要である。

2.6　簡易発明届出書

以上では，詳細発明届出書について説明した。簡易発明届出書は，「発明の名称」「技術分野」「課題を解決するための手段」「発明の効果」まで，まったく同じ記載内容である。「背景技術」「発明が解決しようとする課題」が1つにまとめられ簡素化されている。「発明を実施するための形態」が大きく簡素化されている。図面も2枚だけである。つまり，簡易発明届出書は，かなり容易に作成できる内容のものといえる。簡易発明届出書の例を，「2.8　簡易発明届出書の例」に示す。

企業の方針にもよるが，簡易発明届出書を提出し，知的財産部で特許性があると判断すれば，弁理士との打ち合わせによって出願手続を進めるようにしている場合もある。

2.7　詳細発明届出書の例

上記の発明例（平行線定規）についての詳細発明届出書の例を以下に示す。

詳細発明届出書

提出日

発明者氏名　　　　　　印

私／私達は，下記発明について，日本及び外国において特許を受ける権利を，○○○○株式会社に譲渡します。

1.　発明の名称

平行線定規

2.　技術分野

文房具

3.　背景技術

（構造）

従来の平行線定規を図1に示す。第一の定規2と第二の定規4の2つの定規によって構成される。

（使用方法）

使用方法は次のとおりである。まず，第一の定規2の辺6と，第二の定規4の辺8とを接触させる。この状態で，第二の定規4の線引辺5を用いて，鉛筆などによって直線を描く。次に，第一の定規6を固定しつつ，第二の定規4を下方向Aにずらせる。ずらせた状態を，図1では二点鎖線で示している。ずらせた状態において，先ほどと同じように，第二の定規4の線引辺5を用いて，鉛筆などによって直線を描く。この操作を繰り返すことにより，多数の平行線を描くことができる。たとえば，図面中のハッチング線を描画する場合などに用いることができる。

4. 発明が解決しようとする課題

しかしながら，上記のような従来の平行線定規には，次のような問題があった。複数の並行線の間隔を一定にすることが難しかった。たとえば，第一の定規2の辺6に目盛りが印刷されていなければ，作業者の勘によって平行線の間隔が決定され，これを一定にそろえることは困難であった。また，第一の定規2の辺6に目盛りが印刷されている場合であっても，作業者が計算をしながら，第二の定規4の位置決めをしなければならず，作業が容易ではなかった。

この発明は，上記の問題点を解決して，簡単かつ正確に等間隔の平行線を引くことのできる平行線定規を提供することを目的とする。

5. 課題を解決するための手段

この発明では，2つの定規の向かい合う辺に，互いにはまり合うように凹凸を設けている。

6. 発明の効果

簡単かつ正確に等間隔の平行線を引くことができる。

7. 発明を実施するための形態

（構造）

図2に示すように，この発明による平行線定規は，第一の定規12と第二の定規14を有している。第一の定規12の辺16は，凹凸に形成されている。第二の定規14の辺18も，凹凸に形成されている。第一の定規12の辺16の凹凸と，第二の定規14の辺18の凹凸とは，互いにはまり合うような形状となっている。また，両定規12，14の凹凸ともに，同じ形の凹凸が繰り返した形状となっている。第二の定規14の一辺は，線引辺15として直線に形成されている。

（使用方法）

図3，図4を用いて，この平行線定規の使用方法を説明する。図3に示すように，まず，第一の定規12の辺16に，第二の定規14の辺18をはめ合わせる。辺16と辺18には，凹凸が設けられているので，所定の位置にはまり込む。この状態で，第二の定規14の線引辺15を用いて，鉛筆などにより線20を描く。

次に，図4に示すように，第一の定規12を固定しつつ，第二の定規14を凹凸一つ分だけ下方向Aにずらす。この状態で，第二の定規14の線引辺15を用いて，鉛筆などにより線22を描く。

同じ形の凹凸が繰り返した形状となっているので，上記の操作を繰り返せば，等間隔の複数の平行線を引くことができる。凹凸にはめることによって位置決めができるので，簡単な操作で正確に等間隔の平行線を引くことができる。

（変形例）

図5に変形例を示す。この例では，第一の定規22の辺26に設けられた凹凸は，なだらかな曲線である。同じ形の凹凸が繰り返した形状となっている点は，図2と同じである。第二の定規24の辺38には，回転ローラ38が設けられている。この回転ローラ38は，辺26に設けられた凹凸にちょうどはまる大きさとなっている。

この変形例によれば，回転ローラ38となだらかな曲線の凹凸の作用によって，第2の定規24の移動がさらに簡単となる。

以上

図1

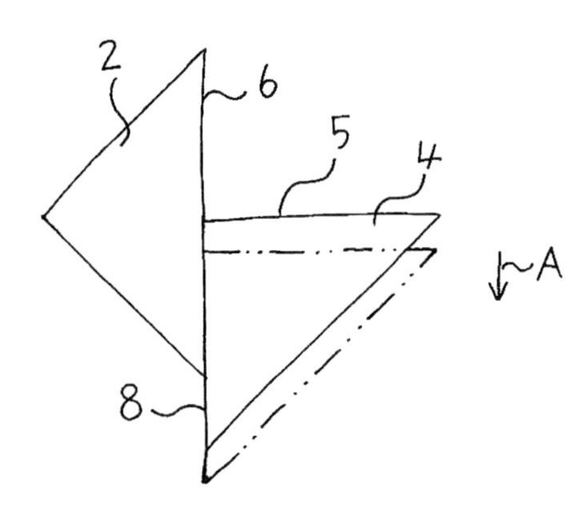

図2

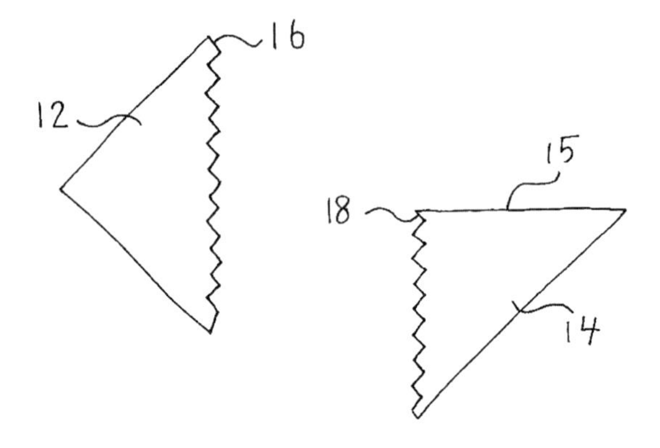

図3

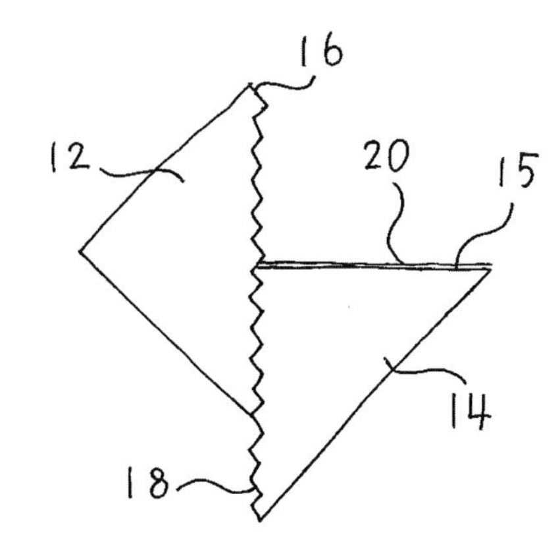

図4

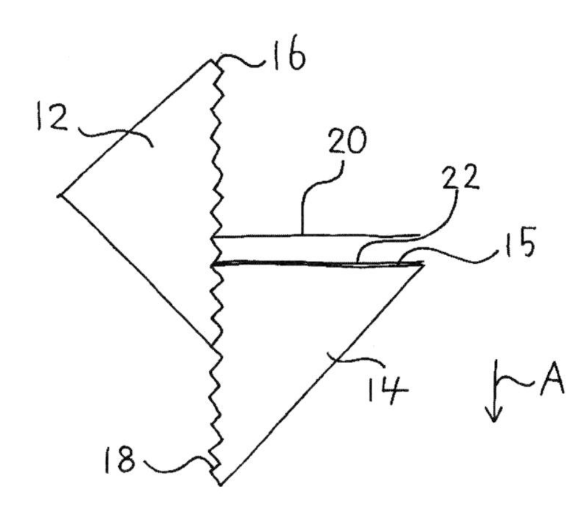

図5

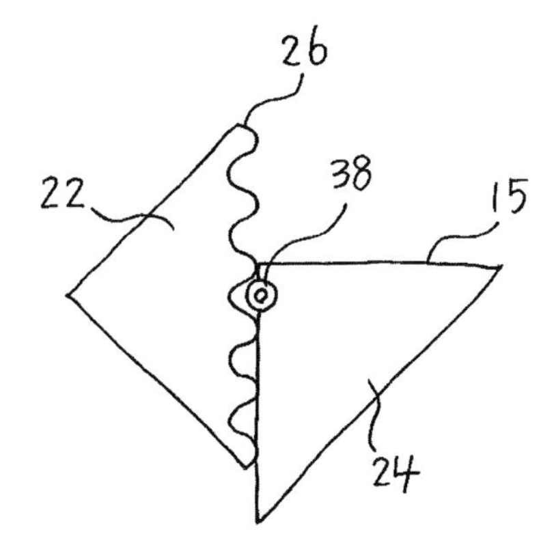

2.8 簡易発明届出書の例

上記の発明例（平行線定規）についての簡易発明届出書の例を以下に示す。

簡易発明届出書

提出日

発明者氏名　　　　　印

私／私達は，下記発明について，日本及び外国において特許を受ける権利を，○○○○株式会社に譲渡します。

1. 発明の名称

平行線定規

2. 技術分野

文房具

3. 背景技術

（構造）

従来の平行線定規を図1に示す。第一の定規2と第二の定規4の2つの定規によって構成される。

（使用方法）

使用方法は次のとおりである。まず，第一の定規2の辺6と，第二の定規4の辺8とを接触させる。この状態で，第二の定規4の線引辺5を用いて，鉛筆などによって直線を描く。

次に，第一の定規6を固定しつつ，第二の定規4を下方向Aにずらせる。ずらせた状態を，図1では二点鎖線で示している。ずらせた状態において，先ほどと同じように，第二の定規4の線引辺5を用いて，鉛筆などによって直線を描く。この操作を繰り返すことにより，多数の平行線を描くことができる。たとえば，図面中のハッチング線を描画する場合などに用いることができる。

4. 発明が解決しようとする課題

しかしながら，上記のような従来の平行線定規には，次のような問題があった。複数の並行線の間隔を一定にすることが難しかった。たとえば，第一の定規2の辺6に目盛りが印刷されていなければ，作業者の勘によって平行線の間隔が決定され，これを一定にそろえることは困難あった。また，第一の定規2の辺6に目盛りが印刷されている場合であっても，作業者が計算をしながら，第二の定規4の位置決めをしなければならず，作業が容易ではなかった。

この発明は，上記の問題点を解決して，簡単かつ正確に等間隔の平行線を引くことのできる平行線定規を提供することを目的とする。

5. 課題を解決するための手段

この発明では，2つの定規の向かい合う辺に，互いにはまり合うように凹凸を設けている。

6. 発明の効果

簡単かつ正確に等間隔の平行線を引くことができる。

7. 発明を実施するための形態

図に示すように，第一の定規12の辺16および第二の定規14の辺18を，同一ピッチの凹凸形状とした。したがって，はまり合う凹凸をずらせることで，等間隔の平行線を引くことができる。

以上

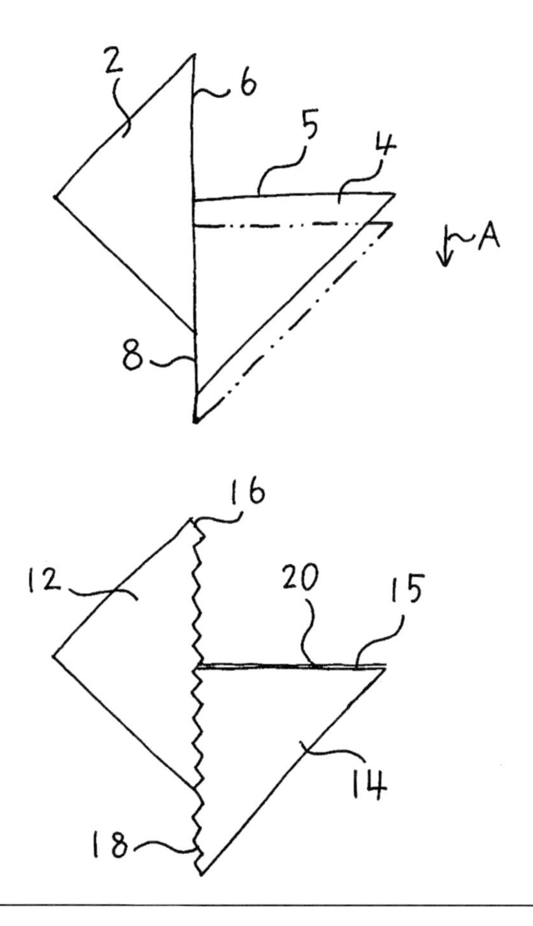

2.9 想定した発明（ソフトウェア関連発明）

上記では，構造に特徴のある発明について，発明届出書のまとめ方を解説した。以下では，次のようなソフトウェア発明をしたと仮定して，発明届出書のまとめ方を説明する*1。

(発明の概要)

従来のかな漢字変換は，同音異義語についての漢字候補の表示順序が固定的であった。つまり，そのユーザーにとって使用頻度の高い漢字であっても，あらかじめ固定された表示順序に従って表示され，何度も変換キーを押さなければならないことがあった。

そこで，各漢字ごとに使用回数を記憶するようにし，使用回数の多い漢字から順に漢字候補を表示するようにした。これにより，ユーザーの使用状況に応じて，適切な順序で漢字候補を表示することができるようになった。

2.10 書く前の準備

いきなり届出書に書き始めずに，発明内容を整理するとよいのは，構造に関する発明の場合と同じである。

2.10.1 発明の効果を把握する

その発明が，どのような点において，効果があるのかを把握する。上記の例であれば，「ユーザーの使用状況に応じた順で漢字候補を表示できる」という効果を見い出すことができる。そのソフトウェア，機器が，直接的に持っている効果を見い出すことが重要であるのは構造の発明の場合と同じである。たとえば，「ユーザーにとっては高品質のソフトが入手でき，メーカーは販売増となる」というのは，上記発明の効果としては，あまりにも間接的すぎる。

2.10.2 発明の構成（効果をもたらした工夫）を把握する

上記のようにして効果を把握したら，次に，どのような工夫によって，その効果がもたらされたのかを把握する。その工夫こそが，発明の本質部分といえる。機械的な発明であれば，効果をもたらした機械的構造が工夫になるであろう。電気回路の発明であれば，効果をもたらした電気回路が工夫になるであろう。ソフトウェア関連発明の場合であれば，効果をもたらした工夫は，ソフトウェアの処理になるであろう。

上記の例でいえば，「ユーザーの使用状況に応じた順で漢字候補を表示できる」という効果が

---

*1 実務演習１の見本として提示したアイデアシート２の内容である。

得られるのは，「漢字ごとに使用回数を記録しておき，使用回数の順に漢字候補を表示するようにした」からだといえる。したがって，「漢字ごとに使用回数を記録しておき，使用回数の順に漢字候補を表示するようにした」点を，発明の構成（効果をもたらした工夫）として認識できる。

2.10.3　従来の技術を把握する

上記のケースでは，「かなに対応する複数の漢字を，辞書に記録された順に漢字候補として表示する」という従来技術があると認識できる。

2.10.4　従来技術の問題点を把握する

上記のケースでは，「ユーザーの使用状況にかかわらず，漢字候補の表示順序が固定的であり，変換効率が悪い」というのが従来技術の問題点である。

2.10.5　思考メモにまとめる

上記の把握を行ったら，その内容を，メモ（思考メモ）にまとめる。参考のため，思考メモの例を図2.5に示す。

思考メモ

(1)　発明の効果
ユーザーの使用状況に応じた順で漢字候補を表示できる

(2)　効果をもたらした工夫
漢字ごとに使用回数を記録しておき，使用回数の順に漢字候補を表示するようにした

(3)　従来の技術
かなに対応する複数の漢字を，辞書に記録された順に漢字候補として表示する

(4)　従来技術の問題点
ユーザーの使用状況にかかわらず，漢字候補の表示順序が固定的であった

※　思考メモは，あくまでも，自分のための覚え書きであるから，自分さえわかれば十分です。提出する必要はありません。また，慣れてくれば，頭の中で考えるだけで十分です。

図2.5　思考メモ

2.10.6　図面を用意する

思考メモができたら，次に，図面を用意する。上記の発明例では，次のような図面を用意する

とよい。

①　従来技術の図面

従来技術の問題点を説明できる程度の図面を用意する。上記の発明例では,「ユーザーの使用状況にかかわらず,漢字候補の表示順序が固定的であった」という問題を説明できればよいのであるから,辞書の構造と,漢字候補を表示した画面とを示せば十分であろう。「2.13　詳細発明届出書の例」の図1,図2のような図面を用意すればよいだろう。

②　発明の実施形態の図面

次に,発明の実施形態がわかるような図面を用意する。上記の発明例のように,ソフトウェアに関する発明であれば,以下のようにして図面を用意する。

i)　全体のシステム図を作成

この発明では,スタンドアローンのコンピュータを基本としている。したがって,そのハードウェア構成をブロック図として示す。「2.13　詳細発明届出書の例」の図3にその例を示す。発明において特殊なハードウェアが必要である場合には,もらさずに示す。また,サーバとクライアントを前提とするような発明であれば,サーバおよびクライアントを示した図面を用意する。

ii)　3点セット

プログラムの処理に関連して,3点セット図面を用意する。ここで,3点セットとは,「フローチャート」,「画面」,「データ」をいう。常に,これらの図面が必要十分であるとは限らないが,これら3点セットを用意すればよいことが多い。

「2.13　詳細発明届出書の例」の図4が,かな漢字変換処理のフローチャートである。また,図7および図8が,かな漢字変換処理の際の画面表示例である。図8は,変換キーを押した場合に表示される候補漢字の変遷を示している。

なお,フローチャートがあれば画面はなくとも発明は理解できる,ともいえる。しかし,i)画面によってより理解が容易になること,ii)　画面を書いておくことにより,弁理士が画面についての権利取得の可能性を判断できること,などの理由から,画面を示す図面も用意すべきである。画面についての権利取得は簡単ではないが,特許をとれれば,侵害を簡単に見つけ出すことができ,侵害の立証も簡単であるから,強力な権利になる。

図5および図6に示すように,辞書のデータ例を用意する。図5と図6を比べれば,使用回数が更新されるとデータがどのように変化するのかがわかるようになっている。データを示す際には,データ構造の定義だけを示すのではなく,各レコードの具体的データ例を示すようにする。

以上のようにして,かな漢字変換処理についての,3点セット(フローチャート,画面,データ)を用意する。なお,処理が複雑である場合には,処理を複数に区分し,区分したそれぞれについて,上記の3点セットを用意すればよい。

以上のようにして,図面の用意が整う。複雑な処理の場合には,フローチャートの作成に時間を要することになる。しかし,このフローチャートの作成時に,自分のアイデア内容を再確認したり,付加的なアイデアに思いを巡したりすることができる。

iii)　変形例に関する図面

発明に変形例があり，図面で示した方がわかりやすい場合には，その図も用意する。図8に示すように，変換キーを押すごとに，漢字候補が1つずつ表示されるのが基本である。しかし，一度に複数の漢字候補を，使用回数の多い順に上から並べて表示する変形例が考えられる。このような変形例を説明するためには，図9のような図面を用意するとわかりやすいであろう。

2.11　発明届出書を書く

以上の用意ができたら，発明届出書を書き始める。準備にずいぶん時間を費やしたようであるが，上記の用意ができていれば，後は比較的簡単であることはすでに述べた。

2.11.1　発明の名称を記入する

発明の名称に，あまりこだわる必要はない。ここでは，「かな漢字変換方法」とした。目的を明確にするため，「学習機能付きかな漢字変換方法」としてもよい。

2.11.2　技術分野を記入する

どのような分野に関する発明であるかを記入する。製品への組込型のソフトウェアであれば，製品の分野を記入する。ここでは，「かな漢字変換」とした。

2.11.3　背景技術を記入する

ここでは，思考メモの「従来の技術」の項目を参考にして，用意した図1，図2を参照して説明する。要は，従来技術としてどのようなものがあったのかを書けばよい。この背景技術の項目は，次の項目である「発明が解決しようとする課題」(つまり従来技術の問題点) を理解するための前提である。したがって，「発明が解決しようとする課題」における従来技術の問題点が理解できる前提となる程度に詳しく書けばよい。

2.11.4　発明が解決しようとする課題を記入する

背景技術において記載した従来技術の問題点を書く。これも，思考メモの「従来技術の問題点」の項目を参考にして説明するとよい。要は，発明から見た場合に従来技術にはどのような問題があったのかをわかるように書けばよいのである。

2.11.5　課題を解決するための手段を記入する

これも，思考メモの「発明の構成 (効果をもたらした工夫)」の項目の記述をそのまま書けばよい。

2.11.6 発明の効果を記入する

これも，思考メモの「効果」の記述をそのまま書けばよい。

2.11.7 発明を実施するための形態を記入する

実務演習1のアイデアシート2のように電気回路の発明であれば，回路構成あるいはブロック図とその動作とを分けて説明すると混乱が少ない。回路構成（あるいはブロック図）の説明を行う。複雑な装置であれば，ブロック図で全体を説明した後，各ブロックの回路図を説明する。次に，その回路の動作を説明する。必要に応じて，タイムチャートや状態遷移図を用いて説明する。

ソフトウェア関連発明であれば，ハードウェア構成と動作とを分けて説明すると混乱が少ない。まず，システム全体のハードウェア構成を説明する。次に，フローチャートを参照しつつ，プログラムの処理を説明する。その際，適宜，画面やデータ構造についての説明を行う。

以下，先に説明したかな漢字変換の発明例について，ソフトウェア関連発明の場合の具体的記述の考え方を示す。

i) システム全体のハードウェア構成を説明する

システム全体のハードウェア構成を，図3を参照して説明する。また，ハードディスクにインストールされる主要なプログラムやファイルなどについても説明する。なお，図面の側に符号を付けておき，これを参照して説明すると，説明しやすくなる。

ii) かな漢字変換の処理を書く

かな漢字変換処理については，フローチャートの順に従って，説明するとよい。したがって，図4のフローチャートのステップ順に説明する。どのステップを説明しているかを明瞭にするため，フローチャート中に，ステップを示す符号（S1，S2など）を付けておくとよい。また，各ステップの説明は，画面，データを参照しながら進める。したがって，この場合，図7，図8の画面，図5，図6のデータを参照して説明をする。具体例は，「2.13 詳細発明届出書の例」を参照のこと。

(7) その他の実施形態を書く

上記のようにして1つの実施形態について説明がすめば，次に，変形例を記入する。ここでは，図9を参照して，漢字候補の他の表示例を説明する。

2.12 簡易発明届出書

ソフトウェア関連発明についても，簡易発明届出書の考え方は同じである。具体例を，「2.14 簡易発明届出書の例」に示す。ソフトウェア開発企業においては，簡易発明届出書を提出するようにしているところが多い。

2.13　詳細発明届出書の例

以上説明してきた発明例（かな漢字変換）について，詳細発明届出書の例を以下に示す。

詳細発明届出書

提出日

発明者氏名　　　　　印

私／私達は，下記発明について，日本及び外国において特許を受ける権利を，○○○○株式会社に譲渡します。

1. 発明の名称

かな漢字変換方法

2. 技術分野

かな漢字変換

3. 背景技術

（構造）

かなを漢字に変換するソフトウェアがある（かな漢字変換ソフトウェア）。図1に，かな漢字変換ソフトウェアの画面と辞書の構造を示す。辞書には，かなに対応する複数の漢字が記録されている。

（動作）

その処理は次のとおりである。ユーザがキーボードから「しょうか」というかなを入力する。次に，変換キー（キーボードのスペースキーなど）を押す。CPU は，「しょうか」の辞書の先頭に記録されている「消化」を読み出す。次に，この漢字「消化」を漢字候補として，ディスプレイに表示する。ユーザは，この表示を見て自分が望む漢字であれば，確定キー（キーボードのリターンキー）を押す。これにより，「消化」が入力される。

一方，「消化」が望む漢字でなければ，ユーザはさらに変換キーを押す。CPU は，「しょうか」の辞書の次に記録されている「唱歌」を読み出す。さらに，この漢字「唱歌」を漢字候補としてディスプレイに表示する。

このようにして，ユーザは，自分の希望する漢字を選択して入力することができる。

4. 発明が解決しようとする課題

しかしながら，上記のような従来のかな漢字変換ソフトウェアでは，次のような問題があった。ユーザがよく使用する漢字が，辞書の最後の方にあったとする。たとえば，図1の「昇華」をよく使用するユーザがいたとする。このユーザは，「昇華」を入力しようとするたびに，変換キーを何度も押さなければならない。つまり，そのユーザがよく使う漢字であっても，後ろの方の候補として表示されることがあった。

この発明は，上記の問題点を解決して，変換効率の良いかな漢字変換ソフトウェアを提供することを目的とする。

5. 課題を解決するための手段

この発明では，漢字ごとに使用回数を記録しておき，使用回数の順に漢字候補を表示するようにした。

6. 発明の効果

ユーザの使用状況に応じた順で漢字候補を表示でき，効率の良い変換を実現できる。

7. 発明を実施するための形態

(1) ハードウェア構成

ハードウェアは，図3に示すとおり一般的なパーソナルコンピュータである。ハードディスク6に，かな漢字変換のためのプログラムとその辞書がインストールされる。

(2) 辞書の構造

図4にかな漢字変換プログラムのフローチャートを示す。図5に，辞書ファイルの構成を示す。5の辞書ファイルには，漢字とともに，その使用回数（使用頻度）が記録される。たとえば，消化は21回使用され，唱歌は5回使用され，商家は12回使用されたことが記録されている。また，辞書ファイルには，インデックス部が設けられていて，使用頻度の多い順に漢字のアドレスを記録している。

(3) 変換処理

キーボード10から，“しょうか”を入力する（ステップS1）。これに応じて，図7に示すように，ディスプレイ4に“しょうか”が表示される。

次に，キーボード10の変換キーを押すと（ステップS2），i＝1として，まず，インデックス部1番目のアドレスad1の漢字を表示する（ステップS3，S4，S5，S6）。インデックス部は，使用頻度の高い順に漢字のアドレスを記録しているので，最も使用頻度の高い漢字である“消化”が表示される。

さらに，変換キーを押すと，i＝2となり（ステップS4），インデックス部の2番目にアドレスが記録された漢字“商家”が表示される。このような操作を繰り返すと，図8に示すように，変換キーを押すごとに，“消化”“商家”“唱歌”“小過”“昇華”の順に漢字が表示される。

“昇華”が表示されているときに，キーボード10の確定キーを押すと（ステップS7），この漢字“昇華”が文書ファイルなどに出力される（ステップS8）。さらに，確定された漢字“昇華”の使用頻度が，図6に示すように＋1される（ステップS9）。次に，更新された使用頻度に従って，図6のようにインデックス部の並び替えを行う（ステップS10）。

このようにして，使用頻度の順に漢字の候補が表示され，よく使用されるものほど，変換キーを押す回数が少なくてすむようにできる。

(4)　その他の実施形態

上記の例では，変換キーを押すごとに漢字候補が1つずつ表示された。これに対し，図9に示すように，複数の漢字を一度に，使用頻度順に並べて表示するようにしてもよい。使用頻度順に並べて一度に変換候補を見ることができ，効率の良い変換作業ができる。

以上

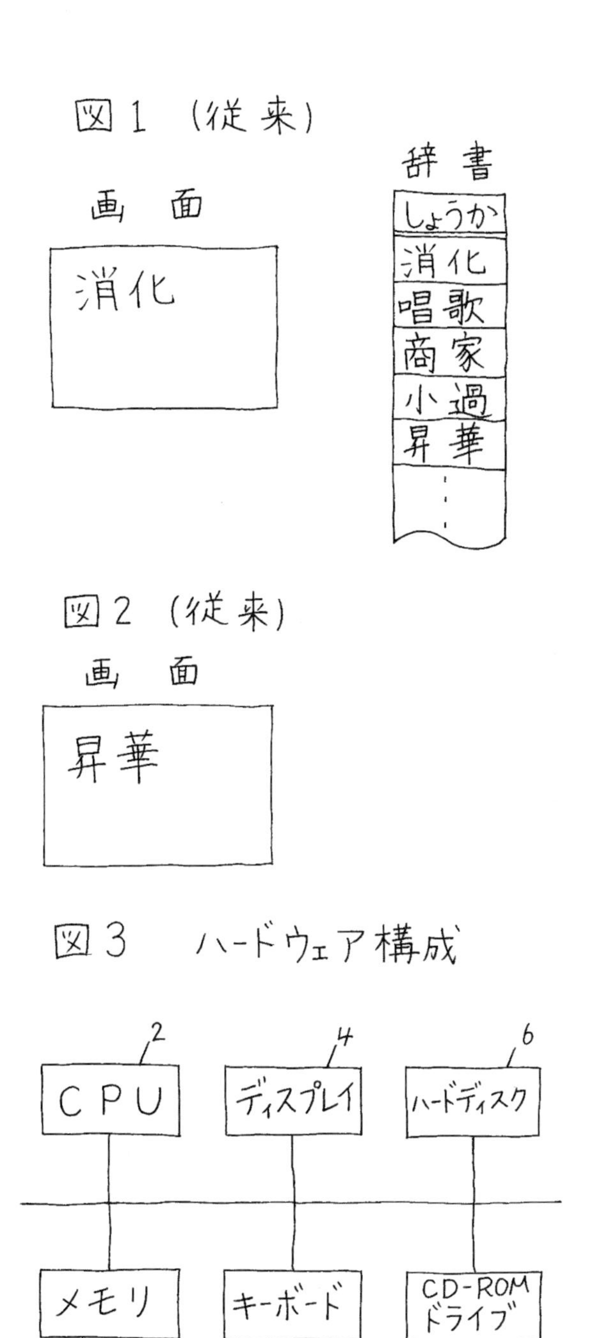

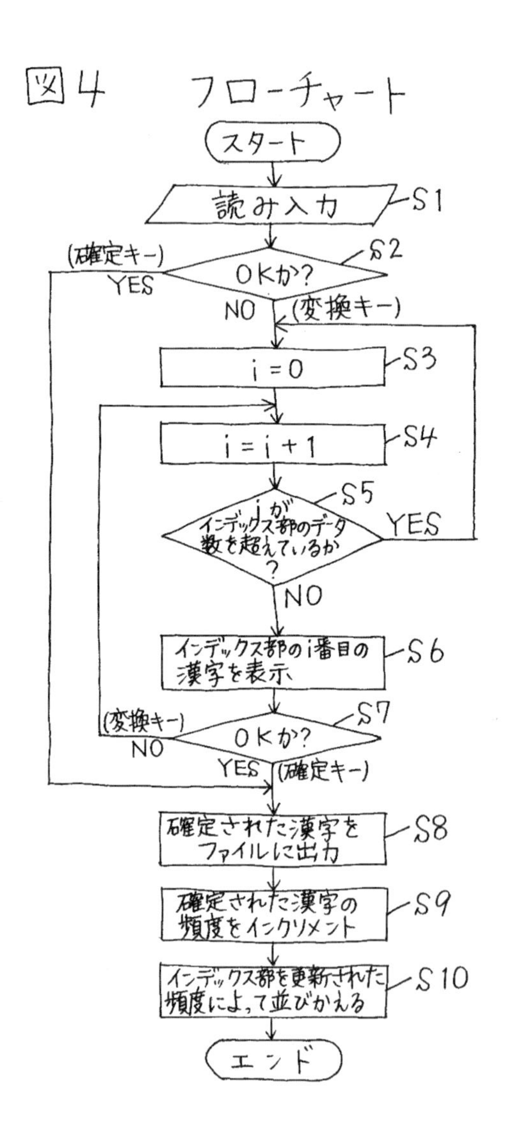
図4 フローチャート
スタート
読み入力
S1
(確定キー)
YES
OKか?
S2
NO
(変換キー)
i=0
S3
i=i+1
S4
iがインデックス部のデータ数を超えているか?
S5
YES
NO
インデックス部のi番目の漢字を表示
S6
(変換キー)
NO
OKか?
S7
YES
(確定キー)
確定された漢字をファイルに出力
S8
確定された漢字の頻度をインクリメント
S9
インデックス部を更新された頻度によって並びかえる
S10
エンド

図5　辞書ファイル

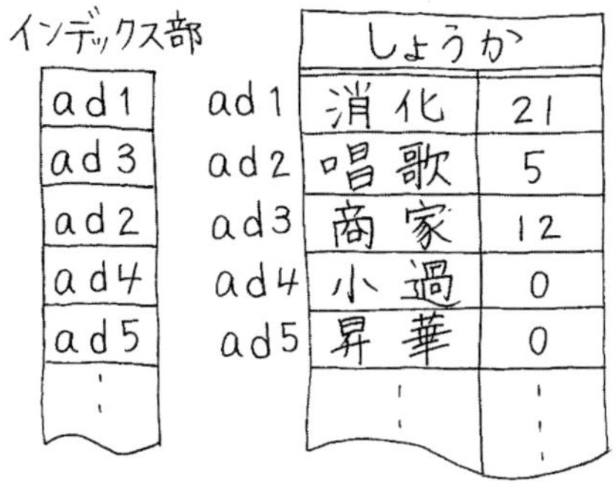

インデックス部

ad1
ad3
ad2
ad4
ad5
⋮

	しょうか	
ad1	消化	21
ad2	唱歌	5
ad3	商家	12
ad4	小過	0
ad5	昇華	0
	⋮	⋮

図6　更新された辞書ファイル

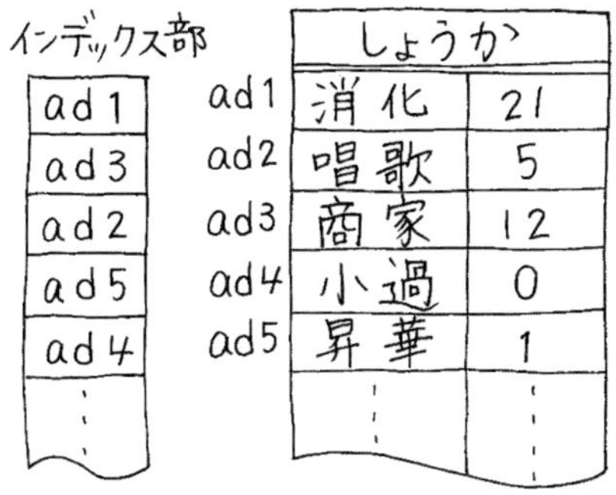

インデックス部

ad1
ad3
ad2
ad5
ad4
⋮

	しょうか	
ad1	消化	21
ad2	唱歌	5
ad3	商家	12
ad4	小過	0
ad5	昇華	1
	⋮	⋮

図7

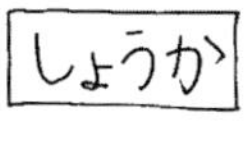

しょうか

図8

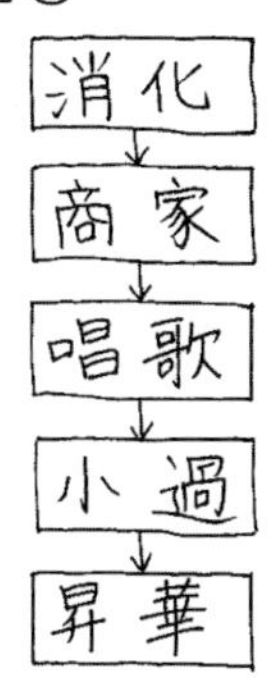

図9

消化
商家
唱歌
小過
昇華

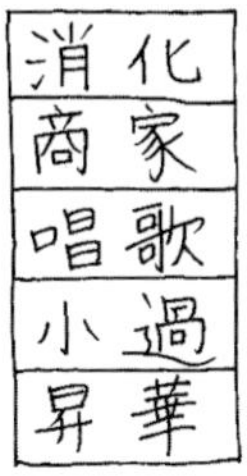

2.14 簡易発明届出書の例

上記の発明例（かな漢字変換）について，簡易発明届出書の例を以下に示す。

簡易発明届出書

提出日

発明者氏名　　　　　印

私／私達は，下記発明について，日本及び外国において特許を受ける権利を，○○○○株式会社に譲渡します。

1. 発明の名称

かな漢字変換方法

2. 技術分野

かな漢字変換

3. 背景技術および発明が解決しようとする課題

今までのシステムは，漢字候補の表示順序が固定的であった。このため，そのユーザがよく使う漢字であっても，後ろの方の候補として表示されることがあった。

4. 課題を解決するための手段

この発明では，漢字ごとに使用回数を記録しておき，使用回数の順に漢字候補を表示するようにした。

5. 発明の効果

ユーザの使用状況に応じた順で漢字候補を表示でき，効率のよい変換を実現できる。

6. 発明を実施するための形態

図に示すように，かな漢字辞書において，各漢字ごとに使用頻度を記録する。インデックス記憶部には，その使用頻度順に，各漢字のアドレスを記憶する。漢字候補の表示を行うときには，インデックス記憶部の記憶順（つまり使用頻度順）に候補を表示するようにする。したがって，よく使う漢字ほど先に候補として表示され，ユーザが使いやすい。

以上

インデックス部

インデックス部
ad1
ad3
ad2
ad4
ad5
⋮

	しょうか	
ad1	消化	21
ad2	唱歌	5
ad3	商家	12
ad4	小過	0
ad5	昇華	0
	⋮	⋮

実務演習２（発明届出書の作成）

実務演習１において作成したアイデアシートのアイデアについて，思考メモおよび発明届出書を作成する。ここでは，詳細発明届出書を作成すること。念のため，発明届出書作成の手順を記しておく。なお，アイデアがない人は，アイデアシート２（携帯電話）について，詳細発明届出書を作成すること。

(1)　発明の把握を行う（「発明の効果」「発明の構成（効果をもたらした工夫)」など)

(2)　思考メモの作成

(3)　図面の用意

(4)　発明届出書の作成

3　特許調査

この章は，第Ⅰ部の第1章～第8章までの知識を前提として解説を行っている。

第2章で述べたように，発明をした場合，まず発明者自身が，自分の発明についてすでに特許が取得されていないか，特許出願がされていないかを調べること（特許調査）が好ましい。この章では，特許調査の意義について解説した後，特許情報プラットフォーム（J-PlatPat）を使った特許調査の方法について説明を行う。

3.1　調査の意義

3.1.1　先行技術の調査

特許を受けるためには，新規性，進歩性のある発明でなければならない。したがって，発明が先行技術とよく似ている場合は，出願しても特許を受けられないことになる。そこで，ムダな出願をなくすため，出願に先立って従来技術の調査をする。

先行技術の調査を完全に行うなら，あらゆる文献，あらゆる製品，あらゆる展示会などを調べる必要がある。しかし，市場での製品や展示会の発表内容を調査するのは困難である。そこで，一般的には，文献に絞って調査を行うことが多い。さらに，文献の中でも，調査のためのデータベースが整っている特許公報にだけに絞って調査をしているのが実情である。

3.1.2　他社の特許の調査

特許法では，事業として新たな製品やサービスを開発，製造，販売，実施しようとするときは，その事業者が，新たな製品・サービスについて他人の特許を侵害していないか否かを調べる義務をもっているとしている。たとえ独自に開発したとしても，それが結果的に他人の特許と同じものであれば，やはり，過失があったものとして特許権侵害となる。知らなかったでは，済まされないのである。特許権侵害になると，販売停止，サービス停止，製品回収，そして損害賠償の責任が生じ，投資した開発費を回収するどころか，大きな損害を被ることになる。

したがって，製品開発や新規事業を行う前には，これから開発をしようとしている分野にどのような特許が存在し，誰が権利を持っているのかを調査しておく必要がある。調査をすることで，どうすれば他人の権利を侵害しない技術やサービスを開発できるかがわかる。すなわち，開発の方向を明確にできる。

3.2 特許調査のためのデータベース

特許庁は，ウェブ上で特許情報プラットフォーム（j-platpat.inpit.go.jp）を公開している。誰でも無料で利用できる。特許されたものだけでなく，過去に出願されたものも収録されている。企業によっては，商用のデータベース*1 の利用契約をしており，開発者・技術者も使用可能としている場合もある。

本書では，インターネットに接続できれば誰でも使用可能な特許情報プラットフォーム（J-PlatPat）を用いて特許調査の方法を解説する。

3.3 特許調査の実際

特許調査は，i）論理式の決定，ii）検索実行，iii）公報内容の確認と抽出，iv）公報の評価の順で行う。以下，順に説明する。

3.3.1 論理式を決定する

検索のための論理式を考える。発明の内容を示すキーワードを用いて論理式を作成する。ここでは，まず，キーワードの作成を行う。キーワードを考える際には，「技術分野」「構成」「効果」などに分けて整理するとよい。たとえば，発明届出書作成の例で示したかな漢字変換ソフトウェアであれば，表 3.1 のようにキーワードがまとめられる。

表 3.1 テーブル

	分野	構成	構成	構成	構成	効果	効果
発明							
キーワード							

次に，上記テーブルの発明の欄を埋める。まず，発明の分野を記載する。ここでは，「かな漢字変換」ということになる。続いて，発明の構成をいくつかに分解して記載する。上記の例では，「辞書に使用回数を記録しておき，使用回数の順に漢字候補を表示する」という構成であるから，表 3.2 のように記載する。

---
*1 ㈱パトリスの提供する PATOLIS，野村総研㈱の提供する NRI サイバーパテントなど

表 3.2　テーブル

	分野	構成	構成	構成	構成	効果	効果
発明	かな漢字変換	辞書	使用回数順	漢字候補	表示		
キーワード							

次に,「かな漢字変換」「辞書」「使用頻度順」「漢字候補」「表示」という5つの用語に基づいて，検索のためのキーワードを決定する。この際，同じような意味の言葉をあげるようにする。つまり，第1欄では，類義語として「ワープロ」という言葉を記載している。第2欄，第3欄も同様である。(表 3.3)

表 3.3　テーブル

	分野	構成	構成	構成	構成	効果	効果
発明	かな漢字変換	辞書	使用回数順	漢字候補	表示		
キーワード	ワープロ		使用頻度順	変換候補	出力		

次に，この発明の効果をテーブルに記載する。この発明は変換の効率化を図るものであるから「変換効率」を記入する。この例では，効果として1つだけ取り上げたが，他にもあれば複数記入する。(表 3.4)

表 3.4　テーブル

	分野	構成	構成	構成	構成	効果	効果
発明	かな漢字変換	辞書	使用回数順	漢字候補	表示	変換効率	
キーワード	ワープロ		使用頻度順	変換候補	出力	効率化	

次に,「変換効率」という用語に基づいて，検索のためのキーワードを決定する。この際，同じような意味の言葉をあげるようにする。つまり，第7欄では，類義語として「効率化」という言葉を記載している。

上記のテーブルに基づいて，キーワードを組み合わせて検索式を作成する。縦方向は OR（+），横方向は AND（*）とする。たとえば，第1欄，第2欄，第3欄のキーワードを組み合わせた場合には，次のような検索式が完成する。

(かな漢字変換 + ワープロ) * (辞書) * (使用回数順 + 使用頻度順)

まず，(かな漢字変換 + ワープロ) の部分は,「かな漢字変換」または「ワープロ」という文言を含む特許または特許出願を抽出することを意味している。つまり，図 3.1 の黒アミの付いた部分全体を示している。(回数 + 頻度) や (順序 + 順番 + 優先度) についても同様である。

(かな漢字変換 + ワープロ) を A とし，(辞書) を B とし，(使用回数順 + 使用頻度順) を C

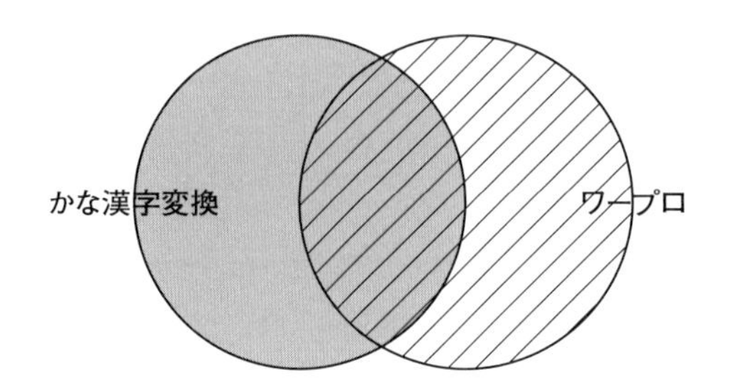

図 3.1 論理式の意味

とすれば，（かな漢字変換＋ワープロ）＊（辞書）＊（使用回数順＋使用頻度順）は，A，B，C の論理和（AND）として，図 3.2 の斜線部分として示される。

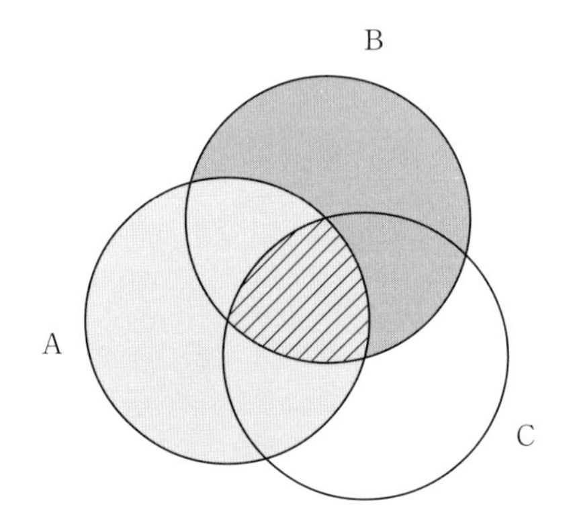

図 3.2 論理式の意味

検索式を見れば明らかであるが，同じ意味を有するキーワードを多数用いて論理和（OR）をとっておくことが検索漏れを少なくするために必要である。

作成したテーブルを参照して，キーワードを組み合わせることにより，多くの検索式を作ることができる。特許調査において，1 つの検索式だけで完全な検索をすることは難しい。類義語を沢山盛り込んで慎重に検索式を選択しても，検索漏れを生じる可能性がある。

そこで，複数の検索式を作成し，これらの結果を統合して判断することが好ましい。各検索式によってヒットする公開公報の数は数件～十数件程度とし，複数の検索式の結果を統合して百件程度を目安とすればよいであろう。

なお，特許電子図書館では，複数の検索式の結果の論理和（OR）をとる機能が用意されていない。したがって，1 つずつの検索式の結果を確認して記録を取りながら調査を行う必要がある。

3.3.2 特許情報プラットフォームを使って検索をする

検索の大きな流れは以下のとおりである。キーワードに基づいて作成した検索式によって検索する。検索の結果ヒットした公報の内容を検討する。他のキーワードについても同様に検索する。これを繰り返す。以下この手順に沿って説明する。

まず，J-PlatPat に接続し，トップページを開く。

図 3.3

特許実用新案メニューの中から，「特許・実用新案検索」を選択してクリックする（図 3.3 の楕円形の囲い部分参照)。これにより，図 3.4 のような検索画面が表示される。

検索項目のプルダウンメニューから「全文」を選択する。続いて，「追加」ボタンをクリックする。これにより，検索のための入力欄が追加される。各入力欄の検索項目を「全文」にする。これにより，図 3.5 に示すような画面となる。

次に，作成した検索式のキーワードを入力する。たとえば，（かな漢字変換＋ワープロ）＊（辞書）を入力するとする。入力ボックス内では，スペースを空けてキーワードを入力する。つまり，かな漢字変換とワープロとの間にスペースを空ける。これにより，（かな漢字変換＋ワープロ）が設定される。他の段についても，同様にして，（辞書）を検索式として設定する。

各段の間は，AND 条件が課されるようになっている。したがって，（かな漢字変換＋ワープロ）＊（辞書）を設定することができる。

テキスト検索対象
◉ 和文 ◯ 英文

文献種別 詳細設定 ＋

☑ 国内文献 all ☐ 外国文献 ☐ 非特許文献 ☐ J-GLOBAL

検索キーワード
検索項目 キーワード

全文 例）感染を予防 近傍検索
削除
AND
書誌的事項 例）インフルエンザ 近傍検索
削除
AND
発明・考案の名称/タイトル 例）半導体記憶装置 近傍検索
削除
AND
要約/抄録 例）組成物 近傍検索
削除 追加

除外キーワード 検索から除外するキーワードを指定します。 開く ＋

図 3.4

☑ 国内文献 all ☐ 外国文献 ☐ 非特許文献 ☐ J-GLOBAL

検索キーワード
検索項目 キーワード

全文 例）感染を予防 近傍検索
削除
AND
全文 例）感染を予防 近傍検索
削除
AND
全文 例）感染を予防 近傍検索
削除
AND
全文 例）感染を予防 近傍検索
削除
AND
全文 例）感染を予防 近傍検索
削除 追加

図 3.5

このように検索キーワードを設定した状態で，「検索」ボタン（図 3.6 の楕円形の囲い部分参照）をクリックする。しばらくすると，ヒット件数が表示される。図 3.7 では，6013 件と示されている。公報の内容をチェックするという作業を考えると，6013 件の全部をチェックすることは現実的でない。

できれば，5 件から 10 件程度に絞り込みたい。そこで，用意していた他のキーワードを AND 条件で付加し，絞り込みを行う。ここでは，下記のように入力して，(かな漢字変換＋ワープロ)＊(辞書)＊(使用回数順＋使用頻度順)＊(漢字候補) にて検索を行った。その結果，ヒット件数は 5 件であった（図 3.8）。

複数の検索式を作成して検索を行うことを前提とすれば，各検索式におけるヒット件数は，数件から十数件が適切であろう。ここでは，ヒット件数が 5 件なので，これらヒットした公報の内容を確認する。上記画面において画面表示を下方向にスクロールする。これにより，図 3.9 に示すように，検索された公報の一覧が表示される。

図 3.6

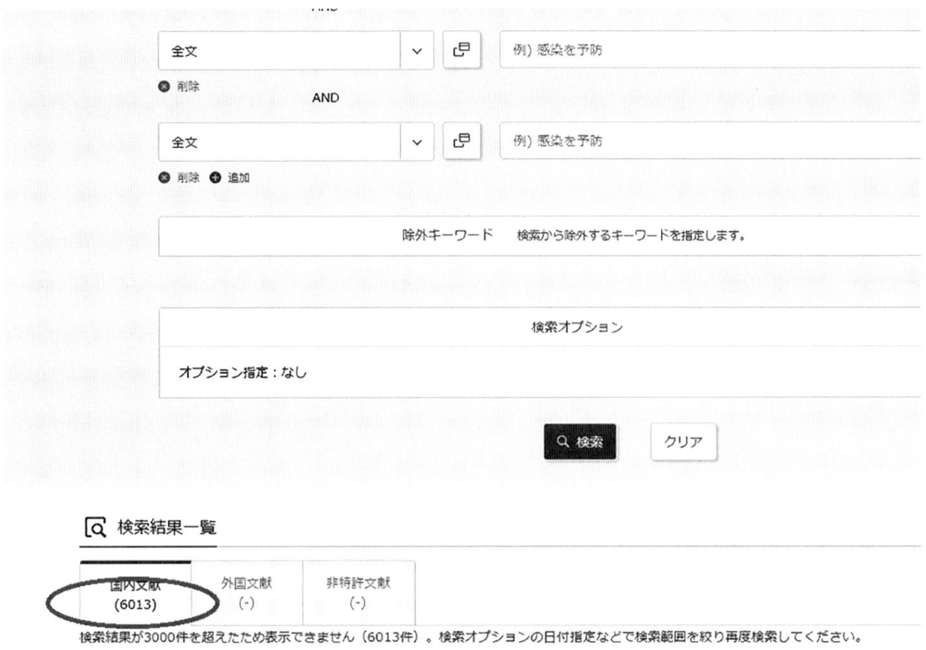

全文
例）感染を予防
削除
AND
全文
例）感染を予防
削除 追加
除外キーワード 検索から除外するキーワードを指定します。
検索オプション
オプション指定：なし
検索
クリア
検索結果一覧
国内文献
(6013)
外国文献
(-)
非特許文献
(-)
検索結果が3000件を超えたため表示できません（6013件）。検索オプションの日付指定などで検索範囲を絞り再度検索してください。

図 3.7

検索項目
キーワード
全文
かな漢字変換 ワープロ
AND
全文
辞書
AND
全文
使用回数順 使用頻度順
AND
全文
漢字候補
AND
全文
例）感染を予防
追加
除外キーワード
検索オプション
オプション指定：なし
検索
クリア
検索結果一覧
国内文献
(5)
外国文献
(-)
非特許文献
(-)

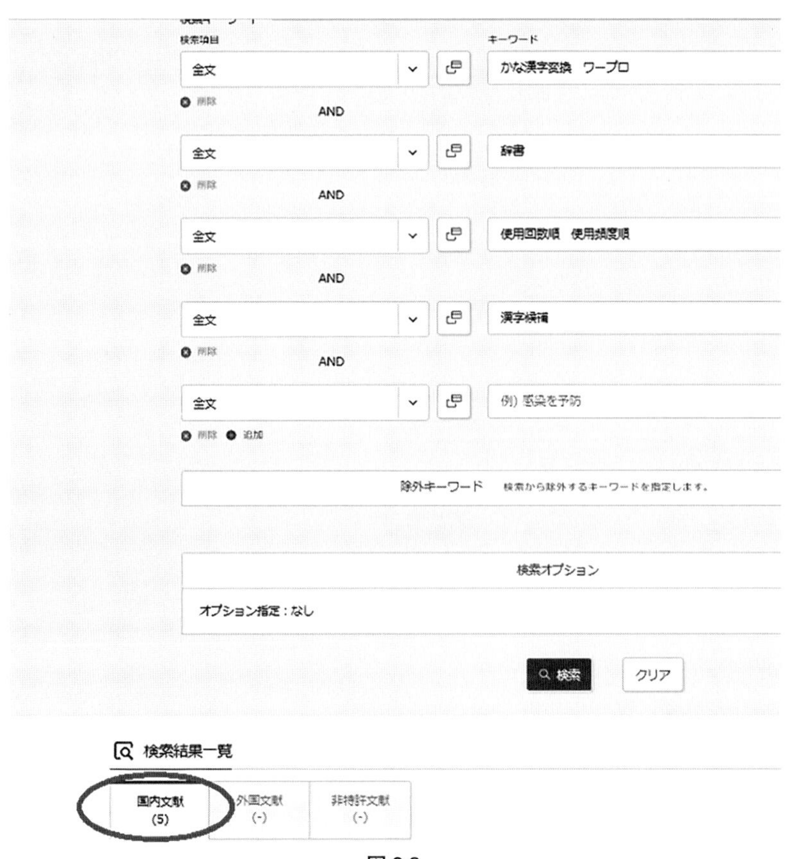

図 3.8

検索結果 6件

項番	文献番号	発明の名称	筆頭出願人(登録公報・US和抄は権利者を表示)	発行日	出願番号	出願日	筆頭IPC
1	特開2000-200267	入力文字変換装置およびそのプログラム記録媒体	カシオ計算機株式会社	2000年07月18日	特願平10-376958	1998年12月28日	G06F 17/22
2	特開平11-219351	文書データ処理装置およびそのプログラム記録媒体	カシオ計算機株式会社	1999年08月10日	特願平10-034102	1998年01月30日	G06F 17/21
3	特開平08-083274	文字処理装置およびその漢字変換方法	キヤノン株式会社	1996年03月26日	特願平06-217219	1994年09月12日	G06F 17/22
4	特開平06-231125	音声変換システム	株式会社東芝	1994年08月19日	特願平05-012990	1993年01月29日	G06F 15/20 564
5	特開平06-231124	音声変換システム	株式会社東芝	1994年08月19日	特願平05-012989	1993年01月29日	G06F 15/20 564
6	特許3281192	文字処理装置およびその漢字変換方法	キヤノン株式会社	2002年05月13日	特願平06-217219	1994年09月12日	G06F 17/22 526

図 3.9

3.3.3　公報の内容の確認と抽出

一覧表示の一番上に表示されている公開公報の番号をクリックする（図 3.9 の囲いを参照）。これにより，図 3.10 のように，その公開公報の出願日，出願番号，発明の名称などが表示される。「書誌＋要約＋請求の範囲」の欄のスライドバーを移動し，要約を表示する。

ツールバーを移動して表示された要約の部分を図 3.11 に示す。

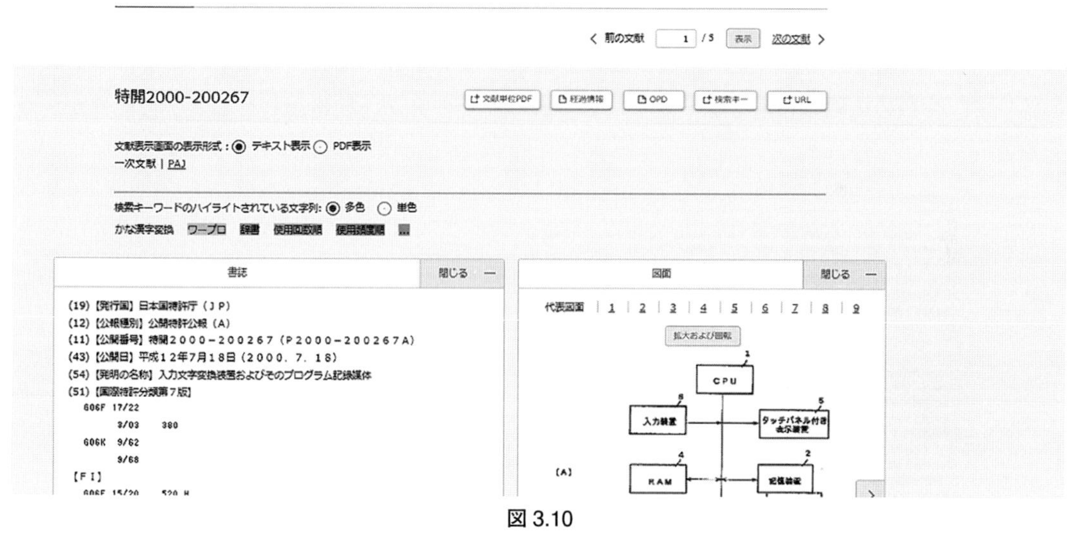

図 3.10

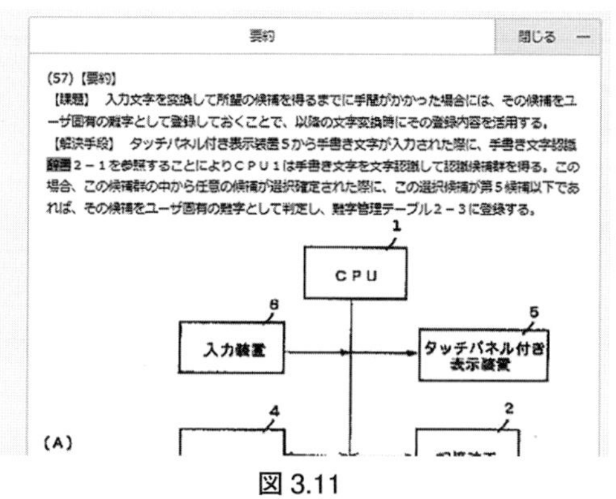
要約

(57)【要約】

【課題】　入力文字を変換して所望の候補を得るまでに手間がかかった場合には、その候補をユーザ固有の難字として登録しておくことで、以降の文字変換時にその登録内容を活用する。

【解決手段】　タッチパネル付き表示装置５から手書き文字が入力された際に、手書き文字認識辞書２－１を参照することによりＣＰＵ１は手書き文字を文字認識して認識候補群を得る。この場合、この候補群の中から任意の候補が選択確定された際に、この選択候補が第５候補以下であれば、その候補をユーザ固有の難字として判定し、難字管理テーブル２－３に登録する。

図 3.11

次に，この要約を見て，自分の発明に近いかどうかを判断する。あまり関係ないようであれば，画面下にある「次文献」をクリックする。これにより，図3.12の公開公報の要約が表示される。

このような操作を繰り返し，自分の発明に関係ありそうな内容を記述した要約を見出したら，「詳細な説明」のボタンをクリックする（図3.13の囲い部分を参照）。

これにより，図3.14に示すように明細書の内容が表示される。明細書を読み，自分の発明に近いものかどうかを判断する。要約を見た時点では関係がありそうでも，明細書の内容を見るとそれほど関係がない場合もある。

明細書を見て，自分の発明に近いと思ったら，画面上部に表示されている公開公報の番号をメモに控える（コピーしてワープロなどに貼り付ける）。公開公報の番号は，特開2004-382679，特開平4-327485，特開昭62-293875などと表示されている。

上記が終わると，画面下にある「次文献」をクリックして，次の公報について検討する（図3.14）。これを，検索されたすべての公報について行う。数件程度の関連公報を抽出することが好ましい。

このようにして，（かな漢字変換＋ワープロ）＊（辞書）＊（使用回数順＋使用頻度順）＊（漢字候補）という検索式を用いて検索が終了する。次に，図3.4のテーブルで用意したキーワードの組合せを変えて他の検索式を生成し，上記と同じことを繰り返す。大切なことは，1回の検索（1つの検索式）で一度に多数の広報を検索するよりも，複数回の検索（異なる多数の検索式）で，少数の広報の検索を繰り返すことである。その方が，検索漏れを起こす可能性が少なくなる。

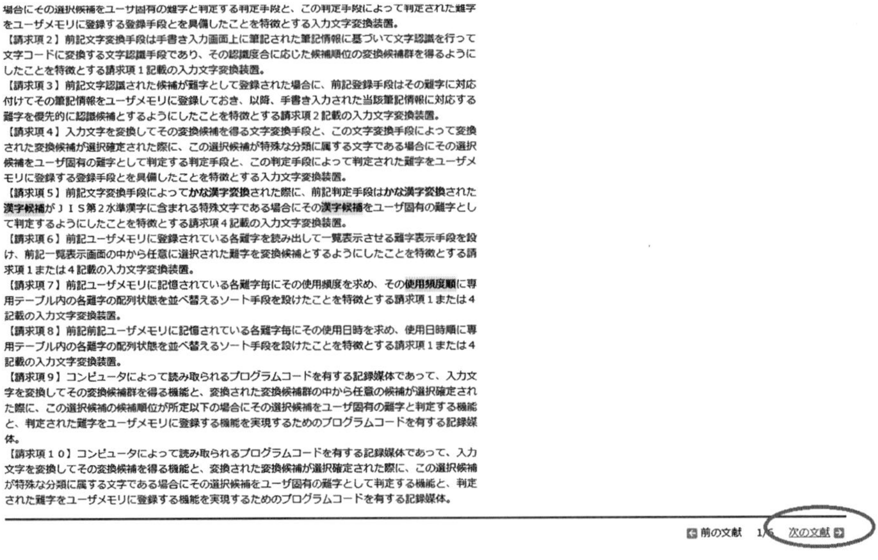

場合にその選択候補をユーザ固有の難字と判定する判定手段と、この判定手段によって判定された難字をユーザメモリに登録する登録手段とを具備したことを特徴とする入力文字変換装置。
【請求項２】前記文字変換手段は手書き入力画面上に筆記された筆記情報に基づいて文字認識を行って文字コードに変換する文字認識手段であり、その認識度合に応じた候補順位の変換候補群を得るようにしたことを特徴とする請求項１記載の入力文字変換装置。
【請求項３】前記文字認識された候補が難字として登録された場合に、前記登録手段はその難字に対応付けてその筆記情報をユーザメモリに登録しておき、以降、手書き入力された当該筆記情報に対応する難字を優先的に認識候補とするようにしたことを特徴とする請求項２記載の入力文字変換装置。
【請求項４】入力文字を変換してその変換候補を得る文字変換手段と、この文字変換手段によって変換された変換候補が選択確定された際に、この選択候補が特殊な分類に属する文字である場合にその選択候補をユーザ固有の難字として判定する判定手段と、この判定手段によって判定された難字をユーザメモリに登録する登録手段とを具備したことを特徴とする入力文字変換装置。
【請求項５】前記文字変換手段によってかな漢字変換された際に、前記判定手段はかな漢字変換された漢字候補がＪＩＳ第２水準漢字に含まれる特殊文字である場合にその漢字候補をユーザ固有の難字として判定するようにしたことを特徴とする請求項４記載の入力文字変換装置。
【請求項６】前記ユーザメモリに登録されている各難字を読み出して一覧表示させる難字表示手段を設け、前記一覧表示画面の中から任意に選択された難字を変換候補とするようにしたことを特徴とする請求項１または４記載の入力文字変換装置。
【請求項７】前記ユーザメモリに記憶されている各難字毎にその使用頻度を求め、その使用頻度順に専用テーブル内の各難字の配列状態を並べ替えるソート手段を設けたことを特徴とする請求項１または４記載の入力文字変換装置。
【請求項８】前記前記ユーザメモリに記憶されている各難字毎にその使用日時を求め、使用日時順に専用テーブル内の各難字の配列状態を並べ替えるソート手段を設けたことを特徴とする請求項１または４記載の入力文字変換装置。
【請求項９】コンピュータによって読み取られるプログラムコードを有する記録媒体であって、入力文字を変換してその変換候補群を得る機能と、変換された変換候補群の中から任意の候補が選択確定された際に、この選択候補の候補順位が所定以下の場合にその選択候補をユーザ固有の難字と判定する機能と、判定された難字をユーザメモリに登録する機能を実現するためのプログラムコードを有する記録媒体。
【請求項１０】コンピュータによって読み取られるプログラムコードを有する記録媒体であって、入力文字を変換してその変換候補を得る機能と、変換された変換候補が選択確定された際に、この選択候補が特殊な分類に属する文字である場合にその選択候補をユーザ固有の難字として判定する機能と、判定された難字をユーザメモリに登録する機能を実現するためのプログラムコードを有する記録媒体。

前の文献　1/6　次の文献

図3.12

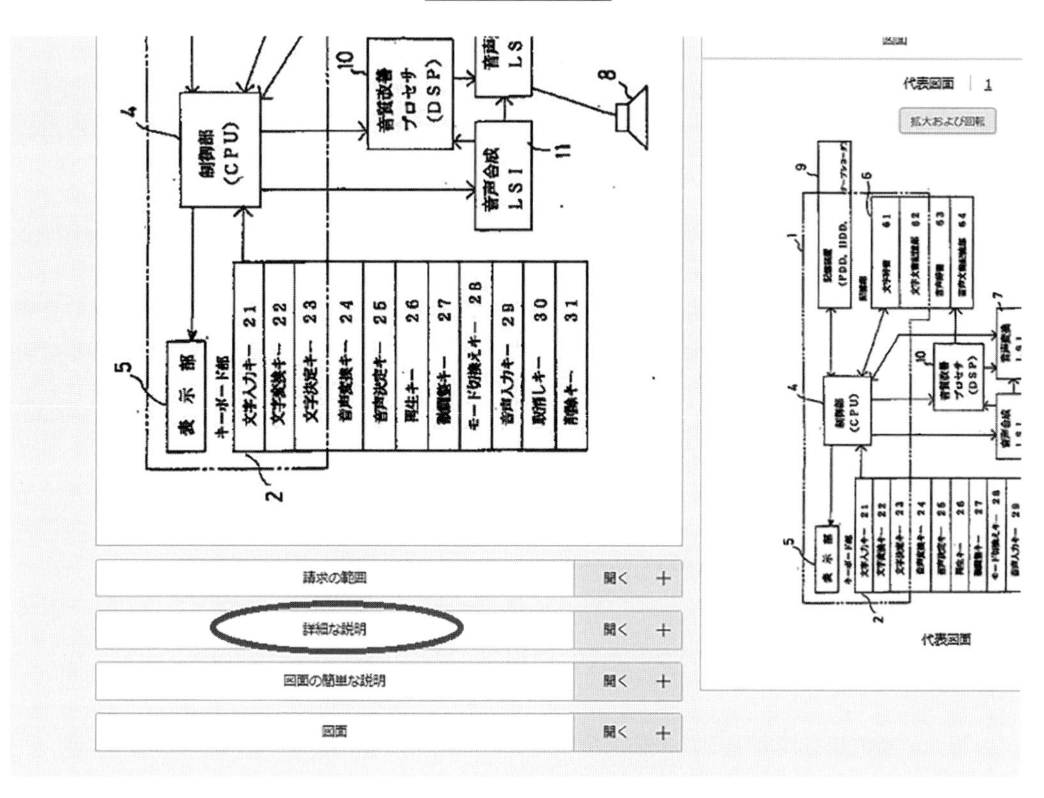

＜ 前の文献　5 / 5　表示　次の文献 ＞

図 3.13

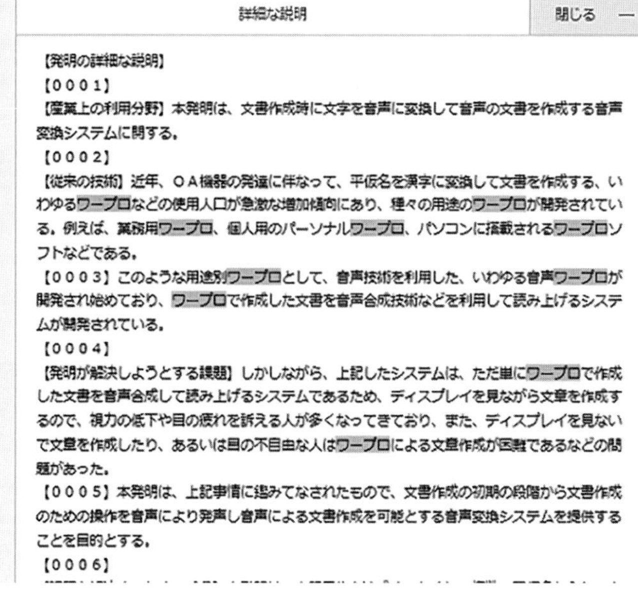

詳細な説明　閉じる　―

【発明の詳細な説明】

【０００１】

【産業上の利用分野】本発明は、文書作成時に文字を音声に変換して音声の文書を作成する音声変換システムに関する。

【０００２】

【従来の技術】近年、ＯＡ機器の発達に伴なって、平仮名を漢字に変換して文書を作成する、いわゆるワープロなどの使用人口が急激な増加傾向にあり、種々の用途のワープロが開発されている。例えば、業務用ワープロ、個人用のパーソナルワープロ、パソコンに搭載されるワープロソフトなどである。

【０００３】このような用途別ワープロとして、音声技術を利用した、いわゆる音声ワープロが開発され始めており、ワープロで作成した文書を音声合成技術などを利用して読み上げるシステムが開発されている。

【０００４】

【発明が解決しようとする課題】しかしながら、上記したシステムは、ただ単にワープロで作成した文書を音声合成して読み上げるシステムであるため、ディスプレイを見ながら文章を作成するので、視力の低下や目の疲れを訴える人が多くなってきており、また、ディスプレイを見ないで文章を作成したり、あるいは目の不自由な人はワープロによる文章作成が困難であるなどの問題があった。

【０００５】本発明は、上記事情に鑑みてなされたもので、文書作成の初期の段階から文書作成のための操作を音声により発声し音声による文書作成を可能とする音声変換システムを提供することを目的とする。

【０００６】

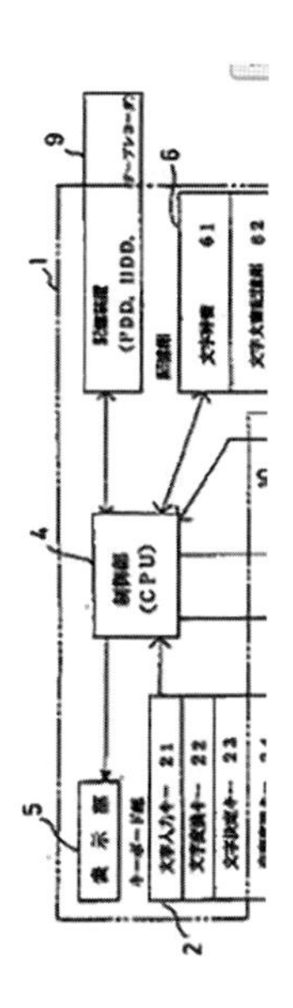

図 3.14

3.3.4 公開公報の評価

「3.1 調査の意義」のところで述べたように，調査には，自分の発明についての特許取得可能性を判断するという目的と，他人の特許権を侵害することを未然に防ぐという目的がある。したがって，抽出した公開公報の評価を上記２つの観点から行う。

① 特許取得可能性の判断

上記のようにして抽出した公報について，その記載内容を精査し，自分の発明との違いを検討する。第Ⅰ部の4.3，4.4節にて解説したように，従来技術に対して新規性・進歩性のある発明でなければ特許を取得することはできない。したがって，自分の発明と同一の内容が抽出した公報に記載されていれば，新規性がなく特許を取得することはできない。また，自分の発明と同一ではないが類似する内容が抽出した公報に記載されていれば，進歩性がなく特許を取得することはできない。

特許取得可能性の判断をする際には，抽出した公報の全体を読むことが必要である。公報の特許請求の範囲（請求項）だけを読んで，自分の発明とは違っていると判断するのは危険である。特許請求の範囲には記載されていなくとも，明細書（発明の詳細な説明）の中に記載されている場合もある。

② 他人の特許権を侵害することを未然に防ぐ

自分の発明が，製品化されて発売される予定であれば，他人の特許権を侵害するおそれについて考慮しておかなければならない。第Ⅰ部の「5.2.3 独自開発の抗弁」で述べたように，独自開発であるからといって特許権侵害を免れないからである。図3.15に，他社特許を侵害する可能性がないかどうかの判断手順を示す。

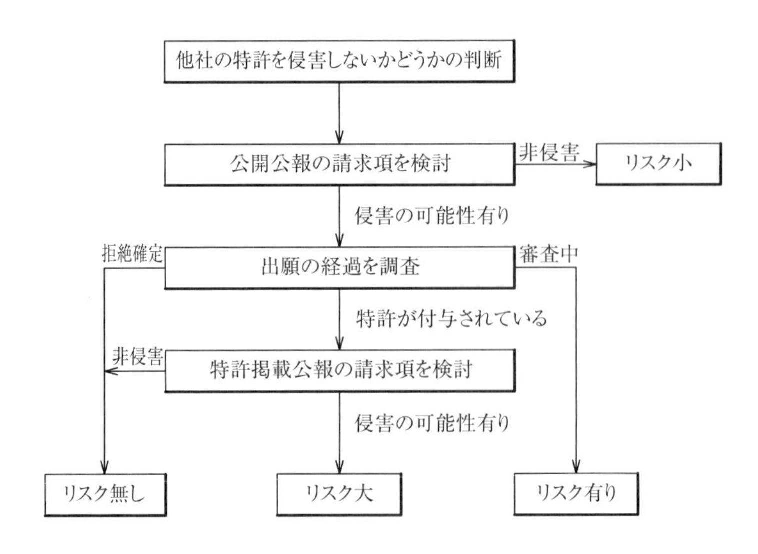

図3.15 評価の手順

この検討を行う際には，まず，抽出した公開公報の特許請求の範囲（請求項）に注目する。第Ⅰ部の「4.5　効力の及ぶ技術的な範囲」で説明したとおり，自分の発明が請求項の構成要件をすべて充足していれば，当該発明の実施は特許権侵害となる。侵害の可能性がなければ，リスクは小さいと判断できる。まったくリスクなしといえないのは，公開公報に記載された内容に修正が加えられて，公開公報に記載の請求項よりも広い範囲の特許が成立するケースもあるからである。実務的には概ね大丈夫であると考えてよいが，明細書の全体を読んで，自分の発明が権利範囲に入るように請求項が修正されうるかどうかを判断しておくと万全である。

公開公報の請求項に基づくと，特許権侵害の可能性があると判断した場合には，さらに検討が必要である。調査において抽出した公報が公開公報である場合，そのままの内容で特許が付与されるかどうかは定かでない（第Ⅰ部「6.3　公開公報発行」参照）。公開公報に記載された請求項を検討した結果，自分の発明の実施が侵害に該当すると思われる場合には，その公開された出願が特許されているのか否か，特許されたのであればどのような請求項で特許されたのか等を調べる必要がある。

図3.16に示すように，J-PlatPatのトップページから，特許・実用新案メニューの「特許・実用新案番号照会/OPD」をクリックする。

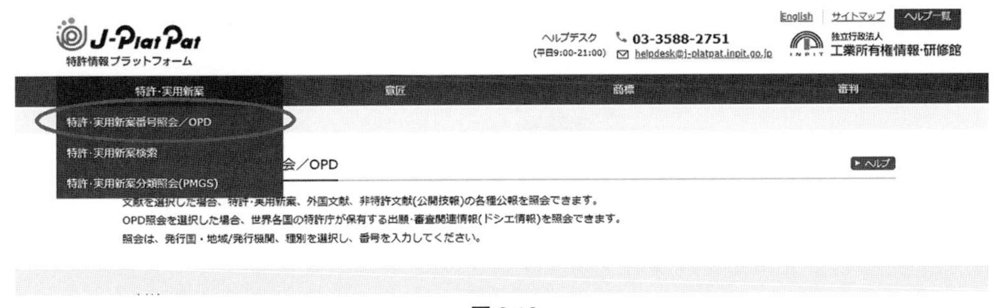

図3.16

「特許・実用新案番号照会/OPD」をクリックすると，図3.17のような番号検索をするための画面が表示される。ここで，経過情報とは，その出願について，審査の経過がどのようになっているかを示す情報である。

図3.17の画面において，「公開番号・公表番号（A)」の欄に，抽出した公報の出願番号を入力する。次に，「照会」のボタンをクリックする。これにより，図3.18に示すような結果画面が表示される。

この画面から，「経過情報」のボタンをクリックする。表示された画面にて「出願情報」をクリックすると，図3.19に示すように，出願が登録されたか，拒絶されたかを示す情報が表示される。画面をスクロールすると，下の方に「最終処分（登録)」と表示されており，登録されていることがわかる。

図3.17

図3.18

図3.19の例では，登録がされて特許権が発生しているので，特許された請求項の内容を確認する必要がある。

「登録情報」のタブを選択すると，図3.20に示すような画面となる。この画面において，登録記事の項目に記載された特許番号（図においては，6805524）のリンクをクリックする。

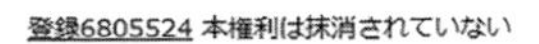

出願情報

出願記事	特許 2016-069428 (2016/03/30) 出願種別(通常)
公開記事	2017-182500 (2017/10/05) 総通号数(789) 年間通号数(170038) 発行区分(0603)
登録記事	6805524 (2020/12/08) 総通号数(844) 年間通号数(200052) 公報発行日(2020/12/23)
出願人・代理人記事	出願人 神奈川県川崎市 (000005223) 富士通株式会社 <FUJITSU LIMITED> 代理人 対象出願人人数(1) 代理人(国内) 弁理士 (100079049) 中島 淳 代理人 代理人(国内) 弁理士 (100084995) 加藤 和詳 代理人 代理人(国内) 弁理士 (100099025) 福田 浩志
発明者・考案者・創作者記事	神奈川県川崎市 河合 淳
ＦＩ記事	G06F3/038,310A
	引用文献番号(特開2012-043195号公報) 引用文献番号(特開2011-081480号公報) 引用文献番号(特開2015-133088号公報) 引用文献番号(特開平10-320167号公報) 引用文献番号(特開2012-033104号公報) 引用文献番号(特開平10-161801号公報) 引用文献番号(特開2015-087921号公報)
発明等の名称(漢字)記事	入力装置、入力プログラム、及び入力方法
請求項の数記事	出願時(10) 登録査定時(10)
審査請求記事	審査請求数(1)
出願細項目記事	(8385) 査定種別(登録査定) 最終処分(登録) 最終処分日(2020/12/08) 通常審査
更新日付	(2020/12/16)

図3.19

経過情報照会

特許出願 2016-069428 公開2017-182500

登録6805524 本権利は抹消されていない

経過記録　出願情報　登録情報

登録情報　6805524

出願記事	特許 2016-069428(2016/03/30)
登録記事	6805524 (2020/12/08)
査定日・審決日記事	査定日(2020/10/27)
権利者記事	神奈川県川崎市 (000005223) 富士通株式会社
発明等の名称(漢字)記事	入力装置、入力プログラム、及び入力方法
請求項の数記事	10
登録細項目記事	本権利は抹消されていない 存続期間満了日(2036/03/30)
最終納付年分記事	3年
更新日付	(2020/12/08)

図3.20

その結果，図 3.21 のような画面が表示される。

図 3.21

この画面を下にスクロールして，「請求の範囲」をクリックすると，特許請求の範囲が表示される（図 3.22）。

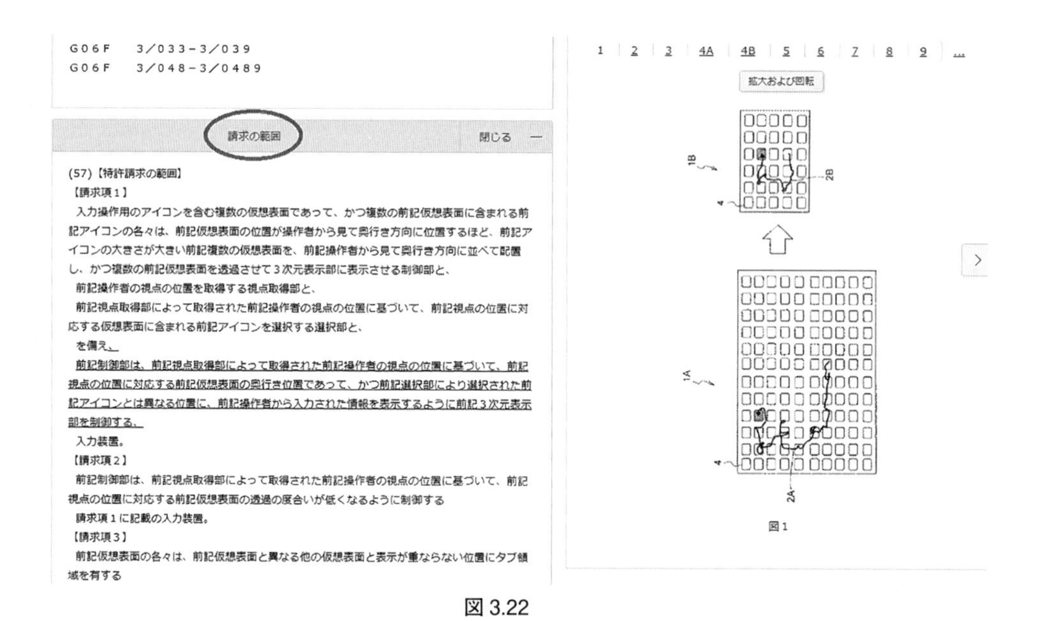

図 3.22

表示された特許掲載公報の特許請求の範囲（請求項）を見て，自分の発明が権利範囲に入っているかどうかを確認する。権利範囲の判断方法は，「4.5.1 技術的範囲の解釈」を参照のこと。

権利範囲に入っていなければ，原則的にリスクはないと考えてよい*1。権利範囲に入っていれば，自分の発明の実施が権利侵害になると判断できる。この場合には，設計変更，ライセンス交渉，無効審判請求，事業中止などの方策を採る必要があるので，知的財産部に相談を行う。

上記では，審査の経過情報を調べた結果，特許が付与されていた場合について説明した。まだ，審査中であり，審査結果が出ていない場合もある。たとえば，図3.23のように，「査定種別(査定無し)」と表示されている場合には，審査が終了していないことになる。

	G06F16/903
	G06F40/12
	G06F40/129
テーマコード記事	5B075
	5B109
	5B175
Fターム記事	5B109 MA11
	5B109 ME11
	5B109 ME21
	5B109 MG02
	5B109 MH03
	5B175 GB04
	5B175 HB03
発明等の名称(漢字)記事	表示制御プログラム、表示制御装置及び表示制御方法
請求項の数記事	出願時(5)
審査請求記事	審査請求数(1)
出願細項目記事	(42[illegible]3) 査定種別(査定無し) 通常審査

図3.23

この場合には，公開公報の請求項のままで特許されれば，特許権侵害となるので将来的なリスクがあることになる。設計変更，情報提供，ライセンス交渉，事業中止などの方策を採った方が好ましいので，やはり，知的財産部に相談すべきである。

また，審査の経過情報を調べた結果，図3.24に示すように出願が拒絶されていた場合には，リスクはないと考えてよいであろう。

なお，図3.25に示すように，拒絶査定が出されていても，出願人が不服を申し立てて審判を請求している場合もある。このような場合には，審査結果は確定していないので，審判の結果待ちとなる。

*1　ただし，分割出願がなされて，異なる内容の権利が取得されている場合があるので，完全にリスクがないとはいえない。

Fターム記事	5B009 MG02
	5B009 MH02
	5B109 MG02
	5B109 MH02
引用調査データ記事	引用調査データ
	拒絶理由通知（拒絶理由の引用文献情報） 起案日(1997/08/12)
	引用文献番号(特開平05-165807号公報)
	引用文献番号(特開昭63-136252号公報)
審査官フリーワード記事	5B009 変換候補を採用実績と頻度の２基準で決定
	5B109 変換候補を採用実績と頻度の２基準で決定
発明等の名称(漢字)記事	かな漢字変換方式
請求項の数記事	出願時(4)
審査請求記事	審査請求数(1)
出願細項目記事	(9176) 査定種別(拒絶査定) 査定発送日(1998/02/10) 通常審査
更新日付	(2014/12/27)

図 3.24

発明の名称	：アルミニウム、マグネシウムおよびマンガンを含む排水の排水処理方法
出願人	：住友金属鉱山株式会社 <SUMITOMO METAL MINING CO.,LTD.>
発明・考案・創作者	：小林 宙、檜垣 達也、庄司 浩史、土岐 典久、工藤 敬司、三ツ井 宏之、中井 修
公開・公表ＩＰＣ	：国際分類
	C02F 1/64 (2006.01)
	C22B 23/00 (2006.01)
	C22B 3/04 (2006.01)
	C22B 3/44 (2006.01)
	C02F 1/58 (2006.01)
	C02F 1/72 (2006.01)
	C02F 11/00 (2006.01)
	C22B 47/00 (2006.01)
	C22B 26/22 (2006.01)
	C22B 21/00 (2006.01)
	C22B 7/00 (2006.01)
出願細項目記事	：査定種別(拒絶査定)
審判記事登録記録	：査定不服審判 2014-009182 請求日(平26.5.19) 審判(判定含む)

図 3.25

また，図 3.26 に示すように，出願審査請求が期限内に提出されず，特許出願が取り下げたものと見なされている場合には，もはや権利化される可能性はないので，リスクはないと考えてよい。

最後にもう一度，他社特許を侵害しないかどうかの判断の流れを示しておく（図 3.27）。

出願情報

出願記事	特許 2009-239804 (2009/09/25) 出願種別(通常)
公開記事	2011-071949 (2011/04/07) 総通号数(368) 年間通号数(110014) 発行区分(0703)
出願人・代理人記事	出願人 東京都八王子市 (502379505) 久保　征治
発明者・考案者・創作者記事	東京都八王子市 久保　征治
ＦＩ記事	H04M1/02A
テーマコード記事	5K023
Fターム記事	5K023 AA07
	5K023 BB11
	5K023 GG08
	5K023 MM07
審査官フリーワード記事	5K023 ＭＭ０７隣接する文字キーパッドの色の明度
	5K023 ＧＧ０８最高と最低とに明度を凸凹状に変化
発明等の名称(漢字)記事	携帯端末
請求項の数記事	出願時(5)
出願細項目記事	査定種別(査定無し) 最終処分(未審査請求によるみなし取下) 最終処分日(2012/12/25) 通常審査
更新日付	(2014/12/27)

図 3.26

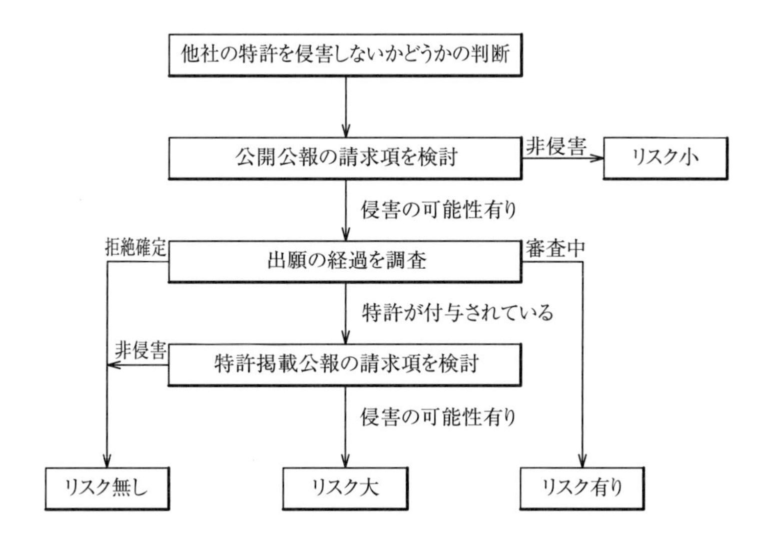

図 3.27

実務演習３（特許調査）

実務演習２の「発明届出書」にまとめた発明について特許調査を行い報告書を作成する。報告書は次の見本のように作成する。抽出した公報の内，最も近いものを１件選択する。

■発明の名称（※発明届出書のタイトルと同じにする）

雑音消去機能付き携帯電話

■論理式作成用テーブル

	分野	特徴１	特徴２
発明	携帯電話	雑音を	キャンセルする
キーワード	携帯電話 移動通信	雑音 ノイズ	消去 除去 キャンセル

■キーワード論理式（※ OR は「＋」，AND は「＊」で表すこと）

（携帯電話＋移動通信）＊（雑音＋ノイズ）＊（消去＋除去＋キャンセル）

■上記論理式によるヒット件数

特許　18 件

■発明に近い従来技術

(1)　特開 2000-345876

(2)　特開平 9-239876

(3)　特開平 2001-222876

(4)　特開 2000-293874

■最も近い従来技術

上記のうち（1）が，発明の内容に最も近い

■従来技術との違い

上記文献（1）の段落 0045 には，高周波遮断フィルタを用いてノイズを除去する携帯電話が開示されている。しかしながら，私の発明のように，周囲の音を逆相にして音声信号に加えるという点の開示はない。

以上

4 請求項を作る

この章は，第Ⅰ部の第１章〜第８章までの知識を前提として解説を行っている。

4.1 この章のねらい

技術者・開発者が，特許請求の範囲の請求項を作成しなければならない場面は，自らが出願書類を作成するというケースを除いて，ほとんどないといってもよい。一般的には，弁理士が作成をするからである。

しかし，技術者・開発者は，弁理士の作成した出願書類を出願前にチェックしなければならない。明細書は，基本的に，発明が詳細に説明されていて技術的に誤っていないかどうかをチェックすればよいのでそれほど難しくはない。しかし，特許請求の範囲は，どのようにしてチェックすればよいのであろうか。(図 4.1)

そこで，この章では，自ら請求項を作成することにより，どのような点に配慮して請求項が作成されているかを知り，チェックをする際に役立ててもらうことをねらっている。つまり，自ら作ることができれば，チェックも容易になるだろうということである。

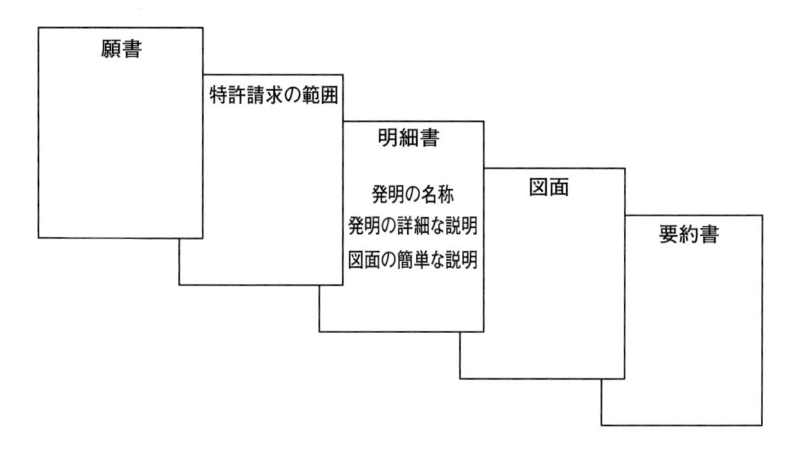

図 4.1　出願書類

4.2 請 求 項

請求項によって権利範囲が定まることはすでに述べた。請求項は，特許請求の範囲という書面に記載する。複数の請求項がある場合，それぞれの請求項ごとに権利があることになる。請求項に記載した構成要件のすべてを備えたものが侵害となる。

4.3 請求項の作成

請求項の作成に当たっては，発明の本質部分を抽出した記載を意識するとよい。請求項に記載したすべての構成要件を備えたものが権利範囲になる。したがって，発明の本質に関係のない構成要件を記載すると，必要以上に権利範囲を狭めてしまうことになる。

4.3.1 発明の本質のとらえ方

発明の本質のとらえ方は，発明届出書の作成で説明した「発明の構成（効果をもたらした工夫)」を見い出すことにある。つまり，まず「発明の効果」を見い出し，次に「発明の構成（効果をもたらした工夫)」を見い出せばよい。この「発明の構成（効果をもたらした工夫)」こそが発明の本質である。

ただし,「発明の構成」は，かなりおおざっぱに捉えたものである。したがって，そのままで請求項とするには，構成要件があいまいすぎる場合が多い。請求項によって権利範囲が定まるのであるから，一定の明瞭さが要求される。

以下では，まず，物理的な構造に関する発明について請求項作成の考え方を解説した後，電気回路の発明，ソフトウェア発明についての解説を行う。たとえば，以下に示すような物理的構造の発明について,「請求項」を作成してみる。

4.3.2 発明の内容

（背景技術）

コーヒー用のミルクを入れた容器がある（図 4.2 参照)。容器本体 2 の上にシール 4 が貼り付けてある。図 4.3 は，底面図である。

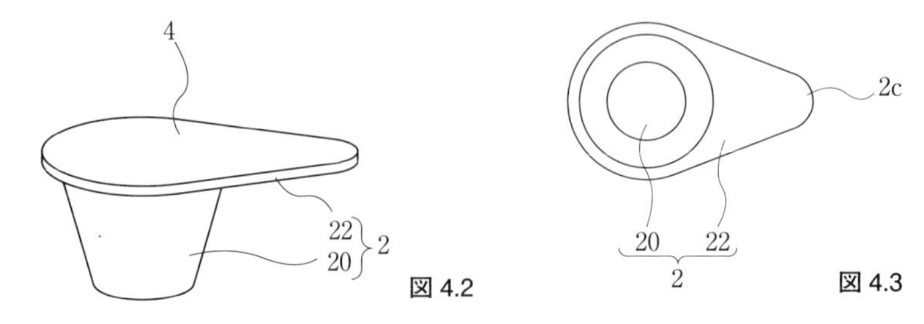

図 4.2　図 4.3

この容器の断面は，図 4.4 のとおりである。容器本体 2 は，収納部 20 とつば部 22 を備えている。収納部 20 の中には，ミルク 6 が収納されている。収納部 20 の上面には，開口 2a が形成されている。この開口 2a の周縁から，つば部 22 が延びている。つば部 22 の上には，シール 4 が貼り付けてある。開口 2a をシール 4 が覆っているので，収納部 20 の内のミルク 6 はこぼれない。

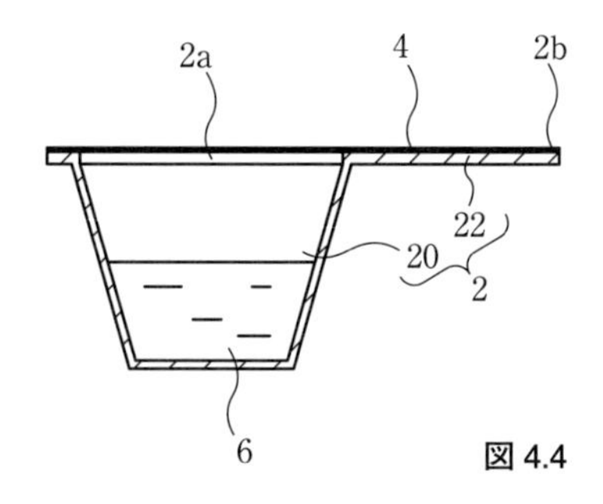

図 4.4

このミルク容器からミルクを取り出すときは，次のようにする。まず，つば部 22 の先端部 2b から，シール 4 を剥がす（図 4.5 参照）。さらに，シール 4 を引張って完全に剥がす。これにより，シール 4 によって覆われていた開口 2a が現れる。したがって，容器 2 を傾ければ，中のミルクを取り出すことができる。

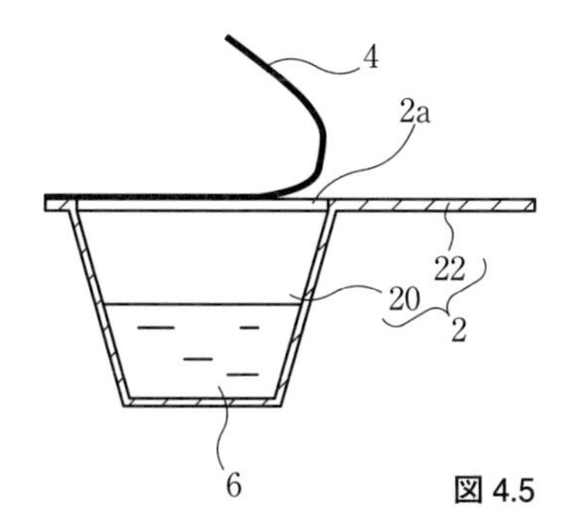

図 4.5

しかし従来のミルク容器には，シールを剥がしにくいという問題点があった。

（発　明）

そこで，図 4.6 のようなミルク容器を考えた。つば部 22 の裏面に溝 8 を設けた。

底面から見ると，図 4.7 のようになる。溝 8 が，つば部 22 の幅全体に設けられていることがわかる。さらに，この図からも明らかなように，プレスによって押形 30 が付けられている。この押形 30 は，つば部 22 だけでなく，シール 4 にまで達している。これにより，折り曲げたときに，つば部 22 の先端部 2b がシール 4 と離れないようになっている。

このミルク容器からミルクを取り出すときは，次のようにする。まず，つば部 22 の先端部 2b を持ち上げる。これにより，図 4.8 に示すように，溝 8 の部分で，つば部 22 が折れる。

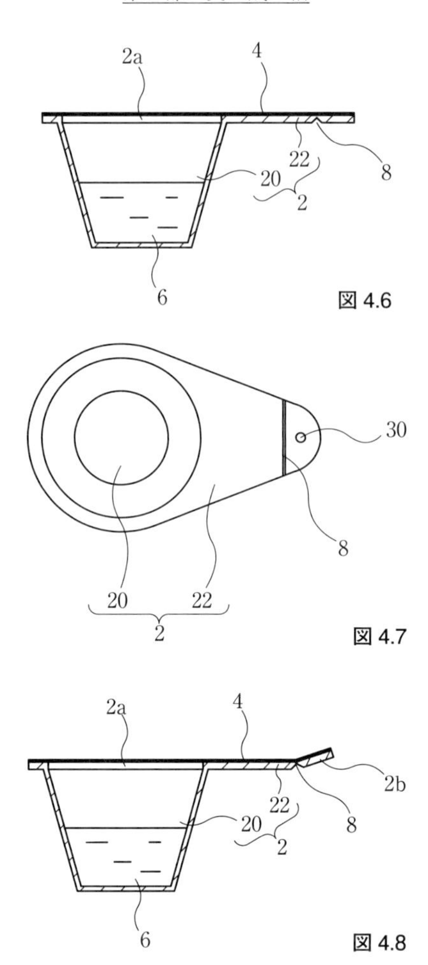

図 4.6

図 4.7

図 4.8

このまま，引張り上げると，シール 4 が剥がれ，シール 4 によって覆われていた開口 2a が現れる（図 4.9 参照）。したがって，容器 2 を傾ければ，中のミルクを取り出すことができる。

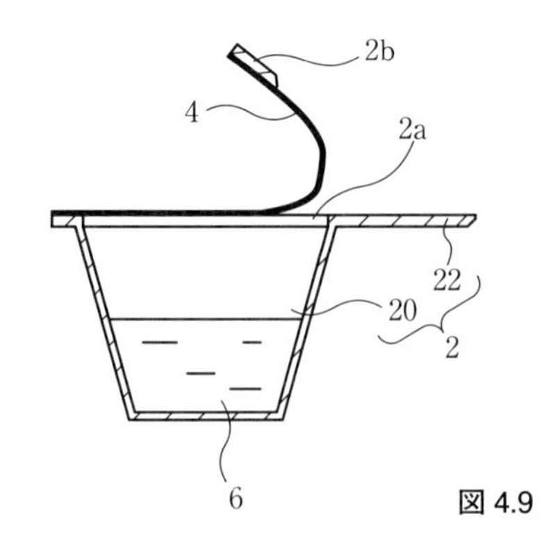

図 4.9

上記のように，先端部 2b を折るだけで，容易にシール 4 が剥がれ，簡単に中のミルクを取り出すことができる。

なお，図4.7に示したように，先端部2bには，プレスによって押形30が設けられ，シール4と分離しないようになっている。よって，先端部2bだけが脱落して，ゴミになる恐れがない。

4.3.3　本質の抽出

上記発明の「効果」は，「シールを剥がしやすく簡単にあけられる」という点にある。この発明の構成（効果をもたらした工夫）は，「つば部に溝を設けた」点である。この発明の構成が，発明の本質を考える手がかりである。

「溝」が，「シールを剥がしやすく簡単にあけられる」という効果を得るために必須であるかを考える必要がある。折りやすくなっていればいいので，「溝」である必然性はない。たとえば，図4.10のような形状でもよい。

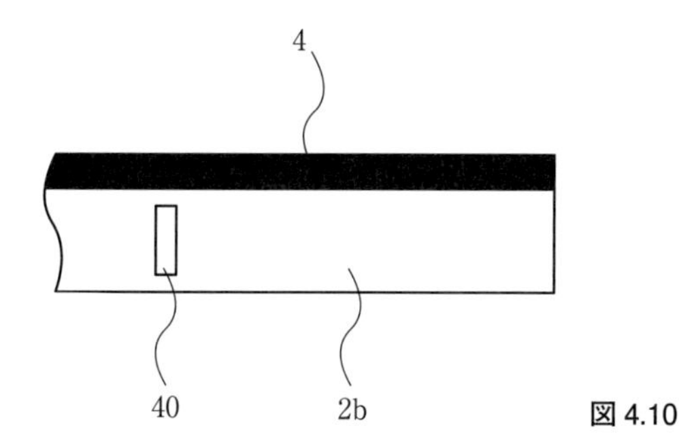

図4.10

この図は，先端部2bを拡大して示すものである。溝ではなく，空隙40を設けている。溝に比べれば，空隙では，折りやすさが低下するが，空隙がないよりは折りやすいことは間違いない。したがって，空隙によっても，この部分が折りやすくなる。

このように，「溝」だけでなく「空隙」でもよいことがわかる。「シールを剥がしやすく簡単にあけられる」という効果から考えると，これら「溝」「空隙」だけでなく，折り曲げやすい構造になっていればどのような構造でもいいといえる。したがって，「脆弱部」というように抽象化できる。したがって，「つば部の幅にわたって脆弱部を設けた」というように抽象化できる。

なお，抽象化する際に注意すべき点は，「発明の効果」と「発明の構成」を混同しないことである。上記では，「シールを剥がしやすく簡単にあけられる」というのが「発明の効果」であるから，「発明の構成」を「シールを剥がしやすく簡単に開けられる構造」とするのは，問を持って問に答えるようなものである。発明の本質は，効果をどのようにして得るのかという点にあるので，効果そのものを構成とするのは反則なのである[*1]。

*1　ただし，発明の効果と構成は相対的な関係にあるので，発明の効果をより抽象的にすれば（たとえば，中のミルクを取り出しやすくするという点を効果とすれば），シールを剥がしやすく簡単に開けられる構造という構成も，効果自体を述べたものではなくなる。理論的には一理あるが，この場合，構成が抽象的すぎて，結局のところ進歩性がないなどの理由で特許されないので，実務的にはあまり意味がない。

4.3.4 請 求 項

(1) 第1の考え方

「つば部の幅にわたって脆弱部を設けた」というだけでは，前提が書かれていないので，何の発明かわからない。そこで，これに，前提を追加する。

まず「つば部」がどこにあるのかを明確にする。ミルクを収納する部分に設けられたつば部であるので，「ミルクを収納する収納部に設けられたつば部」とする。また，この収納部には，開口が設けられている。そうでなければ，ミルクを取り出すことができない。つまり，「開口を有し，ミルクを収納した収納部」であると表現できる。

さらに，この開口を覆うように，剥離可能な剥離部材が貼り付けられている。「収納部の開口を覆うように，つば部に剥離可能に貼り付けられた剥離部材」と表現できる。

これらの要素を組み合わせると，次のように請求項を書くことができる。

【請求項1】
開口を有し，ミルクを収納するための収納部と，
収納部の開口部周縁に突出して設けられ，その幅にわたる脆弱部を有するつば部と，
開口を覆うように，つば部に剥離可能に貼り付けられた剥離部材と，
を備えたミルク収納容器。

なお，上記のように，請求項は1つの文章ではなく，形容詞のたくさん付いた名詞という形式で表現することが多い。つまり，「収納容器」という名詞に対して，「〜と，〜と，〜を備えた」という修飾が付されている。このように表現しなければならないという決まりがあるわけではないが，伝統的にこのように書かれている。法律的には，「物」に対して権利を取得するわけであるから，上記の書き方が自然なわけである。

このように名詞として表現するため，途中に句点がなく，非常に長い名詞となる。したがって，（日本語の記述としては，おかしいが）上記に示したように構成要件ごとに改行を行うと読みやすい。

(2) 第2の考え方

上記とは別に，次のようにして請求項を作成してもよい。まず，ミルク収納容器の基本的構造（従来技術の構造）を記述する。ミルク収納容器は，ミルクを収納する収納部，収納部から突出して設けられたつば部，つば部に貼り付けられた剥離部材によって構成されている。したがって，次のように請求項の前提部分を書くことができる。

ミルクを収納するための，開口を有する収納部と，
収納部の開口部周縁に突出して設けられたつば部と，
開口を覆うように，つば部に剥離可能に貼り付けられた剥離部材と，

を備えたミルク収納容器。

しかし，これでは，発明の本質部分が現れていない。そこで，つば部に脆弱部を設けたことを記述する。

【請求項1】
ミルクを収納するための，開口を有する収納部と，
収納部の開口部周縁に突出して設けられたつば部と，
開口を覆うように，つば部に剥離可能に貼り付けられた剥離部材と，
を備えたミルク収納容器であって，
前記つば部には，その幅にわたって脆弱部が設けられていることを特徴とするミルク収納容器。

このようにして請求項を作成する。

(3)　まとめ

第1の考え方，第2の考え方を示したが，どちらの考え方で作成してもよい。以下では，第2の考え方によって作成した請求項に基づいて説明を進める。

4.3.5　請求項の修正

次に，上記のようにして作成した請求項に，余分な限定が入っていないかどうかを検討する。すでに述べたように，特許権の範囲は，請求項に記載した構成要件をすべて備えたものに及ぶ。したがって，請求項に，発明の本質に関係しない余分な構成要素が入っていれば，権利範囲が必要以上に狭くなる。

【請求項1】
ミルクを収納するための，開口を有する収納部と，
収納部の開口部周縁に突出して設けられたつば部と，
開口を覆うように，つば部に剥離可能に貼り付けられた剥離部材と，
を備えたミルク収納容器であって，
前記つば部には，その幅にわたって脆弱部が設けられていることを特徴とするミルク収納容器。

この請求項1では，「ミルク収納容器」と明言している。しかし，この発明は，ミルク収納容器に限定されず，他の液体（たとえば，ガムシロップ）を収納する場合であっても効果を得ることができる。さらには，液体でなくとも，粉体などでもよい。したがって，次のように，請求項を修正できる。

【請求項1】
被収納物を収納するための，開口を有する収納部と，
収納部の開口部周縁に突出して設けられたつば部と，
開口を覆うように，つば部に剥離可能に貼り付けられた剥離部材と，
を備えた収納容器であって，
前記つば部には，その幅にわたって脆弱部が設けられていることを特徴とする収納容器。

4.3.6 従属請求項の作成

この発明には，追加的なアイデアがある。それは，「先端部2bには，プレスによって押形30が設けられ，シール4と分離しないようになっている。よって，先端部2bだけが脱落して，ゴミになる恐れがない」という部分である。このアイデアは，つば部に脆弱部を設けたという前提の元に成り立っている。このアイデアを含めて請求項2を作成すると以下のようになる。

【請求項2】
被収納物を収納するための，開口を有する収納部と，
収納部の開口部周縁に突出して設けられたつば部と，
開口を覆うように，つば部に剥離可能に貼り付けられた剥離部材と，
を備えた収納容器であって，
前記つば部には，その幅にわたって脆弱部が設けられており，
さらに，つば部の先端部においては，つば部と剥離部材とが固定されていることを特徴とする収納容器。

上記請求項2は，請求項1よりも権利範囲が狭い。「つば部の先端部においては，つば部と剥離部材とが固定されている」という構成要件が付加されているからである。したがって，請求項2は不要であるともいえる。

しかし，審査において，審査官は各請求項ごとに審査を行う。たとえば，請求項1は，新規性がないが，請求項2は新規性・進歩性があり特許可能である，という判断もあり得る。したがって，上記請求項2を設ける意味がある。

なお，上記請求項2は，請求項1と共通する部分も多い。そこで，一般的には，下記のように記載する。

【請求項2】
請求項1の収納容器において，
つば部の先端部においては，つば部と剥離部材とが固定されていることを特徴とする収納容器。

このように記載することにより，記載もすっきりし，内容もわかりやすくなる。このような請求項を，従属請求項あるいは引用請求項という。また，これに対して，請求項 1 のような請求項を，独立請求項という。

4.4　電気的回路の例

上記では，物理的構造の発明について，請求項の書き方を説明した。電気的構造の発明についても考え方は同じである。

たとえば，次のような発明についての請求項を考えてみる。

（従来の技術）

従来の携帯電話は，貧弱なスピーカしか付いていない。このため，周囲がうるさいと，相手の声が聞こえづらいという問題があった。

（発　明）

携帯電話に着信があると，着信判定回路 2 がこれを検出する。これにより，他の回路に電力が供給されて動作を開始する。復調回路 4 は，受信した電波から，音声信号を復調するものである。この音声信号は，後で説明する混合回路 6 を経て，スピーカ 8 から出力される。（図 4.11，図 4.12）

この携帯電話では，外部の雑音を収録するマイク 12 を設けている。このマイク 12 によって拾った音信号の逆相を位相逆転回路 10 によって逆相にする。相手方の音声とこの逆相信号とを混合回路 6 により混合してスピーカ 8 に与える。外部の雑音は，逆相信号がスピーカから出力されることによって，打ち消される。したがって，相手の声だけが，よく聞こえる。

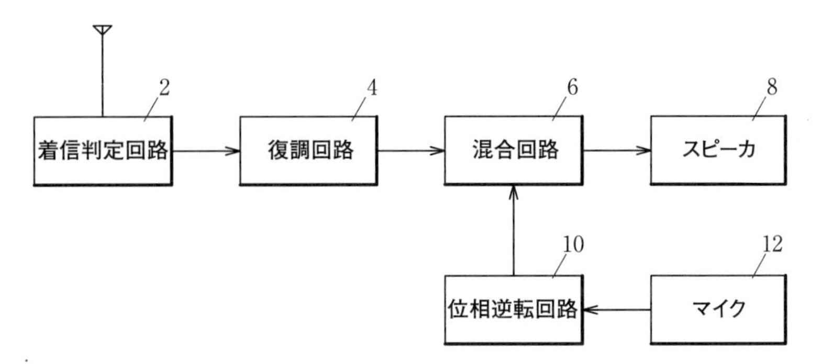

図 4.11　回路ブロック図

上記発明の効果は「周囲の雑音が気にならずに相手方の声がよく聞こえる」というものである。この効果を導き出した工夫は，「マイクによって周囲の雑音を拾って，逆相にして相手側の声と合成し，スピーカから出力して雑音を消去すること」である。

この発明に必要な構成要件は，「通話相手の音声信号を再生するための復調回路」「周囲の雑音

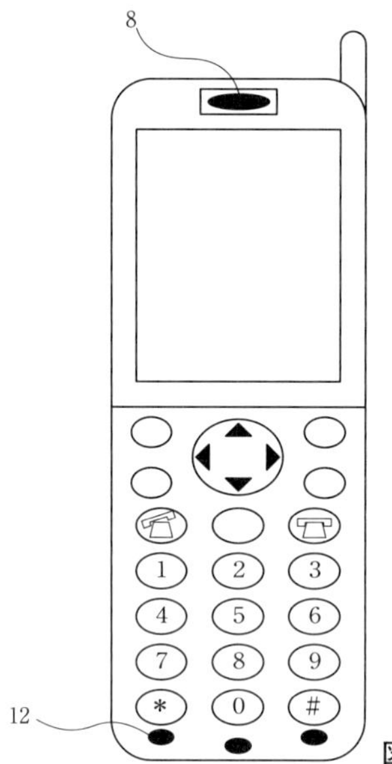

図 4.12 外観図

を取得して雑音信号を生成するマイク」「雑音信号を逆相にして逆相雑音信号を生成する逆相回路」「通話相手の音声信号と逆相雑音信号とを合成して合成信号を生成する合成回路」「合成信号を受けて音を出力するスピーカ」である。したがって，次のような請求項を作成できる。

> 【請求項1】
> 受信した変調波を受けて，当該変調波に基づいて，通話相手の音声信号を再生するための復調回路と，
> 周囲の雑音を取得して雑音信号を生成するマイクと，
> マイクからの雑音信号を逆相にして逆相雑音信号を生成する逆相回路と，
> 復調回路からの通話相手の音声信号と，逆相回路からの逆相雑音信号とを合成して合成信号を生成する合成回路と，
> 合成回路からの合成信号を受けて音を出力するスピーカと，
> を備えた携帯電話装置。

また，第2の方法によって表現した請求項は次のようになる。

> 【請求項1】
> 受信した変調波を受けて，当該変調波に基づいて，通話相手の音声信号を再生するための復調回路と，
> 復調回路からの音声信号を受けて音を出力するスピーカと，
> を備えた携帯電話装置において，
> 周囲の雑音を取得して雑音信号を生成するマイクを設け，

マイクからの雑音信号を逆相にして逆相雑音信号を生成する逆相回路を設け，
逆相回路からの逆相雑音信号を，復調回路からの音声信号に合成してスピーカに与える合成回路を設けたこと
を特徴とする携帯電話装置。

4.5　ソフトウェアの例（技術的ソフトウェア）

ソフトウェア発明についても，同じように考えて請求項を作成できる。たとえば，上記の発明がソフトウェアによって達成される発明であったと仮定する。

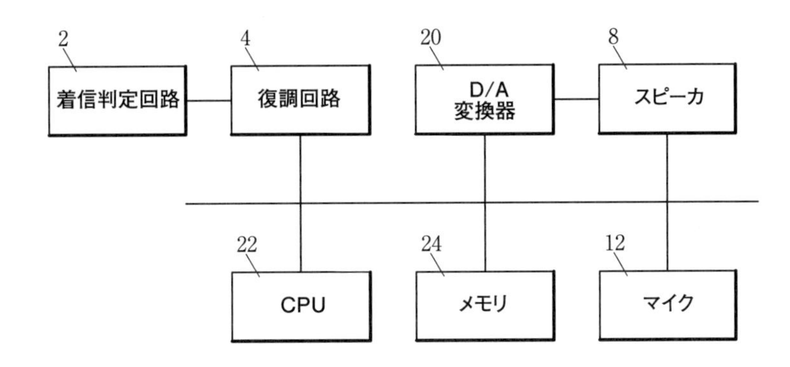

図 4.13　ハードウェア構成図

この発明の，ハードウェア構成は図 4.13 のようになる。外部雑音取得用のマイク 12 がある点は，従来と違っている。しかし，逆相への変換処理や，合成処理は，ソフトウェアが行っているので，ハードウェア構成を見ただけでは，その違いはわからない。

図 4.14 に制御のためのプログラムのフローチャートを示す。

このようなソフトウェアを含む発明の請求項は，次のようにして考えて作成する。このフロチャートに示されるように，CPU はプログラムの内容に応じて複数の機能を達成している。たとえば，図のステップ S3 では逆相変換回路としての機能を発揮し，ステップ S5 では合成回路としての機能を発揮している。

したがって，1 つの CPU としてとらえるのではなく，複数の機能としてとらえた方が，発明として表現しやすいことになる。具体的には，図 4.15 のようなブロック図として表すことができる。この図は，先に電気回路の場合に掲げた図と，ほとんど同じである。混合回路が混合手段に，位相逆転回路が位相逆転手段に，それぞれ変わっているだけである。ソフトウェアの機能であるから，「回路」とは表現せず，「手段」としたものである。

ここまで説明すれば，すでにわかるであろうが，請求項は，電気回路の場合とほとんど同じことになる。これは，発明の本質的内容が同じなのであるから，当然である。請求項の例を示す。

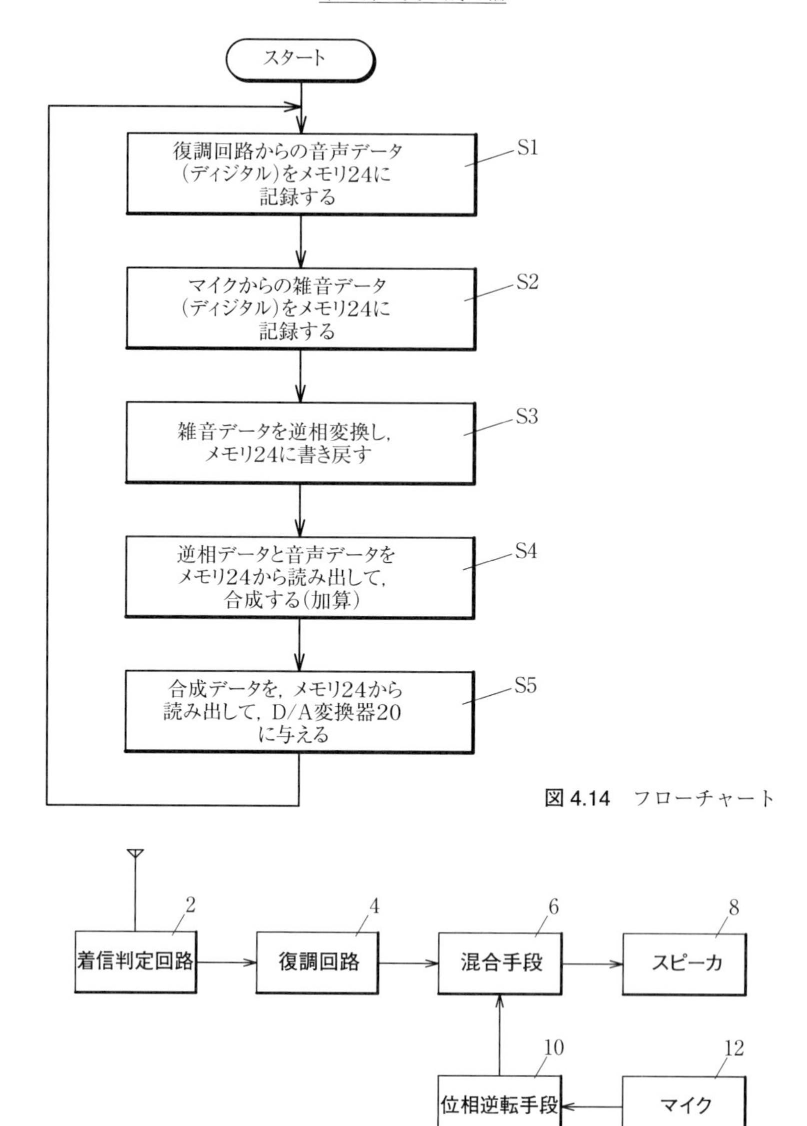

図 4.14 フローチャート

図 4.15 機能ブロック図

【請求項 1】

受信した変調波を受けて,当該変調波に基づいて,通話相手の音声信号を再生するための復調回路と,

周囲の雑音を取得して雑音信号を生成するマイクと,

マイクからの雑音信号を逆相にして逆相雑音信号を生成する逆相手段と,

復調回路からの通話相手の音声信号と,逆相手段からの逆相雑音信号とを合成して合成信号を生成する合成手段と,

合成手段からの合成信号を受けて音を出力するスピーカと,

を備えた携帯電話装置。

また，第2の方法によって表現した請求項は次のようになる。

【請求項1】
受信した変調波を受けて，当該変調波に基づいて，通話相手の音声信号を再生するための復調回路と，
復調回路からの音声信号を受けて音を出力するスピーカと，
を備えた携帯電話装置において，
周囲の雑音を取得して雑音信号を生成するマイクを設け，
マイクからの雑音信号を逆相にして逆相雑音信号を生成する逆相手段を設け，

逆相手段からの逆相雑音信号を，復調回路からの音声信号に合成してスピーカに与える合成手段を設けたこと
を特徴とする携帯電話装置。

4.6 ソフトウェアの例（非技術的ソフトウェア・ビジネスモデル）

上記では，ソフトウェアを含む発明のうち，機器を制御するソフトウェア発明について説明した。繰り返しになるが，上記のような技術的ソフトウェア発明の場合には，請求項の書き方，考え方は，電気回路の発明の場合と同じである。

では，非技術的な対象を取り扱うソフトウェア発明（ビジネスモデルなど）の請求項はどのように考えればよいだろうか。基本的には，技術的ソフトウェアの場合と同じである。しかし，非技術的ソフトウェアの場合，コンピュータシステムとして構築したことにより「発明であること」の要件を満たすことに注意しなければならない。

ビジネスモデルを実現するシステムのような場合には，プログラムの処理だけを書くのではなく，ハードウェア資源（メモリ，ハードディスク，ディスプレイ，キーボードなど）をどのように使って処理がなされるのかを，請求項に記載する必要がある。

技術的ソフトウェアについても同じようにハードウェア資源を記載する必要があるが，制御対象である機器について言及すればそれで済む。しかし，非技術的ソフトウェアの場合には，外部機器を制御せず，コンピュータ内で処理が完結することが多いので，コンピュータそのもののハードウェア資源に言及する必要がある。

先に示した，学習機能付きかな漢字変換の発明について，請求項の作成例を示す。この発明の効果は，「ユーザーの使用状況に応じた適切な順序で漢字候補を表示でき，変換効率がよい」という点にある。発明の構成は，「各漢字ごとに使用回数を記録しておき，使用回数の多い順に漢字候補を表示するようにした」というものである。

そこで，上記の構成と，ハードウェア資源との関係を考えてみる。まず，かなに対応する複数の漢字が対応づけられた辞書が必要である。この辞書は，ハードディスクに記録される。また，

辞書には，使用頻度が記録される。かなを入力する必要がある。これは，キーボードから入力される。漢字候補を表示する必要がある。これは，ディスプレイによって行われる。また，辞書から漢字を読み出し，それらを頻度順にしてディスプレイにて表示する処理を行わねばならない。さらに，使用された漢字の使用頻度を＋１する必要がある。これらは，プログラムによりCPUが果たす機能である。したがって，かなに対応する漢字および頻度を読み出す取得手段，読み出した漢字を頻度順に表示させる表示制御手段，使用頻度を更新する更新手段という機能があることになる。

ハードディスクは記録装置，キーボードは入力装置，ディスプレイは表示装置として抽象化した上，上記に基づいて，次のような請求項が完成する。

【請求項1】
かな文字列，変換命令，選択命令を入力するための入力部と，
かな文字列に対応する漢字を記録するとともに，各漢字ごとに使用頻度を記録した辞書を格納した記録部と，
かな文字列に対応する漢字を漢字候補として表示するための表示部と，
変換命令を受けて，入力されたかな文字列に対応する漢字および使用頻度を辞書から取得する取得手段と，
漢字に対応して記録された使用頻度の順に各漢字を変換候補として表示部に表示させる表示制御手段と，
選択命令を受けて，漢字候補中から選択された漢字を使用漢字として決定し，前記辞書における当該漢字の使用頻度を更新する更新手段と，
を備えたかな漢字変換装置。

また，上記請求項1は，かな漢字変換装置として請求している。つまり，かな漢字変換プログラムがインストールされた状態のコンピュータについて権利を請求している。これに対し，かな漢字変換プログラムそのものについての請求項を作成することもできる。

【請求項2】
かな文字列に対応する漢字を記録するとともに各漢字ごとに使用頻度を記録した辞書にアクセス可能なコンピュータに，かな文字列を漢字に変換する処理を行わせるためのプログラムであって，
変換命令を受けて，入力されたかな文字列に対応する漢字および使用頻度を辞書から取得する取得手段と，
漢字に対応して記録された使用頻度の順に各漢字を変換候補として表示部に表示させる表示制御手段と，
選択命令を受けて，漢字候補中から選択された漢字を使用漢字として決定し，前記辞

書における当該漢字の使用頻度を更新する更新手段と，
をコンピュータによって実現させるためのかな漢字変換プログラム。

請求項1と同じような書き方になっているが，記録部，表示部が直接的な構成要件として含まれていない。記録部，表示部は，プログラムによって実現される機能ではないからである。

4.7　請求項作成の検討

以上をふまえて，次の例について請求項を考えてみてほしい。解説を見ずに，自分で作成してみることが重要である。なお，請求項においては，前述のように効果をそのまま記載することは許されない他，否定的な表現（たとえば「垂直でない」）も好ましくないので注意が必要である。

【技術分野】
本発明は，シャープペンシル等の筆記具に係り，特に消しゴムを芯タンク，或いは尾栓，保護又は密閉キャップ等に装着してなる消しゴム付筆記具に関するものである。

【従来の技術】
従来から知られているこの種の消しゴム付筆記具，例えばシャープペンシルの場合は芯タンクの円筒形状に適合させた適宜の太さと長さを有する円柱状に形成された消しゴムが芯タンクに着脱自在に装着されていて，芯タンクにシャープ芯を補充するときに芯タンクから取り外すことができるようになっている。

【発明が解決しようとする課題】
ところが，消しゴムは引き抜くといった操作で芯タンクから簡単に取り外すことができることから，子供，特に好奇心がおおせいな幼児等が円柱状で通気性がない消しゴムを取り外して口に入れることがある。そして，誤って飲み込み，万一喉に詰った場合には空気が流通しない恐れがある。
これを解決するために，図5に示すように，消しゴムに貫通孔3-1を設けたものが提案されている。図5に示すような構造であれば，誤って消しゴムを飲み込んだとしても，貫通孔3-1によって気道が確保され，窒息する恐れがない。
しかし，図5のような構造では，シャープペンシルの芯が貫通孔3-1を介して外に出てしまうという問題があった。
そこで，この発明では，万一喉に詰ったとしても空気の流通が確保されるように安全対策を施すとともに，芯が外に飛び出すことのない筆記具を提供することを目的とする。

【課題を達成するための手段】
（省略）

【実施形態】

本発明の実施の一例を図面に基づいて以下説明すると，図１乃至図４はノック操作，あるいは回転操作によりシャープ芯４を繰り出すシャープペンシルの例を示した本発明筆記具の第１実施例である。芯タンク１の開口に着脱自在に装着される消しゴム２に，軸方向一端（以下一端）から軸方向他端（以下他端）に抜けるゴム通気孔３を設けて，引き抜くといった簡単な操作で芯タンク１から取り外すことができる消しゴム２を誤って飲み込み，万一喉に詰ったとしても空気の流通が確保されるようにしてなる。

芯タンク１は，シャープ芯４を繰り出しかつ保持する芯繰出し機構 1-1 を先端に備えて軸筒５に組み込み内設される周知の構造を成し，係止部６をリング状に突設した後端開口のゴム収納部 1-2 に消しゴム２を着脱自在に装着し得るようになっている。

消しゴム２は，芯タンク１のゴム収納部 1-2 に抜き差し着脱自在に装着し得る程度の太さで，該ゴム収納部 1-2 に装着された状態でその開口から突出する程度の長さを有する周知の円柱状を成し，その一端から他端に抜けるゴム通気孔３を設ける。

ゴム通気孔３は，所定の空気の流通を確保し得る孔径（開口面積）にて消しゴム２の一端から他端に向けて適宜の傾斜角度にて抜けるように設ける。すなわち，一端から他端に向けて縦断面略対角線上に抜けるように開口して（図１の（ロ）及び図２参照），消しゴム２を誤って飲み込み，万一喉に詰ったとしても空気の流通が確実に確保されるようにしてなる。

したがって，以上の如く構成した第１実施例のシャープペンシルによれば，好奇心がおおせいな幼児等が消しゴム２を芯タンク１から取り外して誤って飲み込み，万一喉に詰ったとしても一端から他端に向けて抜けるゴム通気孔３により空気の流通が確実に確保されることから，安全である。そして，ゴム通気孔３は一端から他端に向けて縦断面略対角線上に設けてあることから，芯タンク１に装着された状態においてシャープ芯４がゴム通気孔３を通り抜けて外に飛び出すことはない。すなわち，消しゴム２は芯タンク１のゴム収納部 1-2 に装着された状態においてシャープ芯４が不用意に飛び出すことを防ぐ本来の栓蓋としての役目を成す。

図３乃至図４は上記した第１実施例詳述のシャープペンシルにおいて，ゴム通気孔 3-1 の開口形態を変えた他の実施例を示す。消しゴム２の一端から他端に向けて縦断面略Ｙ字形に抜けるように開口を設けている。この開口によって，消しゴム２を誤って飲んだ際の空気の流通確保がなされる。そして，図１と同様，軸方向一端と軸方向他端の開口を径方向にずらせているので，消しゴム２を芯タンク１の後端開口に装着した状態においてはシャープ芯４が不用意に飛び出すのを防ぐ本来の栓蓋としての役目を成す。

【発明の効果】

本発明は以上のように構成してなるから，下記の作用効果を奏する。

芯タンクから取り外された消しゴムを誤って飲み込み，万一喉に詰ったとしても一端から他端に抜けるゴム通気孔により空気の流通が確保されることから，安全である。また，ゴム通気孔からシャープ芯が抜け出る恐れがない。

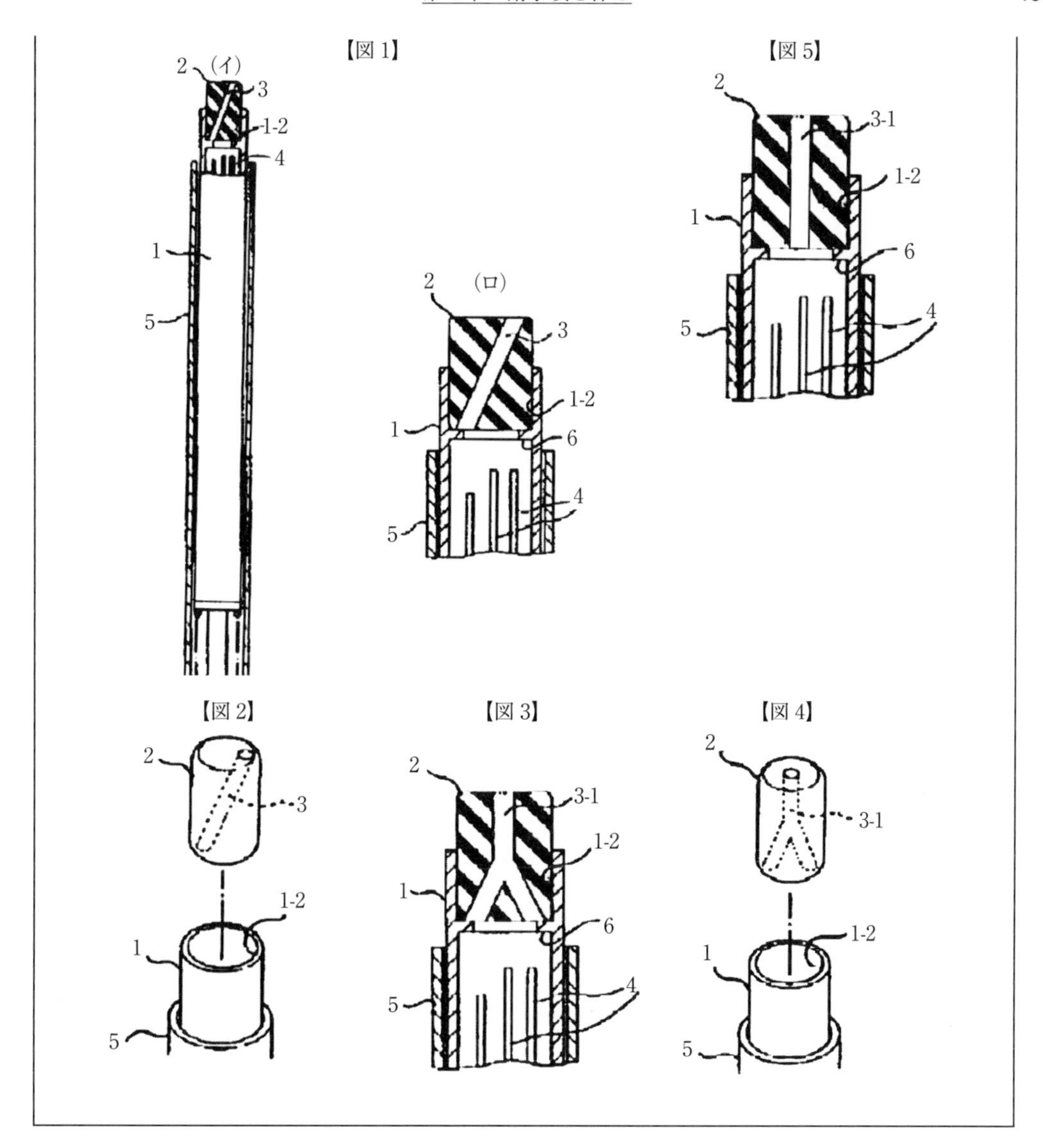

4.7.1　請求項作成の解説

この発明の効果は，「飲み込んだ場合であっても気道が確保され，芯が飛び出さない」ということになる。また，この効果を導いている構成は「消しゴムに斜めの貫通孔を設けた」ということである。

これに基づいて，請求項を作成すると，次のような請求項となる。

【請求項 1】
芯タンクに収納された芯を繰り出す機構を有する本体と，

前記芯タンクの芯挿入口を覆うように着脱される消しゴムと，
を備えたシャープペンシルであって，
前記消しゴムの軸方向一端から他端に抜ける，斜めに形成された通気孔を設けたことを特徴とするシャープペンシル。

この発明の効果は，芯が飛び出さないということにあり，芯を収納した筆記具，つまりシャープペンシルでないとこの効果を奏しない。したがって，請求項を筆記具として抽象化することは好ましくないであろう。また，着脱可能な消しゴムでなければ，飲み込んでしまうという問題がそもそも生じない。したがって，この点を請求項にて言及しておく必要がある。

上記の請求項1では，「斜めに形成された通気孔」としている。上記の図3の貫通孔は，斜めに形成されたといえるのであろうか。半分は斜めでなく，半分が斜めであるからである。解釈によっては，図3の貫通孔は「斜めに形成された通気孔」であるとはいえないかもしれない。したがって，このような疑義をなくし，図3の貫通孔を確実に技術的範囲に含めるならば，「少なくとも一部が斜めに形成された通気孔」とすればよい。

図4.16を参照してほしい。このような消しゴムを持つ類似品が出てきた場合，上記の請求項で侵害とすることができるだろうか。

図4.16 類似品

上記請求項では，「少なくとも一部が斜めに形成された貫通孔」となっており，図4.16の類似品では，斜めの部分がまったくない。したがって，気道を確保でき，芯が飛び出さないという効果を奏するにもかかわらず，侵害として追求することができない。

図4.16の類似品についても技術的範囲に入るようにするには，次のような請求項を作成する必要がある。

【請求項1】
芯タンクに収納された芯を繰り出す機構を有する本体と，
前記芯タンクの芯挿入口を覆うように着脱される消しゴムと，
を備えたシャープペンシルであって，
前記消しゴムの軸方向一端から他端に抜ける通気孔を設け，
前記通気口による前記一端の開口と前記他端の開口を径方向にずらせたことを特徴と

するシャープペンシル。

このように，請求項の作成に当たっては，どのような類似品が出てくるかを予想しながら，それらをカバーできるようにすることが重要である。

図4.17を見てほしい。このような消しゴムを持つ類似品が出てきた場合，上記の請求項では侵害にならない。一端の開口と他端の開口が径方向にずれていないからである。このような類似品も権利範囲に入るような請求項については，皆さんで考えてほしい。

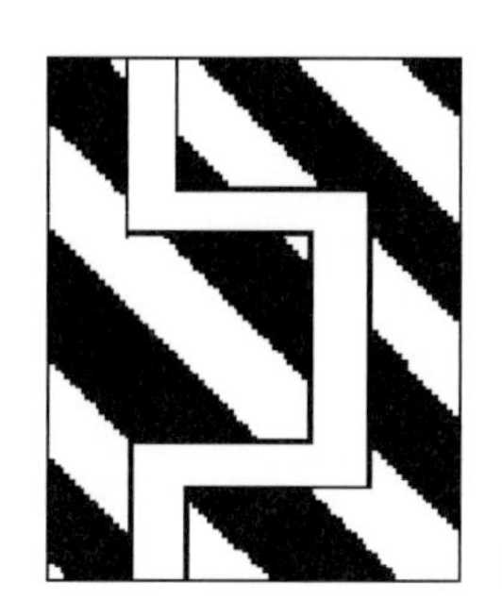

図4.17　類似品

4.7.2　完成品の請求項と部品の請求項

上記ではシャープペンシルの請求項を作成した。以下のように，消しゴムについて請求項を作成した人はいないだろうか。

【請求項1】
シャープペンシルの芯タンクの芯挿入口を覆うように装着するための消しゴムであって，
軸方向一端から他端に抜ける通気孔を設け，
前記通気口による前記一端の開口と前記他端の開口を径方向にずらせたことを特徴とする消しゴム。

では，シャープペンシルと消しゴムの権利では，どちらが強いのだろうか。これを考えるヒントは，「立証責任」「間接侵害」である。

第三者が斜めに貫通孔の設けられた消しゴムだけを販売している場合，その販売を止めさせるには，シャープペンシルと消しゴムの請求項いずれが有利であろうか。消しゴムの請求項であれば，直接侵害を追求することができる。シャープペンシルの請求項であれば，間接侵害として追求しなければならない。間接侵害では，完成品が構成要件のすべてを備えていることだけでなく，「専用品」あるいは「不可欠品＋知りながら」を証明しなければならない。したがって，消しゴムの請求項の方が強いということができる。なお，消しゴムの請求項にて権利を有しており，第三者がシャープペンシルを販売している場合には，直接侵害として追求することができる。シャープペンシル本体とともにであるとはいえ消しゴムを販売していることに違いないからである。

上記のように，差止請求という観点からは，発明の本質的構造が現れている最小単位の部品について請求項を作成し権利を取得するのが好ましいということになる。(図 4.18 参照)

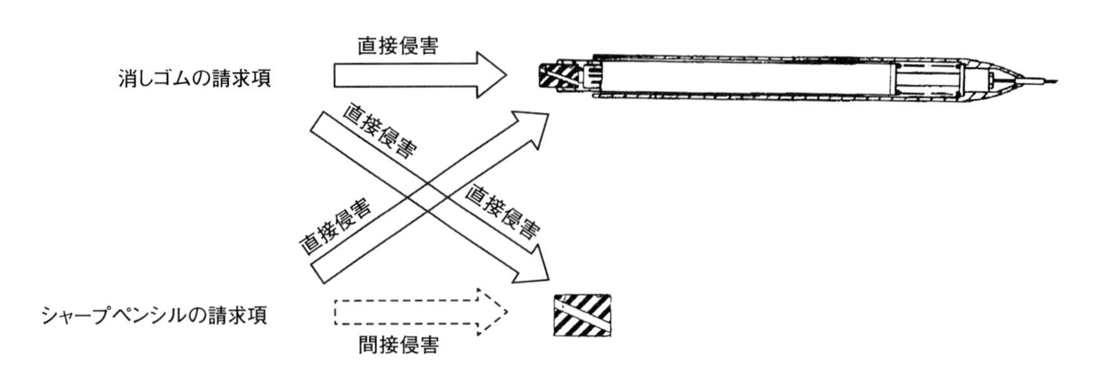

図 4.18 部品の請求項と完成品の請求項

では，損害賠償という観点からはどうだろうか。第三者がシャープペンシルを販売している場合に，シャープペンシルの請求項にて権利を有していれば，シャープペンシルとしての損害賠償を請求することができる。これに対して，消しゴムの請求項にて権利を有しているだけであれば，消しゴムとしての損害賠償しか請求できない。いずれの方が損害賠償額が高くなるかは明らかである。同様のことは，第三者にライセンスをする場合にも生じる。

したがって，損害賠償やライセンスのことを考慮すると，部品の請求項よりも完成品の請求項の方が好ましいことになる。

以上，双方の観点を考慮して，実務では完成品と部品の請求項の双方を設ける場合が多い。

実務演習４　（請求項の作成）

実務演習２において作成した発明届出書の発明について，請求項を作成する。少なくとも独立請求項を作成し，余裕があれば，従属請求項を作成する。

5　拒絶理由に対する反論

この章は，第Ⅰ部の第1章〜第8章までの知識を前提として解説を行っている。

5.1　この章のねらい

特許出願をすると，多くの場合，拒絶理由通知を受け取ることになる。拒絶理由通知において示された従来技術が，予想外に自らの発明に近いものであることもある。このようなときに，一見従来技術は発明によく似ているものの，決定的に違っている点があるということを主張できれば，特許取得に結び付くことになる。

審査官に対して提出する補正書や意見書は，弁理士が作成することになるが，進歩性を主張できるような違いを発明者自身が指摘できれば，手続きがスムースに進行することになる。そこで，この章では，拒絶理由通知に対して，どのような反論をしていくのかについて解説を行う。

5.2　手続きの流れ

すでに，第Ⅰ部の「8　特許出願から特許取得まで」において，出願審査の概要を説明した。

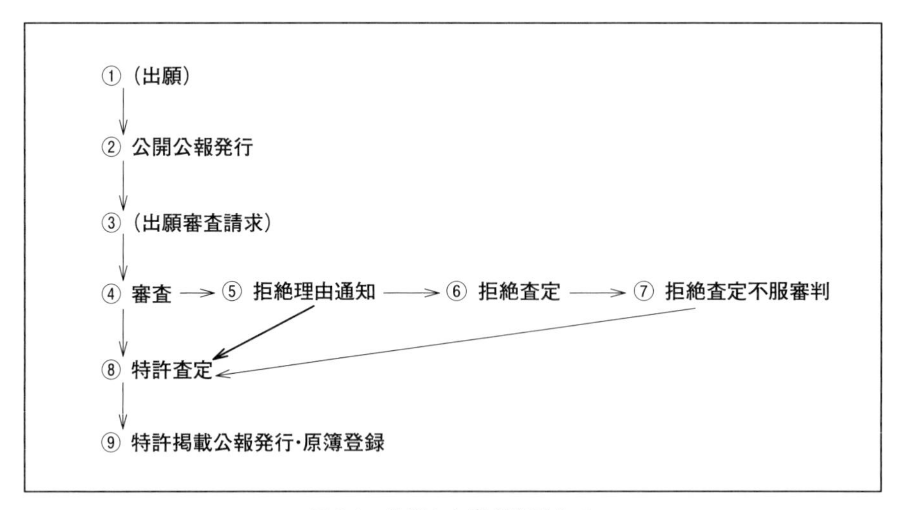

図 5.1　出願から審査完了まで

以下に，手続きの概要を再掲する。

5.3　拒絶理由通知

特許出願をし，出願審査請求を行うと審査官による審査が行われる。審査官は，請求項に記載された発明が，新規性・進歩性などの要件を満たしているかどうか，明細書が記載要件を満たしているかどうかを判断する。すべての要件を満たしていれば，審査官は，特許査定を行う。

一方，審査官は，1つでも要件を満たしていないと判断すれば，拒絶理由通知を発する。つまり，満たしていないと思われる要件を明確に指摘する。拒絶理由通知書の見本を示す。

整理番号　07P00235　発送番号　316878

発送日　平成22年11月　7日　1/2

拒絶理由通知

特許出願の番号　　平成17年　特許願　第××××××号
起案日　　平成22年10月10日
特許庁審査官　　眞島　宏明　　9192　5L△△
特許出願人代理人　　古谷　栄男　　様
適用条文　　第29条第2項

この出願は，次の理由によって拒絶をすべきものである。これについて意見があれば，この通知書の発送の日から60日以内に意見書を提出して下さい。

理　由

この出願の下記の請求項に係る発明は，その出願前日本国内又は外国において頒布された下記の刊行物に記載された発明に基づいて，その出願前にその発明の属する技術の分野における通常の知識を有する者が容易に発明をすることができたものであるから，特許法第29条第2項の規定により特許を受けることができない。

記（引用文献等については引用文献一覧参照）

・請求項1
・引用例1
・備考

引用例1の公開公報には，断面を四角形としたボールペンが開示されている。断面多角形の角数を四角形とするか六角形とするかは，単なる設計事項にすぎない。また，ボールペンにおける技術を鉛筆に適用することは容易なことである。

引用文献等一覧

1. 特開平5-132456号公報

この拒絶理由通知の内容に関するお問い合わせ，または面接のご希望がございましたら下記までご連絡下さい。

特許審査第二部　眞島宏明

TEL　03-2345-××××　内線2345

この例は，進歩性による拒絶である。拒絶理由通知において，「引用文献」と記述されているものは，従来技術のことである。なお，上記の例では，下記のような請求項にて出願を行ったものと想定している。

【書類名】　特許請求の範囲

【請求項1】

芯材と，

芯材を取り巻く横断面六角形の本体と，

を備えた鉛筆。

審査官の見解は，引用文献1（従来技術）には，断面四角形のボールペンが開示されているから，断面六角形の鉛筆を発明するのは容易であるというものである。

5.4 意 見 書

5.4.1　意見書の例

拒絶理由通知書にも明記されているように，審査官の見解に対して意見を述べることができる。進歩性がないという審査官の認定が誤っている場合，その理由を述べて反論することができる。これを意見書という。意見書では，たとえば，次のような主張を行う。

【書類名】　意見書

【提出日】　平成12年11月20日

【あて先】　特許庁審査官　眞島宏明　殿

【出願の表示】

【出願番号】　平成　7年　特許願　第××××××号

【特許出願人】

【識別番号】　1234567

【住所又は居所】　大阪府豊中市石丸町3番7号

　【氏名又は名称】　大楽毛産業株式会社
【代理人】
　【識別番号】　10092956
　【代理人】
　　【弁理士】　古谷栄男
【発送番号】　316878
【意見の内容】
1. 拒絶理由の内容
　本願請求項1に係る発明は，特開平5-132456号公報（引用文献1）に基づいて容易に発明できたものとして拒絶されている。しかしながら，出願人は，本願発明が特許されるべきものであると確信し，以下のとおり意見を述べる。

2. 請求項1の発明
　本願請求項1に係る発明は，「芯材と，芯材を取り巻く断面六角形の本体とを備えた鉛筆」である。その特徴とするところは，「本体を断面六角形にした」という点にある。
　人間が親指・人差し指・中指の3点支持にて鉛筆を持つことに合致した六角形とすることにより持ちやすく，六角形という形状により転がりにくくしている。つまり，上記の特徴的構成を採用することによって「持ちやすく，転がりにくい」という効果を得ている。

3. 引用文献1（特開平5 － 132456号公報）との対比
　引用文献1には，断面を四角形としたボールペンが開示されている。しかしながら，引用文献1には，「本体を断面六角形にする」という構成が開示されていない。引用文献1のように断面を四角形とした場合には，「転がりにくい」という効果を得ることはできても，「持ちやすい」という効果を得ることはできない。四角形の場合，いずれかの角が，指に当たってしまうからである。審査官は，六角形も四角形も，単なる設計事項にすぎないとしているが，本件発明において，3の倍数である六角形を採用することは極めて大きな意味を持つものである。
　本発明が「持ちやすく，転がりにくい」という効果を両立しているのは，「本体を断面六角形にした」からこそである。このような特徴的構成を開示しておらず示唆すらしていない引用文献1に基づいて，請求項1の発明が容易に発明できたものではない。
　よって，本願は速やかに特許査定されるべきものであると確信する。
以上

5.4.2　意見の考え方

意見を述べる際には，次のようにして立論を考えるとよい。まず，請求項に記載した構成要件のうち，引用文献に記載されていない構成要件を見い出す。上記の例でいえば，次の2つの点が導き出せる。

1. 本発明は鉛筆であり，引用文献はボールペンである
2. 本発明は六角形であり，引用文献は四角形である

次に，この違いによって，独特の効果を導き出すことができるかどうかを考える。たとえば，第1番目の違いである鉛筆とボールペンはどうであろうか。ボールペンで行われていた構造を，鉛筆の構造として採用するのは，容易であるといわざるを得ないだろう。では，第2番目の違いである六角形と四角形はどうであろうか。両者ともに多角形である点は同じであり，転がりにくくする構造という点では違いがない。しかし，持ちやすさという観点から見ると，六角形は持ちやすく，四角形は持ちにくいという違いがある。意見書では，この違いを主張したのである。このような主張が認められて特許されるかどうかは，微妙なところである。

なお，意見書においては，請求項の記載に基づいて議論することに注意しなければならない。請求項には記載していない構成要件を基礎として反論することは許されない。請求項に記載された発明が審査の対象となるのであるから当然である。

たとえば，上記の請求項には，消しゴムは構成要件として記載されていない。にもかかわらず，意見書の中で，本発明が消しゴムを有することによるメリットを主張することは許されない。

審査官は，意見書を受け取ると，この内容を見て特許査定をするか拒絶査定をするかの最終判断を下す。

5.4.3 2以上の引用文献の組合せによる拒絶理由

上記拒絶理由では，1つの引用文献が引用されている。しかし，2つ以上の引用文献が引用されその組合せにより進歩性がないとする拒絶理由もある。

たとえば，次のような請求項にて出願をした場合を考える。

【書類名】 特許請求の範囲
【請求項1】
芯材と，
芯材を取り巻く横断面六角形の本体と，
本体後端部に設けた消しゴムと，
を備えた鉛筆。

これに対し，断面六角形の鉛筆を記載した引用文献1と，消しゴムを記載した引用文献2を組み合わせれば，請求項1に係る発明が容易に導き出せるとする拒絶理由通知がきたとする。このような拒絶理由が来た場合にも，上記と同じようにして意見を考える。ただし，2つの引用文献があるので，最も近い引用文献を主引用文献として選択する。ここでは，引用文献1を選ぶ。

その上で，請求項の構成要件にあって，引用文献1にない構成要件を探し出す。すると，次の

点が見い出される

・本発明は後端部に消しゴムが設けられているのに対し，引用文献1ではない。

次に，引用文献2に上記の違いが記載されているかどうかを判断する。引用文献2に，この点が開示されていれば，引用文献1と引用文献2とを組み合わせて容易に発明できたことになり，進歩性なしということになる*1。上記の場合，引用文献2には消しゴムが開示されている。ただし，後端部に消しゴムを設けるという点は開示されていない。したがって，反論を行うのであれば，両文献を組み合わせても，後端部に消しゴムを設けるという点は，導き出せないという点を主張することになる。ただし，消しゴムを設けるのなら後端部に設けるしかないので，この点の主張によって進歩性有りとすることは困難であろう。

5.5　手続補正書

たとえば，次のような請求項にて出願をしたものと仮定する。

【書類名】　特許請求の範囲
【請求項1】
芯材と，
芯材を取り巻く横断面多角形の本体と，
を備えた鉛筆。

これに対して，引用文献1に断面四角形のボールペンが開示されており，進歩性がないとする拒絶理由を受け取ったとする。

この場合，請求項と引用文献1との違いは，鉛筆であるかボールペンであるかだけになってしまう。請求項に記載された断面多角形の一形態である断面四角形が引用文献に載っているので，この点については同一であると判断される。

したがって，このままの請求項では，反論を行っても，審査官を説得することが困難である。このような場合，明細書に断面多角形の一例として断面六角形が記載されていれば，請求項を断面六角形に補正した上で，意見を述べることができる。ただし，明細書に記載されていなければ，このような補正は認められない。

【書類名】　手続補正書
【提出日】　平成12年11月20日
【あて先】　特許庁審査官　眞島宏明　殿

*1　なお，この場合であっても，引用文献1と引用文献2を組み合わせるということ自体が困難であることを立証できれば，進歩性有りとすることができる。一般的には，このような主張は難しい。

【出願の表示】
　【出願番号】 平成 7年 特許願 第××××××号
【特許出願人】
　【識別番号】 1234567
　【住所又は居所】 大阪府豊中市石丸町3番7号
　【氏名又は名称】 大楽毛産業株式会社
【代理人】
　【識別番号】 10092956
　【代理人】
　　【弁理士】 古谷栄男
【手続補正1】
　【補正対象書類名】 特許請求の範囲
　【補正対象項目】 請求項1
　【補正方法】 変更
　【補正の内容】
　　【請求項1】
芯材と，
芯材を取り巻く断面六角形の本体と，
を備えた鉛筆。

上記のように補正書を作成し，意見書とともに提出する。なお，訂正した箇所にアンダーラインを引き，訂正箇所を明確にする。

5.6 新規性拒絶・29条の2拒絶

上記では，進歩性がないとする拒絶理由に対する対応について説明した。新規性による拒絶，29条の2による拒絶がなされた場合には，請求項に記載した発明と，引用文献に記載されている発明とが，異なるということを主張すればよい。つまり，新規性によって拒絶されている場合には，請求項にあって引用文献にはない構成要件を見い出し，これを主張することになる。しかし，この場合，新規性をクリアしても，やはり，上記の進歩性の問題が残ることになる。したがって，進歩性についても併せて，主張する必要がある。

これに対し，29条の2（拡大された先願の地位）による拒絶の場合には，同じでないという主張さえできればこれをクリアでき，進歩性の問題が生じることはない。進歩性は，対象となる出願の出願日の時点で世に知られていた従来技術をベースとして容易に発明できたかどうかを問うものであり，29条の2の先の出願は，対象となる出願の出願日の時点では公開されておらず従来技術とはいえないからである。

実務演習５

実務演習２で作成した発明届出書を明細書・図面として，実務演習３で作成した特許請求の範囲（請求項）にて，特許出願をしたものと想定する。出願日は，本日（皆さんがこれを読んでいる日）であるとする。

拒絶理由通知において引用された引用文献は，実務演習３において調査した最も近い公報とする。拒絶の理由は，進歩性がないとするものであるとする。

上記想定に基づいて，① 発明構成要件と引用文献との対比表，② 意見書を作成し提出する。対比表の様式は下記を参照のこと。意見書は，「5.4.1　意見書の例」を参照のこと。

発明構成要件と引用文献との対比表

発明構成要件（本発明）	特開 2013-XXXXXX（引用文献）
芯材と，	芯材（段落 0053）
芯材を取り巻く断面六角形の本体と，	芯材を取り巻く断面四角形の本体（図 8）
を備えた鉛筆。	ボールペン（段落 0012）

※　必ず，引用文献のどこに記載されているかを明示すること。段落○○○○。第２欄 12 行～ 13 行，第４頁の右上欄 10 行目～ 12 行目，図７など。なお，【　】で囲まれた数字が段落番号である。上欄に記載されている数字が欄番号である。また，どこに記載されているかの指摘は，各構成要件ごとに一箇所でよい。

6　侵害警告に対する対応

この章は，第Ⅰ部の第1章～第10章の知識をベースとして解説を行っている。

6.1　この章のねらい

この章では，他社から特許権侵害の警告を受けた場合の対応について具体的な考え方を説明する。会社によっては，技術者・開発者がこのような警告に対して相手方に対応することもある。また，多くの会社では，知的財産部や法務部が相手方に対応するが，この場合であっても，どのような対応をどのような手順で行っているのかを知っておいた方がよい。対応の途中で技術者・開発者に対して協力要請があった場合でも，その一般的な背景事情を理解しやすいからである。

6.2　侵害警告

例題 6.1　A さんは加工食品を製造販売する Y 社の開発技術者である。A さんが開発した，容器入りミルク α（図 6.1 参照）は好評であり，Y 社の主力製品となっていた。そこへ，X 社から知的財産部長あてに警告状が届いた。Y 社の容器入りミルク α が，X 社の特許権を侵害しているので，直ちに製造販売を中止せよということであった。A さんは何をすればよいであろうか。

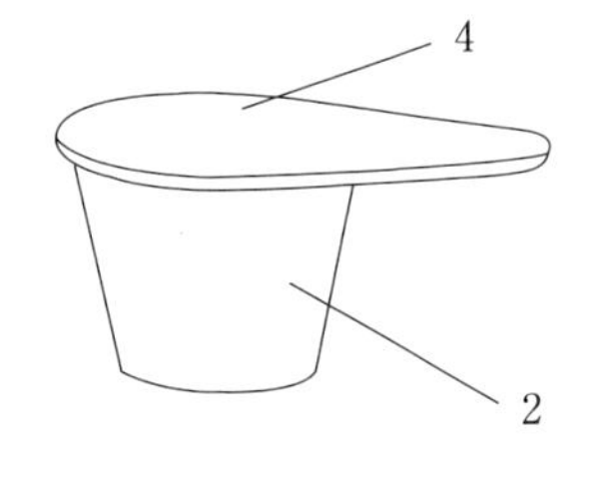

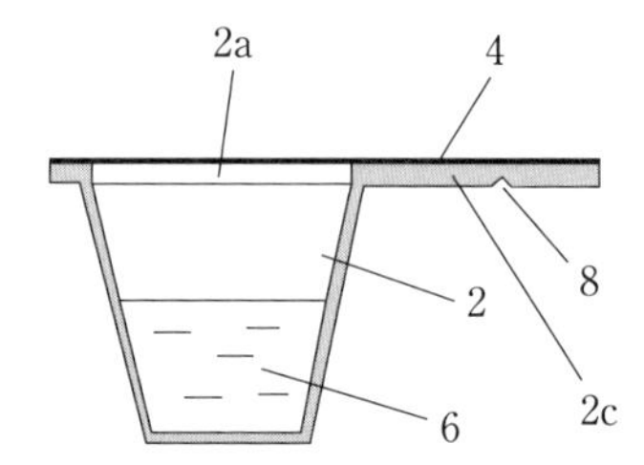

図 6.1　容器入りミルク α

6.3 警告状

Y社が受け取った警告状は以下のようなものであった。

警告書

警告人は，特許〇〇〇〇〇〇号（平成23年3月1日登録）の特許権者であります。貴社は「α」の名称で，容器入りミルクの製造販売をされておられます。当職らの調査によりますと，貴社の「α」は，警告人の所有する上記特許権（請求項1）に係る発明の構成要件を充足するものであることが明らかとなりました。

そこで，警告人は，貴社に対し，特許法第100条に基づき，上記製品の製造販売を直ちに中止することを求めるとともに，貴社が保有する在庫の廃棄を求めます。

また，本書到着から10日以内に，下記事項についてご回答ください。

1. 販売停止・在庫破棄の日時
2. これまでの販売数量
3. 製品1個当たりの利益

警告人は，いたずらに争いを好むものではありませんが，誠実なご回答がない場合，法的手段に訴えざるを得ないことを，申し添えます。

図6.2　侵害警告状

警告状に対する対応は，基本的には，Y社の知的財産部が行うことになる。では，Aさんは何もしなくてよいのであろうか。Aさんが開発した製品が特許権侵害といわれているのであるから，恐らく知的財産部から呼び出しがかかるであろう。開発前に特許調査をしたのか，X社の特許があることは知っていたのか，特許権侵害を逃れるための設計変更が可能か等が質問される。知的財産部は，この情報をもとに，X社と交渉を行う。場合によっては，弁理士や弁護士に依頼して交渉を進める。交渉の進展度合いによって，この問題の解決に開発者としてのAさんの力が必要とされることになる。

また，ベンチャー企業であれば，Aさん自身がX社との交渉をしなければならない可能性もある。この場合には，外部の弁理士や弁護士に依頼せざるを得ないであろう。開発者としてのAさんの力が必要とされることになるのは，上記の場合と同じである。

以下，警告状への対応の流れを示しながら，その中で，開発者であるAさんの技術力が必要になる場面を説明する。

6.4 侵害警告に対する対応

侵害警告に対する対応を以下に説明するが，対応の中心プレーヤーは，知的財産部や外部の弁理士・弁護士である。特に，開発者・技術者が行った方が好ましい部分は，A さんが行う旨を明示した。なお，以下の対応は一般的なモデルを示したものであり，実際には状況によって異なる。

6.4.1 権利者からの有効な特許権に基づく警告であるか

① 特許権は有効か

まず，その特許が現在も有効に存続しているかを確認する。特許が消滅していれば，差止請求はできないからである。また，損害賠償についても，将来の実施分に対しては支払う必要がないので，交渉の中でこの点を考慮することができる。

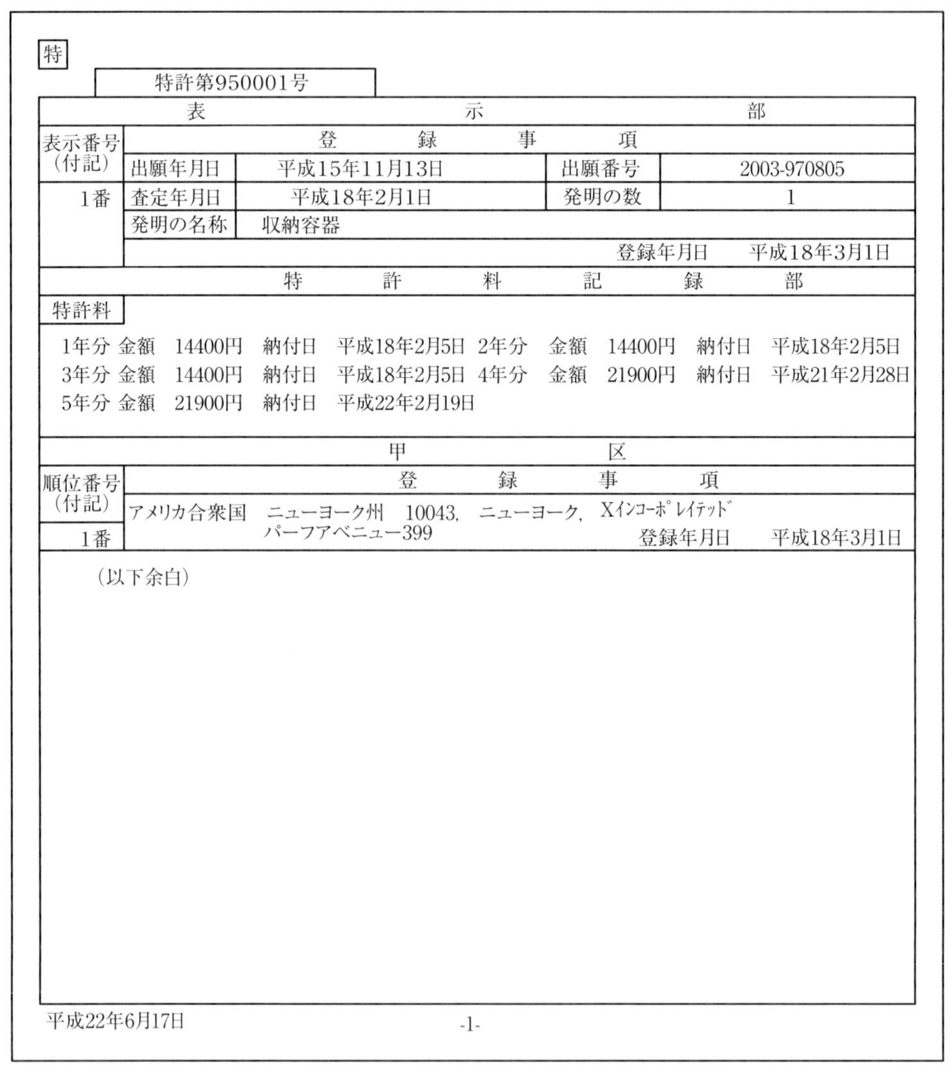

特

特許第950001号

表 示 部

表示番号（付記）	登録事項			
	出願年月日	平成15年11月13日	出願番号	2003-970805
1番	査定年月日	平成18年2月1日	発明の数	1
	発明の名称	収納容器		
			登録年月日	平成18年3月1日

特 許 料 記 録 部

特許料

1年分 金額 14400円 納付日 平成18年2月5日 2年分 金額 14400円 納付日 平成18年2月5日
3年分 金額 14400円 納付日 平成18年2月5日 4年分 金額 21900円 納付日 平成21年2月28日
5年分 金額 21900円 納付日 平成22年2月19日

甲 区

順位番号（付記）	登録事項
1番	アメリカ合衆国 ニューヨーク州 10043，ニューヨーク，パーフアベニュー399 Xインコーポレイテッド 登録年月日 平成18年3月1日

（以下余白）

平成22年6月17日 -1-

図 6.3 特許原簿

上記を確認するためには，警告状に記載された特許番号に基づいて，特許庁の特許原簿を閲覧する。特許原簿は，たとえば，次のように記載されている。

図6.3の特許原簿では，X社が特許権者であることが明示されている。

また，特許権の存続期間は出願から20年であるが，毎年，特許を維持するための印紙代（年金という）を納めなければならない。X社がこれを納めていないと，特許権は消滅する。上記原簿では，5年度まで年金が納められていることがわかる。なお，納付期限を過ぎても6月以内であれば，年金を倍額納めることにより特許権の消滅を防ぐことができる。(図6.4参照)

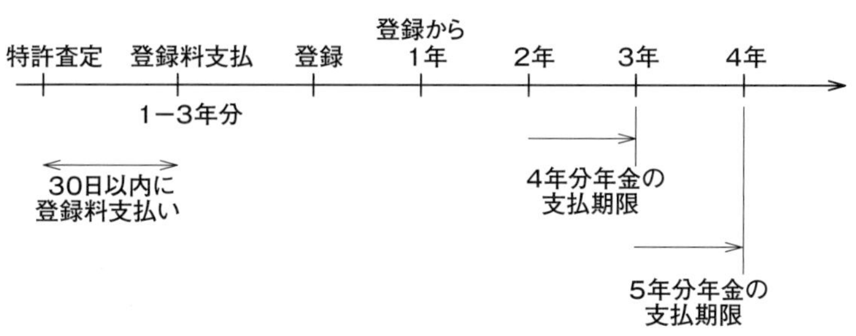

図6.4　年金の納付期限

なお，無効審判によって特許が無効にされた場合も，原簿に掲載される。この場合には，当該特許は最初からなかったものとなるので，過去の行為についても損害賠償を支払う義務はない。

②　差止請求・損害賠償を行う権利があるか

次に，警告を行ってきた者に，差止請求あるいは損害賠償請求を行う権利があるかどうかを判断する。図6.3のように，警告してきた者が特許権者であれば，差止請求・損害賠償請求を行う権利があることに間違いはない。

なお，差止請求・損害賠償請求を行うことができる者は，特許権者に限られていない。たとえば，専用実施権者（特許原簿に登録された独占的な実施権者）は，差止請求・損害賠償請求を行うことができる。専用実施権は，同一内容のライセンスについては，一人にしか認めないという独占的なライセンスである。ただし，実務的には，専用実施権はあまり利用されていない。特許原簿へ登録する必要があり，費用がかかる上，ライセンスを受けていることが公になってしまう等の点が，実務上利用されない原因である。

一方，同じ内容のライセンスを複数人に許諾できる通常実施権もある。通常実施権は，必ずしも原簿への登録は必要ないので，広く利用されている。しかし，通常実施権者は，差止請求も損害賠償請求も行うことはできない。侵害者に対しては，特許権者に頼んで，差止請求などを行ってもらうことになる*1。

*1　なお，要件を満たせば，特許権者に代わって，差止請求などを行使する代位請求が可能な場合も考えられる（民法423条）。

先に説明したように，専用実施権の登録はあまりされていない。しかし，当事者間では独占的なライセンスであるとして契約がなされ，特許原簿への登録がされていないケースが多い。このようなライセンスは，特許法において明文で規定されていないが，実務上，独占的通常実施権と呼ばれている。

独占的通常実施権者については，差止請求は認められていないが，損害賠償請求は認められている。

6.4.2 権利侵害かどうかの判断

次に，製品 α（容器入りミルク）が，X 社の特許発明の技術的範囲に入っているかどうかを判断する。警告書とは別便で，特許公報が送られてくることが多い。そうでなくとも，警告書に特許番号が記載されているので，この特許番号に基づいて特許公報を入手できる。

技術的範囲に入るか否かは，第Ⅰ部「4.5 効力の及ぶ技術的範囲」で述べたように，特許請求の範囲の請求項の記載に基づいて判断する。請求項に記載されたすべての構成要件を，製品 α が備えていれば権利侵害であるということになる。原則はこのとおりであるが，すでに説明した事項も含めて，いくつかの例外があることに注意しなければならない。X 社の特許公報に記載された請求項を記載しておく。

【請求項1】
ミルクを収納するための，開口を有する収納部と，
収納部の開口部周縁の一方向に突出して設けられたつば部と，
開口を覆うように，つば部に剥離可能に貼り付けられた薄膜プラスチック部材と，
を備えた収納容器であって，
前記つば部先端の裏面には，溝が設けられていることを特徴とする収納容器。

① 間接侵害

すでに説明したとおりである。特許品の生産にのみ使用する物（専用部品）は，請求項の構成要件のすべてを備えていないので，原則に従うと特許権の範囲には入らない。しかし，このような専用部品を製造・販売等する行為も，特許権侵害となる。また，不可欠品を，購入先が特許品の生産に使うと知りながら生産・販売する行為も，特許権侵害となる。

② 均等侵害

請求項の構成要件の一部でも備えていなければ特許権侵害でない。しかし，発明の本質から見て，構成要件の違いがわずかである場合には，特許権侵害として扱う（第Ⅰ部「8.2 均等侵害」を参照）。ボールスプライン事件判決[*1]において，最高裁判所は，以下の５つの要件すべてを満たせば均等侵害に当たることを示した。

---

*1 平成６年（オ）第1083号

(1)　一部置き換え部分が特許発明の本質的部分ではないこと
(2)　置き換えても，特許発明の目的を達することができ，同一の作用効果を奏すること
(3)　当業者がイ号製品の製造等の時点において容易に想到することができること
(4)　イ号製品等が，特許発明の特許出願時における公知技術から容易に推考できたものではないこと
(5)　禁反言に該当しないこと

なお，実際の侵害事件訴訟において均等侵害が認められることは，それほど多くない。

③　包袋禁反言

意見書などに述べた意見と反する主張は許されないとするものである。たとえば，請求項に「ナイフ」という構成要件があったとする。「はさみ」も刃がついているので，文言上「ナイフ」に該当する解釈があり得るかもしれない。しかし，意見書において，「この発明は「ナイフ」という構成要件を備えたことにより，ナイフの上部から押さえて体重をかけることにより容易に対象物を切断できる」という主張をしていた場合には，「ナイフ」に「はさみ」が含まれるという主張は認められないであろう。このように，意見書などで述べた主張に反する解釈が許されないという原則を，包袋禁反言という。

包袋禁反言がないかどうかを判断するためには，X社特許が成立するまでに提出された意見書など（包袋という。出願経過ともいう）を入手しなければならない。これも，特許番号がわかっていれば，特許庁にてコピーを入手することができる。

6.4.3　侵害でないと判断した場合

上記のような判断をした結果，特許権侵害でないと判断した場合には，その旨の回答をX社に返す。明らかに侵害でない場合には，この回答を出すだけで，問題は解決することになる。したがって，Aさんの出番はない。

6.4.4　侵害であると判断した場合

製品αがX社の特許権を侵害すると判断した場合には，次の示すような対応を行う。なお，以下では複数の対応を示しているが，これら対応は並行して行われることが多い。

①　X社の特許を無効にするための先行技術文献を探す

X社の出願日より前に知られていた従来技術を調査する。知的財産部では，特許のデータベースや論文のデータベースなどを用いて調査を行う。有効な従来技術が見つかればよいが，見つからない場合には，Aさんのところに依頼が来ることになる。

Aさんは，その分野の技術の専門家であるから，どのような技術がいつ頃あったかを知っていることが多く，また，どのような技術文献があるかもよく知っている。だから，知的財産部は，Aさんに期待するのである。進歩性を否定するためには，外国の文献でもよいので，この点も注意して探すとよい。

先行技術文献が見つかれば，法律的には，無効審判を請求してX社の特許を無効にするという手続きをとることになる。実務では，いきなり無効審判を請求しないことも多い。見つけ出した先行技術文献をX社に提示するだけで，X社を納得させることができる場合もある。特許無効審判を請求する費用と時間を節約できる。

また，見つけ出した先行技術文献で，X社特許を無効にできるかどうかが微妙な場合もある。このような場合には，先行技術文献を提示することによって，少しでもX社との交渉を有利に進めることができる。

無効審判を請求した場合，X社は無効を免れるために，請求項を訂正することができる。請求項の発明の範囲を狭くすることにより，従来技術に対してして進歩性を出せる可能性がある(図6.5参照)。したがって，無効審判を請求する際には，i）X社が請求項を訂正することによって無効を免れることができるかどうか，ii）その場合，訂正された請求項の技術的範囲から，製品αが外れるかどうかを事前に判断しておくことが好ましい。

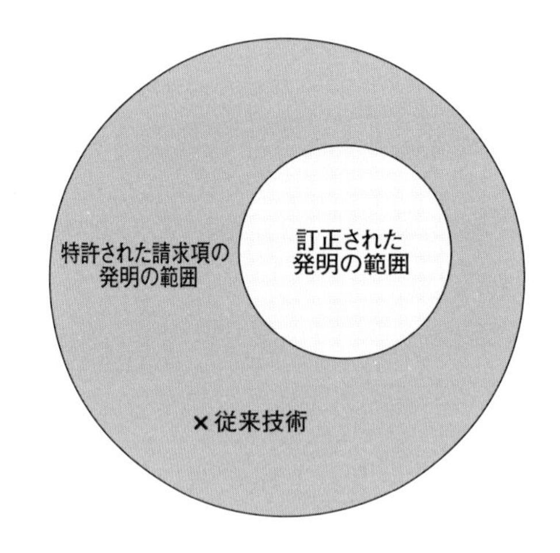

図6.5　請求項の訂正

なお，上記では，無効審判を請求する場合について説明した。しかし，X社が侵害訴訟を提起した場合，Y社は，その訴訟の中で特許が無効であることを主張することもできる。

② 製品αの設計変更を行う

製品αを設計変更して，X社の特許発明の技術的範囲から外れるようにしてもよい。この場合には，Aさんの技術者・開発者としての力が問われることになる。設計変更を依頼された場合には，X社の請求項の構成要件をながめながら，いずれかの構成要件を外すことが技術的に可能かどうかを考える。したがって，単なる技術力だけでなく，請求項に基づく権利範囲の理解が必要である。

うまいぐあいに設計変更ができれば，一般に，その内容について出願をすれば特許を取得できることが多い。

なお，設計変更を行ったとしても，過去の侵害分についての損害賠償を支払う法的義務が残ることに注意が必要である。

③　ライセンス交渉をする

X社から特許のライセンスを受ければ法的に問題ないので，その交渉を行う。ライセンス料が大きなネックとなるだろう。また，Y社が優良な特許を持っていれば，互いに特許ライセンスを交わす（クロスライセンス）という方法もある。

④　製品αの発売を中止する

選択肢としては，製品αの製造販売を中止するという方法もある。この場合であっても，過去の侵害分についての損害賠償責任は残ることに注意が必要である。

6.5　侵害品を発見したら

自社特許を侵害していると思われる製品を発見した場合，上記と立場が逆になると考えればよい。

6.5.1　自社特許の確認

まず，自社特許が有効に存続しているかを確認する。「6.4.1　権利者からの有効な特許権に基づく警告であるか」を参照のこと。

6.5.2　相手方製品の詳細を入手

相手方の製品に関する情報を入手する。たとえば，製品そのもの，製品マニュアル，カタログなど，相手方の製品が，請求項の構成要件を備えているかどうかを判断するために必要な資料を入手する。

なお，ソフトウェアの内部処理に関する特許の場合には，相手方製品を入手しても，その解析はきわめて困難である。したがって，このような場合には，製品マニュアルやカタログを入手し，そのような内部処理についての記載がないかどうかを確かめることが好ましい。かかる記載がない場合には，相手方ソフトウェアの外部に現れた機能に基づいて，内部処理を推測する。このような技術的知識が必要な事項に関しては，技術者・開発者の力が大きい。

場合によっては，製品の分解や解析を行う必要が生じる。この場合も，技術者・開発者の専門的知識が必要となる。

6.5.3　相手方製品が権利範囲に入るかどうかの判断

「6.4.2　権利侵害かどうかの判断」にて説明したとおりである。

6.5.4　対　　応

対応についても立場が変わるだけであって，基本的には，「6.4.4　侵害であると判断した場合」と同様である。

実務演習 6

あなたが，上記の例題 6.1 の A さんであるとする。知的財産部から，X 社の特許権侵害とならないようにミルク入り容器 α の設計変更をしてほしいと頼まれた。現在発売中のミルク入り容器は，図 6.6 に示すようにつば部 2c の裏面に，溝 8 が形成されている。これにより，つば部 2b の先端を折り曲げて，シール 4 をはがして簡単に開けることができる。事業部長からは，シールを剥がして開けるという基本構成は変えず，簡単に開けられるという機能をなくさないように設計変更してほしいと要望されている。知的財産部と事業部長の双方の要望を満たすような設計変更例を示してほしい。

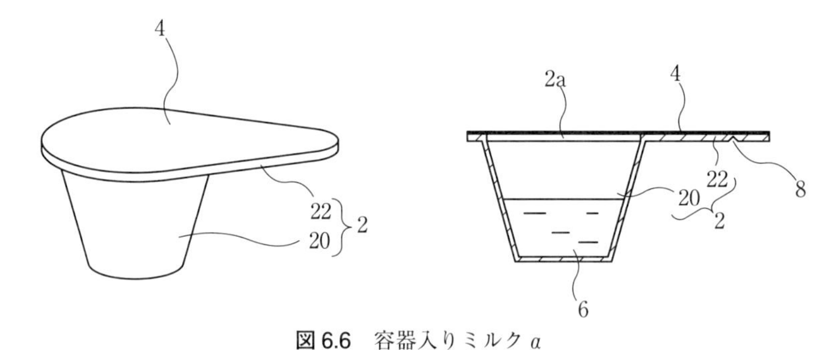

図 6.6　容器入りミルク α

なお，X 社の特許公報は，添付の付録 3 に示すとおりであるとする。また，包袋禁反言については考慮しないものとする。

理解度確認演習の答と解説

第Ｉ部の理解度確認演習の正解と解説を示しておく。

□ 理解度確認演習Ａ（１章～３章）

A.1　次に示すもののうち，特許要件でないものはどれか。

1. 新規性があること
2. 進歩性があること
3. 発明であること
4. 発明品によって利益を得ていること

正解：4

解説：「発明であること」「新規性があること」「進歩性があること」は特許を取得するための要件であるが，「発明品によって利益を得ていること」は特許要件ではない。第Ｉ部「3.1　特許要件」を参照のこと。

A.2　次のもののうち「発明」に該当しないものを２つ選んだ場合の組合せとして正しいのはどれか。

ア．集積回路の構造

イ．建造物の施工方法

ウ．タイヤの空気圧測定方法

エ．絵画

オ．医薬品

カ．新しく発見された鉱物

1. エカ　2. イウ　3. アエ　4. ウオ　5. アオ　6. イオ　7. ウエ

正解：1

解説：　特許法における「発明」とは，自然法則を利用した技術的思想の創作である。集積回路の構造，建造物の施工方法，タイヤの空気圧測定方法，医薬品の化学的構造についてのアイディアなどは，技術的思想の創作に該当する。しかし，絵画としての表現は「技術的思想」に該当しない。また，新しく発見された鉱物は「創作」に該当しない。「3.2.1 自然法則を利用した技術的思想」を参照のこと。

A.3　以下に特許法の条文の抜粋を示す。(a)，(b) の条文に対応する概念を示すものとして正しい組み合わせを示すものはどれか。

(a)　産業上利用することができる発明をした者は，次に掲げる発明を除き，その発明について特許を受けることができる。

1. 特許出願前に日本国内又は外国において公然知られた発明
2. 特許出願前に日本国内又は外国において公然実施をされた発明
3. 特許出願前に日本国内又は外国において，頒布された刊行物に記載された発明又は電気通信回線を通じて公衆に利用可能となつた発明

(b)　特許出願前にその発明の属する技術の分野における通常の知識を有する者が前項各号（上記 (a) の1. 2. 3. のことである）に掲げる発明に基いて容易に発明をすることができたときは，その発明については，同項の規定にかかわらず，特許を受けることができない。

1. (a) 特許法の目的　(b) 新規性
2. (a) 進歩性　(b) 新規性
3. (a) 特許法の目的　(b) 進歩性
4. (a) 新規性　(b) 特許法の目的
5. (a) 新規性　(b) 進歩性

正解：5

解説：(a) は「次に掲げる発明を除き，その発明について特許を受けることができる」と規定しているので，特許要件についての規定であることが明らかである。そして，特許を受けることができないものとして，「出願前に…公然知られた発明」などが規定されていることから，新規性について述べた規定であることがわかる。(b) は「容易に発明をすることができたときは，その発明については，同項の規定にかかわらず，特許を受けることができない」と規定しているので，進歩性についての規定であることがわかる。「3.3　新規性があるか」，「3.4　進歩性があるか」を参照のこと。

A.4　次の場合において，新規性があるのはどれか。

1. 特許出願をする前に，発明の内容について，会社の同僚数名とミーティングを持った。
2. 車輪の回転によって自動的にタイヤに空気を注入する特殊なポンプを搭載した自転車を販売した後，自転車ではなくそのポンプについて特許出願をした。
3. 特許出願をしたところ，その発明が既にヨーロッパにおいて出願前の技術雑誌に掲載されていた。
4. 特許出願の前に発明の内容を，自社のウェブサイトに掲載した。
5. 発明品がどの程度売れるかを予測するため，発明の内容を説明して，街頭で消費者アンケートを採った。その結果がよかったので，特許出願をした。

正解：1

解説：自転車にはポンプが搭載されているので，自転車を販売すれば，ポンプについても新規性は失われる。したがって，肢2は新規性がない。外国において知られていた場合であっても新規性は失われる。したがって，肢3は新規性がない。ウェブに掲載した場合も新規性は失われる。したがって，肢4は新規性がない。発明の内容を説明した場合は新規性がなくなる。したがって，肢5は新規性がない。企業の従業員は，一般に就業規則などで守秘義務を負っている。会社の同僚とミーティングをした場合，同僚は基本的に秘密を守る義務があり，新規性は失われない。したがって，肢1は新規性が失われていない。

A.5 次の記載のうち，誤っているものはどれか。

1. 発明者Xが2016年3月1日に発明を発表し，同年6月1日に新規性喪失の例外を主張して出願を行った。Yが偶然にも同じ発明をし，2016年5月1日発行の学会誌にその発明を発表した。この場合，Xの出願は，Yの発表によって新規性がないとして拒絶される。
2. 上記選択肢1において，Yの発表が2016年7月1日であった場合，Xの出願は，Yの発表によって新規性がないとして拒絶されない。
3. 上記選択肢1において，Yの発表が2016年2月1日であった場合，Xの出願は，Yの発表によって新規性がないとして拒絶される。
4. 出願前の発表について新規性喪失の例外が適用されたとしても，進歩性の判断において，当該発表内容は従来技術として扱われる。

正解：4

解説： 新規性喪失の例外は，本人の発表行為によって新規性を失わなかったものとする取り扱いにすぎない。発表した日に出願がされたものとみなすものではない。したがって，肢1のように出願前に他人が発表を行った場合，新規性は失われる。肢1は正しい。肢2においては，出願後に他人の発表がなされているので，当該他人の発表行為によって新規性は失われない。肢2は正しい。肢3においては，出願前に他人が発表を行っているので，新規性は失われる。肢3は正しい。新規性喪失の例外が適用されると，当該発表行為によって新規性・進歩性は失われない。進歩性の判断においては，当該発表内容が従来技術と扱われないということである。肢4は誤り。3.6 新規性喪失の例外を参照。

A.6 次の記載のうち，正しいものはどれか。

1. 出願書類の記載が不十分であり発明が理解できない場合，出願後に説明を追加して発明を理解できるようにすれば特許を取得できる。
2. 出願書類に，その発明の分野のトップレベルの研究者が出願書類を読んで発明を実施できる程度に説明していれば，記載が不十分であるとして拒絶されることはない。
3. 出願書類に記載された発明が，実際になされた発明と違っていることが判明した場合，審査官は，実際になされた発明に基づいて，新規性・進歩性を判断する。

4. 特許法は最終的に発明を社会に共有しようとする制度であるから，特許権の満了後に，その分野の専門家が出願書類を読んで発明を実施できるように，出願書類にて発明を説明しなければ特許は与えられない。

正解：4

解説：　肢1は誤っている（例題3.10解説参照）。出願時に発明を適切に記載しておかなければならない。その分野のトップレベルの研究者ではなく平均的なレベルの研究者が読んでも実施できる程度に記載する必要がある。したがって，肢2は誤っている。審査官は，出願書類に記載されて発明に基づいて審査を行う。したがって，肢3は誤り。肢4は，正しい。

A.7　新規性喪失の例外が認められている趣旨を説明せよ。

・解答の指針

「3.6　新規性喪失の例外」の理解を問う問題である。解答では，新規性喪失の例外が認められている趣旨（理由），つまり，なぜ新規性喪失の例外が認められているのかを記述しなければならない。

では，なぜこのような例外を認めているのか。原則を貫くと，不都合が生じるからである。とすれば，原則を貫いた場合の不都合を答案の中心部分として示すとよい。また，その前提として原則が何であるかを示す。

このように考えると，書く内容が見えてくる。原則的な扱いは何か，その扱いによる不都合は何か，そこでどのような例外を認めたのかを書けばよい。つまり「原則」「しかし」「そこで」のパターンで記述すればよい。このパターンは，例外的な制度の趣旨を説明する場合の全てに適用することができる。

問題文にて示した「趣旨を問う問題の考え方」に従って，答案として書く内容を解説すると以下のとおりである。

まず，「そこで」（結論）の部分を明確にする。問題文から，「新規性喪失の例外が認められている」というのが結論であると導ける。この内容を説明的に記述すると，「発明者の発表後一定期間内に特許出願をした場合は，例外的に新規性を失わなかったものとする新規性喪失の例外が認められている」となる。

次に，原則である。「そこで」の内容を裏返せばよい。つまり，新規性喪失の例外がない場合を考えればよい。「発明者が自ら発明を発表した後に出願をした場合であっても，新規性がないとして特許は取得できない」と導き出すことができる。

続いて，「しかし」の内容として，この原則を貫いた場合に生じる問題を考える。これが，答案の中心的内容である。「自らの発明をいち早く発明を世に知らせることは，新規な発明を公開した代償として特許を付与するという特許法の趣旨に反するともいえず，新規性がないとするのは発明者に酷である」というような内容を導き出せればよい。

なお，本問のように，例外を問う問題は，原則についての理解も併せて聞くことができるので，出題者にとって，出題しやすいありがたい問題なのである。

「原則・しかし・そこで」のパターンは，知的財産の答案を書くこと以外に，提案や報告などにおいて，説得力のあるまとめ方をするために役立つ。

・参考答案

> 　特許出願の時点で新規性のある発明でないと特許は取得できない。したがって，発明者が自ら発明内容を発表してしまうと，その発表後に出願をしても新規性がないとして拒絶される。
> 　しかし，発明者が自分の発明を発表することによって，いち早く世に発明が知られることになったのであり，新規性がないとするのは発明者に酷である。また，いち早く世に発明を知らせることは，新規な発明を公開した代償として特許を付与するという特許法の趣旨に反するともいえない。
> 　そこで，発明者の発表後一定期間内に特許出願をした場合には，一定の条件を満たすことで，例外的に新規性を失わなかったものとする新規性喪失の例外を認めている。

・解　説

答案において，「しかし」の部分の記載が重要である。この「しかし」の部分に，制度の趣旨が現れるからである。参考答案では，発明者に酷であるという点と，新規な発明をいち早く公開したことは責められないという点をしっかりと記載している。

とはいえ，「しかし」の部分を答案として記載しただけでは，この制度の背景を含めた理解を示すことができない。

たとえば，下記の答案例Aは1つの核心を突いているように見えるが，「出願時点で新規性が判断される」「出願前に発表すると新規性が失われるので特許が取得できなくなる」などの背景知識を示すことができていない。答案作成者がこのような理解を持っていないのであれば論外であるが，理解をしているにもかかわらず答案に表現できていないのであれば，この点を意識するだけで，自らの理解を示した答案を作成できるはずである。

> （答案例A）
> 　発明者が発表して特許を取得できないのは気の毒であるから，新規性喪失の例外を認めている。

答案において，「しかし」の項目と同じぐらい重要なのが，その前後にある「原則」と「そこで」の項目である。参考答案の第1段落が「原則」であり，最後の段落が「そこで」である。

たとえば，答案例Bは，「しかし」の項目において，発明者に酷である，発明をいち早く公開することは責められないという点を記載しており，この点よくできている。ただし，「原則」の記載が十分ではないため，「しかし」の項目にて記載した内容の前提が示されておらず，理解を示すという点では不十分である。発明者自らが発表した場合についての扱いであるという点に焦点を当てて「原則」を書けば，答案に理解を示すことができるだろう。

> （答案例B）
> 　新規性のある発明に対して特許を付与する。

> しかし，それでは発明者が発表した場合に余りにも酷である。また，発明をいち早く公開することは特許法に目的とするところである。
> そこで，例外的に新規性を失わなかったものとする新規性喪失の例外を認めている。

最後に，答案例Cを示す。良くできた答案であるが，参考答案と見比べて，どのような点が不十分であるかを考えてみてほしい。

> （答案例C）
> 発明者が自ら発明内容を発表してしまうと，特許を取得することができない。
> しかし，それではあまりにも発明者に酷である。また，発明をいち早く公開することは特許法の目的とするところである。
> そこで，例外的に新規性を失わなかったものとする新規性喪失の例外を認めている。

「原則」の部分において，「出願時点で新規性が判断される」という理解を持っていることが示されていない。この点に意識があれば，「出願より前に発表すると」「新規性」などの文言が「原則」の項目に記載されることになるはずである。参考答案では，この点の理解がしっかりと示されている。

また，細かいことをいうと，答案例Cの「しかし」の項目における「発明をいち早く公開することは特許法の目的とするところである」というのは，少しいいすぎではないだろうか。あくまでも，例外的に新規性を喪失しなかったものとする制度であるから，ここまで，発明者を擁護するのはどうだろうか。この点，参考答案は，「いち早く世に発明を知らせることは，新規な発明を公開した代償として特許を付与するという特許法の趣旨に反するともいえない」として，あくまでも例外的に認めるものであることとの整合性を図った記載としている。

このようにみると，何気なく書かれているように思える参考答案であるが，いろいろな点を配慮し，自らの理解の内容を上手く示した答案であるということができよう。

・採点基準（10点満点として）

本問についての採点基準例を参考のため以下に示す。あくまでも目安であり，このような項目が記載されているからといって定型的に得点が与えられるわけではない。

原則として発明者自身が発表した場合でも新規性がないという点を書いているか……………………3点
発明者に酷であるという点について触れているか……………………………………………………2点
新規な発明を世に開示することは必ずしも特許法の目的に反しないという点についてふれているか
……………………2点
一定期間内・一定条件を満たす場合に認められるという点についてふれているか……………………3点
全体的な得点………………………………………………………………………………………±2点

上記得点の合計によって判断した。ただし，10点を超えた場合には10点とする。

・答案と理解

以上，答案における表現方法について解説をしてきた。答案における表現を意識することで，知識を理解する際に，より論理的で緻密な理解ができると考えたからである。

理解のレベルを3段階に分けるとすると，「ちんぷんかんぷんである」「局所的にわかっている」「全体との関係も含めてわかっている」になるだろう。「局所的にわかっている」と「全体との関係も含めてわかっている」との違いは，他人に説明できるかの違いとして現れるだろう。たとえば，上記の答案例 A に示された理解では，新規性喪失の例外という制度を「局所的にわかっている」にすぎず，他人が理解できるように説明することは難しいだろう。

本教科書を読み進める際に，例外的な制度が出てくれば，原則は何か，それを貫いた場合の問題点は何かという点を意識すれば，全体との関係も含めて理解することができ，楽しく学ぶことができる。

□ 理解度確認演習 B（1 章〜 4 章）

B.1　次の記載のうち，間違っているものを選べ。

1. 特許権の効力は，家庭的個人的な実施には及ばない。
2. 非営利団体が他人の特許発明を実施した場合，営利を目的としていない限り特許権侵害とならない。
3. 特許権者に無断で特許品を製造した場合，たとえその特許品を販売していなくとも特許権侵害になる。
4. 物の発明において，特許発明の実施とは，その物を生産，使用または譲渡などをする行為をいう。
5. 大学教授が，教授としての研究において，他人が特許を有する特許品を生産する行為は特許権侵害にはならない。しかし，研究における使用済みの特許品を販売すれば特許権侵害となる。

正解：　2

解説：　生産しただけであっても実施に該当する。肢 3 は正しい。4.1.2 業として特許発明の実施をする権利を専有するの②を参照のこと。肢 5 は正しい。4.1.3 特許権の効力が及ばない場合を参照のこと。非営利団体の行為は，家庭的個人的な行為とはいえず「業として」に該当する。肢 2 は間違っている。4.1.2 業として特許発明の実施をする権利を専有するの①を参照のこと。

B.2　次の記載のうち，間違っているもの選べ。

1. 特許発明の技術的範囲は，特許請求の範囲の請求項の記載に基づいて定められる。
2. 請求項が複数記載されている場合，それぞれの請求項ごとに特許権がある。
3. 「A と B と C を備えた D」と請求項に記載されている場合，構成要件の全てを備えているかどうかによって技術的範囲に属するかどうかを決定する。
4. 請求項に複数の構成要件が記載されている場合，それぞれの構成要件ごとに特許権がある。

正解：　4

解説：　請求項に記載された構成要件の全てを備えていれば技術的範囲に入る。したがって，肢 4 は間違っている。4.5.1 技術的範囲の解釈を参照のこと。

B.3　次に示す請求項 1 にて特許権があるものとする。以下に示すもののうち，特許発明の技術的範囲に入るのはどれか。

【請求項 1】

芯材と，
芯材を取り巻く断面多角形の本体と，
本体の一端に設けられた消しゴムと，
を備えた鉛筆。

1. 消しゴムが付いておらず，本体の断面が三角形の鉛筆
2. 消しゴムが付いていて，本体の断面がかまぼこ型である鉛筆
3. 消しゴムが付いており，本体の断面が丸である鉛筆
4. プラスチック消しゴムが付いていて，本体の断面が四角形である鉛筆
5. 消しゴムが付いておらず，本体の断面が六角形である鉛筆

正解： 4

解説： 請求項に記載された構成要件を全て備えているかどうかにより，特許発明の技術的範囲に入るかが決まる。プラスチック消しゴムも消しゴムであるから，肢4は構成要件の全てを備えている。5.5 効力の及ぶ技術的範囲を参照のこと。肢1，肢5は消しゴムが付いておらず，肢2，肢3は横断面が多角形ではないので，構成要件の一部を欠く。

B.4 次の行為のうち，「業としての特許発明の実施」に該当するにもかかわらず，特許権侵害にならないものの組み合わせとして正しいのは，1～5のうちどれか。

A. 特許発明に係る製品を，特許権者に無断で個人的に使用する行為。
B. 医薬Aと医薬Bを混合してなる医薬Cの特許発明につき，特許権者に無断で，医師の処方箋に基づいて薬剤師が調剤する（医薬Aと医薬Bを混合して医薬Cを作る）行為。
C. 特許発明に係る製品を，特許権者に無断で，カメラによって撮像する行為。
D. 特許権者から購入した，特許発明に係る製品を，販売する行為。
E. 特許発明の技術的範囲に入らない製品を，特許権者に無断で，製造販売する行為。

1. AB　2. BC　3. BD　4. BE　5. DE

正解： 3

解説： A～Eの全てが特許権侵害でない行為である。Aは個人的な行為であり「業として」に該当しない。Cは「実施」に該当しない。Eは「特許発明」に該当しない。つまり，A，C，Eの行為は，いずれも，そもそも「業としての特許発明の実施」に該当しないものである。Bは，薬剤師が業として特許品を製造しており「業としての特許発明の実施」に該当するが，例外的に特許権侵害でないと定められているものである。4.1.3 特許権の効力が及ばない場合を参照のこと。Dは，特許発明に係る製品を販売しており「業としての特許発明の実施」に該当するが，消尽理論により特許権侵害でないとされているものである。4.6 特許権の消尽を参照のこと。したがって，該当するのはBとDである。

B.5 次の行為のうち，特許権Aの特許権侵害にあたる行為はどれか。なお，X，Y，Wは特許権者でもなく，特許権者からライセンスを受けた者でもない。Zは特許権者からライセンスを受けた者である。製品Bは，特許権Aの技術的範囲に入るものとする。

1. 特許権者が製品Bを製造販売する行為。(特許権者の行為)
2. 特許権者が販売した製品Bを購入したXが，その製品BをYに転売する行為。(Xの行為)
3. Zが販売した製品Bを購入したXが，その製品BをYに転売する行為。(Xの行為)
4. 特許権者が販売した製品Bを購入したXが，特許発明の本質に係わらない製品Bの一部を取り替えた後，Yに販売する行為。(Xの行為)
5. 特許権者が販売した製品Bを購入したXが，特許発明の本質に係る製品Bの一部を取り替えた後，Yに販売する行為。(Xの行為)

正解： 5

解説： 肢2は，特許権者が販売した時点で特許権が消尽し侵害でない。同様に，特許権者からライセンスを受けたZが特許品を適法に販売すれば，特許権が消尽する。よって肢3は侵害でない。肢4においては，特許権者の販売により権利が消尽し侵害ではない。肢5では，本質部分を取り替えており，新たな特許品の生産となって，侵害となる。4.6 特許権の消尽を参照のこと。

B.6 次の記載のうち正しいものはどれか。

1. 特許権者は，侵害者に対して侵害の停止を求めることはできるが，直ちに損害賠償を請求することはできない。損害賠償を請求できるのは，侵害の停止を求めたにもかかわらず侵害が続行された場合だけである。
2. 特許権者が被告に対して侵害行為の差止を求める訴訟においては，被告が侵害行為をしていないことを証明しない限り差し止めを免れることはできない。
3. 特許権侵害に基づく損害賠償は，特許権者の特許品1個当たりの利益に，侵害者による侵害品の販売個数を乗じた額として請求することができる。
4. 特許権の存続期間が満了すると，存続期間中の過去の侵害行為について損害賠償請求を行うことはできない。
5. 独自開発を行った製品であれば，その製造販売が特許権侵害となることはない。

正解： 3

解説： 特許権侵害によって損害が生じた場合，差止請求を行わずとも損害賠償を請求できる。肢1は誤り。肢2は，権利者の側に立証責任があるので誤り。4.7 訴訟と立証責任を参照のこと。損害賠償請求は，過去の侵害行為に対するものである。肢4は誤り。独自開発の抗弁は認められない。肢5は誤り。4.2.3 独自開発の抗弁を参照のこと。肢3は正しい。4.2.2 損害賠償請求権とはを参照のこと。

B.7　下記の小問に答えよ。

小問1：　Y社の販売行為は，X社の請求項1の特許の特許権侵害となるか。

小問2：　Y社の販売行為は，X社の請求項2の特許の特許権侵害となるか。

小問3：　Z社の販売行為は，X社の請求項1の特許の特許権侵害となるか。

小問4：　R教授の使用行為（資料5）は，X社の請求項1の特許の特許権侵害となるか。

小問5：　R教授の販売行為（資料6）は，X社の請求項1の特許の特許権侵害となるか。

小問6：　個人Sの使用行為（資料7）は，X社の請求項1の特許の特許権侵害となるか。

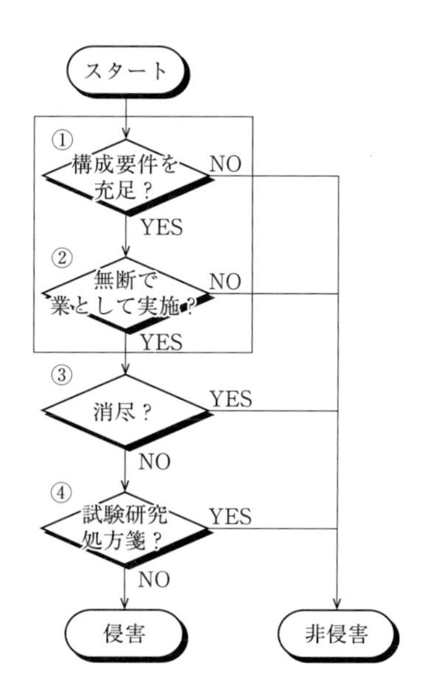

解説：　侵害に当たるかどうかは，まず，「業として特許発明の実施」をしているかどうかを判断する。たとえば，個人的実施であり「業として」に該当しなければ非侵害となる。構成要件の一部でも備えておらず「特許発明」の技術的範囲に入っていなければ非侵害となる。

「業として特許発明の実施」に該当すれば，原則として侵害である。ただし，試験研究などの特許法に定める例外に該当すれば非侵害となる。また，消尽理論によって非侵害となる場合もある。これをフローチャートにまとめると，上図のとおりである。

最初の2つの判断ボックスは，「業として特許発明の実施」に該当して原則として侵害となるかどうかの判断を，2つに分けて記載したものである。

小問１　正解　侵害

解説：　Ｙ社のＹシャープは，Ｘ社特許の請求項１の構成要件（a）（b）（c）（d）を全て満たしている。Ｙ社の販売行為は「業として特許発明の実施」に該当する（図のステップ①②）。したがって，原則として特許権侵害である。

ただし，Ｙシャープは，特許権者の販売した商品を回収して販売しているものであるから消尽の可能性がある。Ｙ社は，特許発明の本質部分である消しゴムを取り替えているので，新たな生産に該当し，特許権は消尽しない（ステップ③）。また，試験研究などの事情もない（ステップ④）。したがって，侵害である。

小問２　正解　侵害

解説：　Ｙ社のＹシャープに付いている消しゴムは，請求項２の構成要件を全て満たしている。Ｙ社の販売行為は「業として特許発明の実施」に該当する（図のステップ①②）。したがって，原則として特許権侵害である。

消しゴムは，Ｘ社製品の中古品ではないので，消尽を検討すべき事情もない（ステップ③）。また，試験研究などの事情もない（ステップ④）。したがって，侵害である。

小問３　正解　非侵害

解説：　Ｙ社のＹシャープは，Ｘ社特許の請求項１の構成要件（a）（b）（c）（d）を全て満たしている。Ｙ社の販売行為は「業として特許発明の実施」に該当する（図のステップ①②）。したがって，原則として特許権侵害である。

ただし，Ｚシャープは，特許権者の販売した商品を回収して販売しているものであるから消尽の可能性がある。Ｚ社は，特許発明の本質部分である消しゴムはそのままとし，芯を補充して販売している。したがって，新たな生産には該当せず，特許権は消尽ており，非侵害である（ステップ③）。

小問４　正解　非侵害

解説：　Ｒは家庭的個人的にＹシャープを使用しているのではなく，大学教授の業務として使用している。Ｙシャープは，上記のように請求項１の構成要件を全て備えている。したがって，Ｒの使用は，「業として特許発明の実施」に該当する（図のステップ①②）。原則として特許権侵害である。

また，小問１で検討したように，特許権の消尽もない（ステップ③）。しかし，Ｒは研究目的で使用しているので，特許法の例外により非侵害である（ステップ④）。

小問５　正解　非侵害

解説：　Ｒは家庭的個人的にＹシャープを使用しているのではなく，大学教授の業務として使用している。Ｚシャープは，上記のように請求項１の構成要件を全て備えている。したがって，Ｒの使用は，「業として特許発明の実施」に該当する（図のステップ①②）。原則として特許権侵害である。

しかし，Ｚシャープについては，小問３の検討にあるように特許権が消尽しており，これをＲが販売したとしても非侵害である（ステップ③）。

小問6　正解　非侵害

解説：　Sが製造・使用しているシャープペンシルは，請求項1の構成要件（a）（b）（c）（d）を全て満たしている（ステップ①）。しかし，Sの使用は個人的な使用であり「業として」に該当しない（ステップ②）。したがって，非侵害である。

B.8　以下に示すのは，特許のことをよく知らないAとBの会話である。Aの発言とBの発言が噛み合っていない原因を指摘せよ。(300字程度)

A「特許出願は，具体的に書いては損らしいよ。抽象的に書いた方が得だって聞いたよ。」

B「そんなことないよ，具体的に書かなければだめだって聞いたよ。」

A「それは，君の聞き間違いだろう。俺の知り合いは，具体的に書いたために権利範囲が狭くなって，類似品を特許権侵害にできず，困ったそうだよ。だから，具体的に書いたら損なんだよ。」

B「おかしいな，僕の知り合いは，発明内容をしっかりと書かなかったために，特許がとれなかったらしいよ。」

・解答の指針

特許発明の技術的範囲に入るかどうかは，特許請求の範囲に記載した構成要件の全てを備えているかどうかによって決まるということと，明細書にはその分野の専門が発明を実施できる程度に発明を記載しなければならないということの理解を問うものである。

・参考答案

AとBのいずれも，出願書類についての話をしているが，Aは特許請求の範囲について話をし，Bは明細書について話をしていることを互いに認識していないため，発言がかみ合っていない。Aは，特許請求の範囲に記載した構成要件の全てを備えているかどうかによって特許発明の技術的範囲が決まることから，特許請求の範囲には余分な構成要件を記載しない方がよいといっている。これに対し，Bは，明細書にはその分野の専門家が発明を実施できる程度にその発明を記載しなければ特許が与えられないことから，明細書には詳細に発明内容を記載した方がよいといっている。

・解説

Aは特許請求の範囲，Bは明細書について話をしていることに気づくことができれば，基本的な理解はできている。その上で，理解をどのように答案に示すかを意識するとよい。2人の会話がかみ合っていない理由を示すことで，特許請求の範囲，明細書についての理解を示すことができる。

・採点基準（5 点満点として）

本問についての採点基準例を参考のため以下に示す。あくまでも目安であり，このような項目が記載されているからといって定型的に得点が与えられるわけではない。

A が特許請求の範囲，B が明細書について話をしていることにふれているか……………2 点

話がかみ合っていない理由を，特許発明の技術的範囲が特許請求の範囲によって決まることと，明細書には当業者が実施可能なように発明を記載しなければならないこととの関係で説明しているか…3 点

全体的な得点…………………………………………………………………………………………± 2 点

上記得点の合計によって判断する。ただし，5 点を超えた場合には 5 点とする。

B.9　処方箋に基づく調剤行為を特許権侵害としない趣旨を説明せよ。(300 字程度)

・解答の指針

処方箋に基づく調剤行為を特許権侵害としないのは，例外的な規定であるから，「原則」「しかし」「そこで」のパターンを使うことができる（詳しくは，理解度確認演習 A の問 A7 の解説を参照のこと）。この問題では，「そこで」の項目に「処方箋に基づく調剤行為には特許権の効力は及ばない」ことを書くのであるから，「原則」の項目には「処方箋に基づく調剤行為に特許権の効力が及ぶ」ということを書けばよい。「しかし」の項目では，「原則」を貫いた場合の問題を書く。

・参考答案

処方箋に基づく調剤行為であっても，調剤した薬が他人が特許権を有するものである場合，業として他人の特許発明を実施したことになり，特許権侵害となるのが原則である（特許法 68 条）。

しかしながら，処方箋はきわめて多種の医薬の中から当該患者の病状に最も適切な薬効を期待できるように選択し調剤することを個別的に指示するものであるから，その都度その混合方法が特許権侵害となるかどうかを判断することは困難である。したがって，調剤行為にまで効力を及ぼすのは，国民の健康上の観点から行き過ぎである。

そこで，特許法 69 条は，処方箋に基づく調剤行為には特許権の効力は及ばないとした。

・採点基準（10 点満点として）

本問についての採点基準例を参考のため以下に示す。あくまでも目安であり，このような項目が記載されているからといって定型的に得点が与えられるわけではない。

処方箋に基づく調剤行為であっても，業としての特許発明の実施に該当すれば，原則として特許権侵害であるという点にふれているか……………………………………………………………4 点

調剤の都度，侵害の有無を判断するのは困難であるという点にふれた上で，国民の健康上の観点から侵害とすることは好ましくないことに言及しているか……………………………………6 点

全体的な得点……………………………………………………………………………………± 2 点

上記得点の合計によって判断する。ただし，10 点を超えた場合には 10 点とする。

□ 理解度確認演習 C（1章～6章）

C.1　補正について正しいものはどれか。

1. 特許出願をした後は，出願書類を補正することは一切できない。
2. 請求項の補正は，出願当初の特許請求の範囲，明細書，図面に記載した範囲内でなければすることができない。
3. 特許出願をした後は，明細書についてのみ補正をすることができ，特許請求の範囲については補正をすることができない。
4. 請求項の補正は，出願当初の特許請求の範囲に記載した範囲内でなければすることができない。
5. 特許出願をした後，特許査定があるまでは，どのような補正であれ自由にすることができる。

正解：2

解説：出願書類の補正が一切許されていないわけではない。したがって肢1は誤り。特許請求の範囲についても補正を行うことが可能である。したがって肢3は誤り。請求項の補正は，特許請求の範囲に限らず，明細書・図面の記載にも基づいて行うことができる。したがって，肢4は誤り。無制限に補正が認められるわけではなく，出願当初の明細書等に記載した事項の範囲内に限定される。したがって，肢5は誤り。「6.5.4　補正書・意見書」を参照のこと。

C.2　次の書類のうち，出願時の出願書類に含まれないものはどれか。

1. 願書
2. 明細書
3. 特許請求の範囲
4. 意見書
5. 要約書

正解：4

解説：出願時に提出する書類は，願書，明細書，特許請求の範囲，要約書である（「6.2.1　出願に必要な書類」を参照）。意見書は，拒絶理由通知に対応して提出するものであり，出願時に提出する書類ではない（「6.5.4　補正書・意見書」を参照）。

C.3　次の記載のうち誤りはどれか。

1. 拒絶査定不服審判や特許無効審判における審決に対しては，不服を申し立てることはできない。
2. 拒絶査定不服審判においては，3人または5人の審判官によって，審査官の行った拒絶査定の妥当性が審理される。

3. 特許無効審判においては，3人または5人の審判官によって，審査官の行った特許査定の妥当性が判断される。
4. 情報提供は匿名にて行うことができる。
5. 特許権侵害の警告を受け取った後であっても，その特許について特許無効審判を請求することができる。

正解： 1

解説： 審判における審決に対して不服がある場合には，知的財産高等裁判所に訴えを提起することができる。肢1は誤り。侵害警告に対する対抗策として特許無効審判を請求する場合も多い。肢5は正しい。6.8.2 特許無効審判を参照のこと。

C.4 拒絶理由通知について正しいものはどれか。

1. 拒絶理由通知を受け取ると，出願は必ず拒絶される。
2. 出願審査請求を提出する前に，拒絶理由通知が到着する場合もある。
3. 拒絶理由通知を受け取ると，もはや出願内容を補正することはできない。
4. 拒絶理由通知を受け取ると，所定の期間内に意見書を提出する機会が与えられる。
5. 拒絶理由通知は，出願人が審査官に対して提出する書類である。

正解：4

解説：拒絶理由通知に対して意見書・補正書を提出することで，特許査定を得る場合がある（「6.1 出願の審査（概要）」を参照）。したがって肢1，3は誤り。出願審査請求を行わなければ審査は開始されない（「6.4 出願審査の請求」を参照）。したがって肢2は誤り。拒絶理由通知は，審査官が出願人に対して連絡する書類である（「6.5.3 拒絶理由通知」を参照）。

拒絶理由通知に対して，意見書を提出して反論することが可能である（「6.5.4 補正書・意見書」を参照）。したがって，肢4は正しい。

C.5 次の記載のうち正しいものはどれか。

1. 特許出願があれば，全ての出願について審査が行われる。
2. 特許出願の願書には，発明者と出願人が表示されている。特許権者となるのは発明者である。
3. 特許出願においては，発明の内容を詳細に説明した明細書，希望する権利範囲を明確にした特許請求の範囲などを提出しなければならず，口頭説明によってこれに代えることはできない。
4. 独自に新しい施工方法を開発し，この施工方法によって建て売り住宅を建てて販売した。低コストを実現した施工方法であったため，売れ行きは好調であったが，特許権者から警告状が届いた。警告状の内容は，特許権侵害であるからその施工方法を止め，既に施工した分については損害賠償をせよとの内容であった。そのような特許権があることは知らなかったので，今後の施工を中止することはしかたないが，既に施工済みの分についての損害賠償はしなくともよい。
5. 分割出願についての新規性などの判断は，その分割出願をした日を基準として行われる。

正解：3

解説：出願審査請求を行わないと審査は開始されない（「6.4　出願審査の請求」を参照）。したがって肢1は誤り。特許権者となるのは，願書において出願人として表示された者である（「5.2　会社の技術者・開発者が発明をした場合」を参照）。したがって肢2は誤り。特許権の存在を知らない場合であっても，損害賠償をしなければならない（「4.2.3　独自開発の抗弁」を参照）。したがって肢4は誤り。分割出願は，親出願をしたときにしたものと見なされ，新規性などの要件は，親出願の出願日を基準として判断される（「6.11.2　分割出願」参照）。したがって肢5は誤り。

明細書は発明を公開するための書面，特許請求の範囲は権利範囲を決めるための書面であり，これらを提出せず口頭でこれに代えることはできない。これを書面主義という。肢3は正しい。

C.6　ある特許出願について，Aに記載した手続きより後にBに記載した手続きが生じる可能性のないものはどれか。

1. A＝拒絶理由通知　B＝意見書
2. A＝特許出願　B＝審査請求
3. A＝特許出願　B＝公開公報の発行
4. A＝拒絶査定　B＝特許査定
5. A＝特許査定　B＝出願審査請求

正解：5

解説：拒絶理由通知に対して意見書・補正書を提出することができる（「6.5.4　補正書・意見書」を参照）。したがって肢1は可能性あり。特許出願を行った後，審査を受けるためには出願審査請求を行う（「6.4　出願審査の請求」を参照）。したがって肢2は可能性あり。特許出願から原則1年6月で出願公開が行われる（「6.3　公開公報発行」を参照）。したがって肢3は可能性あり。拒絶査定に対し，拒絶査定不服審判を請求し，特許査定を得ることができる場合がある（「6.6　拒絶査定に対する審判」を参照）。したがって肢4は可能性あり。

特許査定が出るということは既に審査が始まった後であるので，同じ出願について，その後，審査請求が行われることはない。したがって，肢5は可能性なし。

C.7　次のうち誤りはどれか。

1. 国内優先権の主張を伴う出願において，先の出願に記載していた発明については，先の出願の出願日（優先日）を基準として新規性や進歩性が判断され，追加した発明については国内優先権の主張を伴う出願の現実の出願日を基準として新規性や進歩性が判断される。
2. 国内優先権の主張を伴う出願を行うと，先の出願は取り下げたものとみなされる。

3. 国内優先権の主張を伴う出願を行って特許を取得した場合，その特許は，先の出願の出願日から 20 年で満了する。
4. 国内優先権の主張を伴う出願は，先の出願から 1 年以内に行わなければならない。

正解： 3

解説： 特許権は出願から 20 年で満了する。4.4 特許は何時発生し，何時消滅するか参照。国内優先権の主張を伴う出願の出願日は，優先日ではなく実際の出願日である。したがって，肢 3 は誤っている。

C.8 次のうち特許無効審判によって特許を無効にする理由とならないものを選べ。

1. 特許された発明に，新規性がない場合。
2. 特許された発明が，特許権者によって実施されていない場合。
3. 特許された発明に，進歩性がない場合。
4. 特許出願の明細書に，当業者が発明を実施できる程度に発明が説明されていなかった場合。

正解： 2

解説： 特許要件を満たさない特許出願が誤って特許された場合に，特許を無効にするために請求することができるのが特許無効審判である。したがって，特許を無効にできる理由は特許要件に限られる。肢 2 は特許要件ではないので，これを理由に無効を請求することはできない。

C.9 次のうち先使用権の要件でないものはどれか。

1. 特許出願に係る発明の内容を知らないで自らその発明をしたこと
2. 特許出願の際現に日本国内においてその発明の実施である事業をしていること又はその事業の準備をしていること
3. 実施又は準備をしている発明及び事業の目的の範囲内であること
4. 自ら特許出願をしていること

正解：4

解説：「6.10 先使用権」参照のこと。先使用権を主張するためには，自ら出願をしている必要はない。したがって肢 4 は誤り。肢 1，2，3 は正しい。

C.10 出願審査請求制度の趣旨を説明せよ。

・解答の指針

出願審査請求制度は，新規性喪失の例外や調剤行為を侵害としない規定などのように，例外として設けられた制度ではない。したがって，「原則」「しかし」「そこで」のパターンが使えないと考えるかもしれない。

しかし，このような問題であっても，「原則」として「このように考えることもできる」「このように取り扱うべきと考えられる」などとすれば，「原則」「しかし」「そこで」のパターンを用いることができる。

本問において「そこで」の項目で書くべきことは「出願審査請求があった出願についてのみ審査を行う」ということである。とすれば，「出願されたものすべてを審査すべきであると考えられる」という点を「原則」とすればよい（その理由をつけるとさらによい）。内容については，「6.3　出願審査の請求」を参照のこと。

・参考答案

> 権利を取得することを希望して出願を行うのであるから，本来，すべての出願について審査を行うべきであるとも考えられる。
>
> しかし，出願されたものの中には，その後の状況の変化によって，出願人がもはや権利取得を望まないものもある。このような出願についてまで，審査を行うのは無駄であり，真に権利取得を望む出願の審査を遅らせることにもなる。
>
> そこで，出願審査請求を待って審査を行うようにしたのが出願審査請求制度である。これにより，出願後一定期間内に出願審査請求がなされなかった出願については，取り下げたものとみなし，審査対象を減らして審査の促進を図ることができる。

・採点基準（10 点満点として）

本問についての採点基準例を参考のため以下に示す。あくまでも目安であり，このような項目が記載されているからといって定型的に得点が与えられるわけではない。

・本来すべての出願を審査すべきと考えられる点にふれているか……2 点
・権利取得を望まない出願の存在についてふれているか……2 点
・審査の無駄により，権利化を望む出願の審査が遅れることにふれているか……2 点
・出願審査請求を待って審査を行うという点を書いているか……2 点
・取り下げたものと見なして審査対象を減らすという点に触れているか……2 点
・全体的な得点……± 2 点

> **C.11　特許法が，20 年という期間を限定して特許権を与えるようにしている趣旨を説明せよ。**

・解答の指針

この問題も，問 9 と同じように，例外について問うものではないが，「このように考えることもできる」「このように取り扱うべきと考えられる」などを「原則」とすれば，「原則」「しかし」「そこで」のパターンを使うことができる。

本問において「そこで」の項目で書くべき内容は「20 年という期間を限定して特許権を与える」ということである。したがって，理由をつけた上で「特許を永久権にする」ということを「原則」とすればよ

い。

・**参考答案**

> 特許法は，発明をした者に独占権である特許を与えることにより，発明意欲をもたらして発明を奨励し，産業の発達を図ることを目的とする。したがって，発明を奨励するために，特許権を永久に与えるということも考えられる。
> しかし，特許権を永久に与えた場合には，いつまでも第三者が自由にその技術を使えないため，産業の発達をかえって阻害することになる。
> そこで，特許法は，20年という期間を限定して特許権を与え，期間経過後は発明を公衆に解放することで，発明奨励と第三者の利用との調和を図り，産業の発達を目指すのである。

・**解　説**

前述のように，「そこで」の項目で書くべき内容は「20年という期間を限定して特許権を与える」ということである。これに対して，上記の参考答案では「特許を永久権にする」ということを「原則」の項目に書いた。しかし，「特許権をまったく与えない」ということを「原則」にすることもできそうである。このように考えた人もいるだろう。

本問のねらいは，「特許権を永久にする」「特許権を与えない」という極端な取り扱いではなく，特許法はそのバランスをとっているということを聞くことにある。したがって，上記のように「原則」として想定される内容が2つ出てくるのである。

この点を考慮すれば，次のように，「原則」「しかし」「ところで」「そこで」というパターンで答案を作成すれば，さらに出題意図に沿った答案となるだろう。

> 発明者を十分に保護するためには，永久権として特許権を与えることが考えられる。
> しかし，これでは特許権がいつまでも消滅せず，第三者が自由にその技術を使えないため，産業の発達をかえって阻害することになる。
> とはいえ，第三者が自由に新技術を使えるようにするため特許制度をなくしてしまうと，模倣がはびこり新技術を開発しようとする意欲がそがれることになる。つまり，この場合も新技術の登場による産業の発達が阻害されることになる。
> そこで，特許法は，一定期間を区切って特許権を与え，期間経過後は発明を公衆に解放することで，発明奨励と第三者の利用との調和を図り，産業の発達を目指すのである。

・**採点基準（10点満点として）**

発明奨励のために特許権を与えるという点にふれている……………………………………………2点

永久権とするといつまでも他人が発明を実施できなく産業発達を阻害するという点にふれているか
……………………………………………………2点

特許を与えないと発明意欲がそがれる点にふれているか……………………………………………2点

期間経過後は特許発明を第三者に自由に実施させるという点にふれているか……………………………2点
発明奨励と利用のバランスによって産業発達を図る点が書かれているか……………………………2点
全体的な配点……………………………………………………………………………………………±2点

C.12　出願公開公報と特許掲載公報を比較して説明せよ。(300字程度)

・解答の指針

類似した制度を，正しく理解しているかを問うためには，比較して説明せよという出題が適している。この種の問題では，出題者の意図が，ここにあることを理解しておくことが解答への大きな指針となる。比較せよと問われているので，共通点と相違点に分けて説明することが好ましい。

相違点のポイントは，出願公開公報が審査終了の有無にかかわらず公開されるのに対し，特許掲載公報が特許付与されたものだけであることである。

・参考答案

出願公開公報も特許掲載公報も，特許請求の範囲，明細書，図面などを掲載した公報であり，特許庁が発行するものであるという点において共通している。

しかし，以下の点において異なっている。出願公開公報は，審査終了の有無にかかわらず，出願の内容を公開するものである。したがって，特許権が付与されていないものが大部分である。これに対し，特許掲載公報は，審査が終了し，特許が付与されたものだけについて，その特許内容を公表するものである。

・解　説

答案を作成する際に注意すべきことは，理解をしっかりと示すということである。たとえば，次の答案を読んでみてほしい。

出願公開公報も特許掲載公報も，特許請求の範囲，明細書，図面などを掲載した公報であり，特許庁が発行するものであるという点において共通している。

しかし，審査終了の有無にかかわらず出願の内容を公開するものであるか，審査が終了し，特許が付与されたものだけについて，その特許内容を公表するものであるかという違いがある。

よくできているように見えるが，この答案作成者が，本当に出願公開公報と特許掲載公報を正しく理解しているかどうかを，答案からは判断できない。仮に，答案作成者が，出願公開公報と特許掲載公報を入れ違えて理解していたとしても，この答案であれば書くことができるからである。比較せよという問題が出されたときは，この点に注意することが必要である。

□ 理解度確認演習 D（1 章～ 9 章）

D.1 次に示す 1 ～ 5 のうち，A の出願が，B の出願によって，拡大された先願の地位（29 条の 2）の規定にて拒絶されるのはどれか。なお，図中の表記において α /（$\alpha+\beta$）は，発明 α と発明 β が明細書に記載され，発明 α についてのみ請求項に記載されていることを表す。図において，日時は左から右へ流れている。

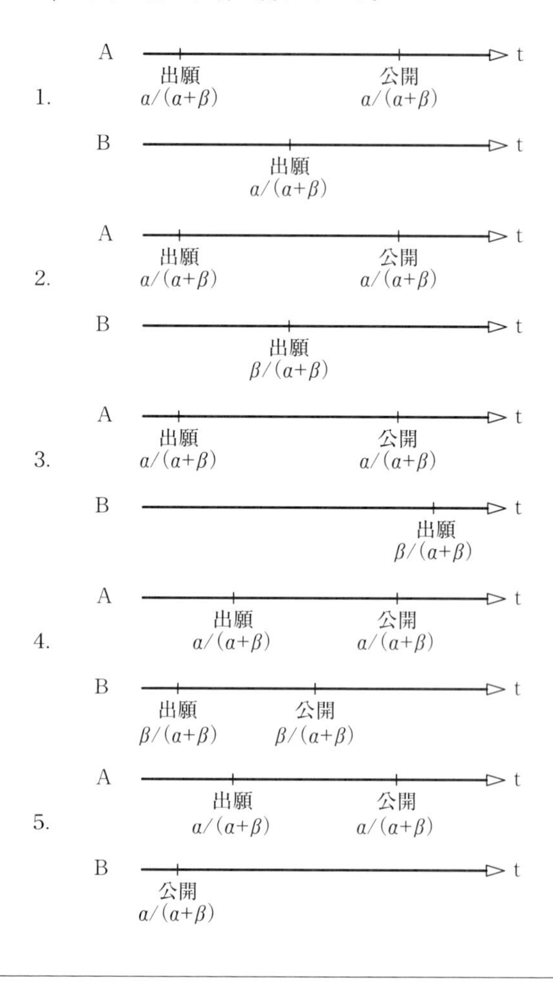

正解：4

解説：拡大された先願の地位に基づく拒絶（29 条の 2）は，先願の出願後に出願され，先願の公開前に出願されたものに対して適用される（「7.2 拡大された先願の地位」を参照）。この条件に合致するのは，肢 4 である。そして，肢 4 のケースでは，A の出願の請求項に記載された発明 α が，先願である B の出願の明細書に記載されているので，A の出願は，拡大された先願の地位に基づいて拒絶（29 条の 2）されることになる。

肢 1，2，3 は，A の出願が B の出願よりも先になされているので，B の出願により拒絶されることはない。

肢 5 は，A の出願より前に，B の出願が公開されており，新規性によって拒絶されることになる（「7.2 拡大された先願の地位」を参照。これを参照しても理解できなければ「3.3.3　新規性を失わせる行為」を参照）。

D.2　上記 D.1 問題において，B の出願が A の後願であるとして特許法 39 条によって拒絶されるのはどれか。

正解：1

解説：特許法 39 条は，同じ発明についての特許権を複数成立させないための規定である。したがって，39 条が適用されるのは特許請求の範囲に記載した発明が同じ 2 つの出願であり，後願が拒絶されることになる。肢 1 は，A と B の特許請求の範囲に記載された発明 α が同じであり，B が後願であるから，39 条によって拒絶される。

肢 2，3，4 は，A と B において，特許請求の範囲に記載された発明が異なるので，39 条が適用される余地はない。肢 5 は，B の方が先に出願されているので，A との関係において 39 条が適用される余地はない。

D.3　以下の A と B の会話を読んで，A の特許がいずれの要件によって無効にされたかを選べ。

A　参ったよ。無効審判で特許が無効になったよ。

B　特許をとったときには，世紀の大発明だと言っていたじゃない。誰か既に同じ発明を出願していたの？

A　そう。俺よりも先に出願していたようだ。

B　請求項が同じだったということ？

A　そうじゃないんだ。

B　じゃあ。君の出願の請求項に記載した発明と同じ発明が，先の出願の明細書に記載されていたということ。

A　そうなんだ。

1. 新規性
2. 進歩性
3. 先願性
4. 29 条の 2
5. 新規性と 29 条の 2 のいずれも可能性がある
6. 新規性と進歩性のいずれも可能性がある
7. 新規性と先願性のいずれも可能性がある

正解：5

解説：請求項が同じだったという質問に対して，そうじゃないと答えているので，先願性ではない。同じ発明が記載されているということであるから，進歩性ではない。請求項に記載した発明と同じ発明が，先の出願の明細書に記載されていたのであるから，先の出願がAの出願前に公開されていれば新規性によって無効にされることになる。また，先の出願がAの出願前に公開されていなければ29条の2によって無効にされることになる。したがって，肢5が正しい（「7.2　拡大された先願の地位」を参照）。

D.4　下表は，新規性，進歩性，先願性，29条の2の各要件に基づいて拒絶を行う場合に用いる証拠を表したものである。たとえば，新規性によって拒絶を行う場合には，従来技術文献として，特許公報を用いることができ，さらには，論文などの特許文献以外の文献も用いることができる。表中の，(1)，(2)，(3)の空欄を埋めよ。

	証拠方法
新規性	特許公報だけでなくその他の文献も証拠とできる
進歩性	(1)
先願性	(2)
29条の2	(3)

正解：

(1)　特許公報だけでなくその他の文献も証拠とできる

(2)　特許出願のみを証拠にできる

(3)　特許出願（公開公報）のみを証拠にできる

解説：進歩性は，従来技術に基づいて容易に発明できたかどうかを問題とするものであるから，特許公報だけでなく他の文献も証拠にできる（「3.4　進歩性があるのか」を参照）。39条，29条の2は，他の出願との関係における特許要件であるから，特許出願のみを証拠にできる。

D.5　29条の2が特許要件とされている趣旨を説明せよ。(300字程度)

・解答の指針

29条の2も例外的な規定であるとはいえないが，合理性のある仮定的な「原則」を設定すれば，「原則」「しかし」「そこで」のパターンで解答することができる。たとえば，「出願の時に新規である発明はすべて特許することも考えられる」ということを「原則」とすることができる。

・参考答案

特許法は，新規な発明を公開した代償として特許を与えるものである。したがって，先の出願の明細書に記載された発明を請求する出願（以下本件出願という）について，先の出願が公開される前に本件出願をした場合，新規性は失われておらず，特許を与えてよいとも考えられる。

しかしながら，本件出願の時に新規性があったとしても，先の出願の明細書に記載されていた発明については，本件出願が出願公開される時点では，すでに先の出願によって公開されることになる。したがって，本件出願は，その発明を世に最初に公開するものではない。

そこで，本件出願の時に，先の出願が公開されていないため新規性がある発明であっても，先の出願の明細書に記載された発明については特許を与えないとする29条の2が要件として設けられている。

・解　説

上記では，新規性の観点から「原則」を設定したが，次のように先願性の観点から「原則」を設定して答案を作成してもよい。

「先の出願の明細書に記載された発明を請求する本件出願について，先の出願が公開される前に本件出願をした場合，請求項に記載の発明が異なれば，先願性（39条）の規定は適用されず，特許を与えてよいとも考えられる。」

・採点基準（10点満点として）

出願時に新規な発明すべてに特許を付与するという可能性が法目的との関係で示されている………5点
本件出願が，その公開時には新たな発明を世にもたらさないということを記載している……………5点
全体的得点………………………………………………………………………………………………±2点
合計点は，10点を超えても10点までとする。

□ 理解度確認演習 E（1章～8章）

E.1　補償金請求権について，A～Fのうちの正しいものを組み合わせたものはどれか。1～5の数字で解答せよ。

A. 出願公開があった後，その出願に係る発明について第三者が無断で実施した場合，出願人は差止請求を行うことができる。

B. 補償金請求権は，その出願が特許されない場合であっても，請求することができる。

C. 特許権を取得した後に，第三者が無断で特許発明を実施した場合，その実施行為については，損害賠償と補償金の双方を請求することができる。

D. 補償金請求権は，ロイヤリティ（実施料）相当額を請求できるという権利である。

E. 出願公開がされる前に，第三者が無断で，その出願に係る発明について実施をした場合，その実施行為について補償金請求権を請求することができる。

F. 補償金請求権は，出願した発明が特許された場合でなければ請求することができない。

1. DF　2. AF　3. DC　4. BF　5. EF

正解：1

解説：差止請求は，特許権が侵害された場合に行える。特許権成立前の行為については差止請求を行うことができない。したがって肢Aは誤り。補償金請求権は，出願が特許された場合に遡って請求できる。したがって肢Bは誤り。特許権成立後の実施に対しては，損害賠償を請求できるので補償金を請求することはできない。したがって肢Cは誤り。補償金請求権は，出願公開による出願人の不利益を補償するものであるから，出願公開されたことが要件となっている。したがって肢Eは誤り。肢D，肢Fは正しい。「8.4　補償金請求権」を参照。

E.2　AさんとBさんが次のような特許権を有している。Aさんの特許も，Bさんの特許も，下図に示すような，使い切りのコーヒー用ミルクを容器に収納したものである。

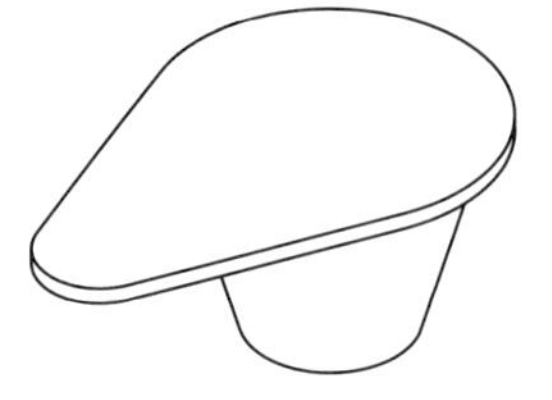

Aさんの特許

【請求項1】

開口を有し，ミルクを収納するための収納部と，

収納部の開口部周縁に突出して設けられたつば部と，

開口を覆うように，つば部に剥離可能に貼り付けられた剥離部材と，

を備えたミルク収納容器。

B さんの特許

【請求項 1】

開口を有し，ミルクを収納するための収納部と，
収納部の開口部周縁に突出して設けられ，裏面に溝を有するつば部と，
開口を覆うように，つば部に剥離可能に貼り付けられた剥離部材と，
を備えたミルク収納容器。

A さんの特許の図面

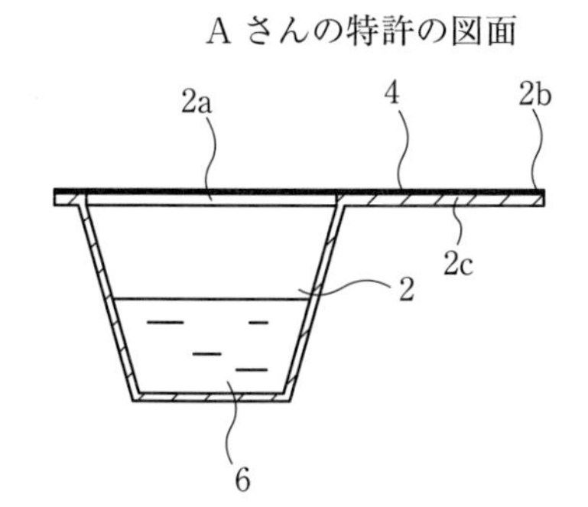

B さんの特許の図面

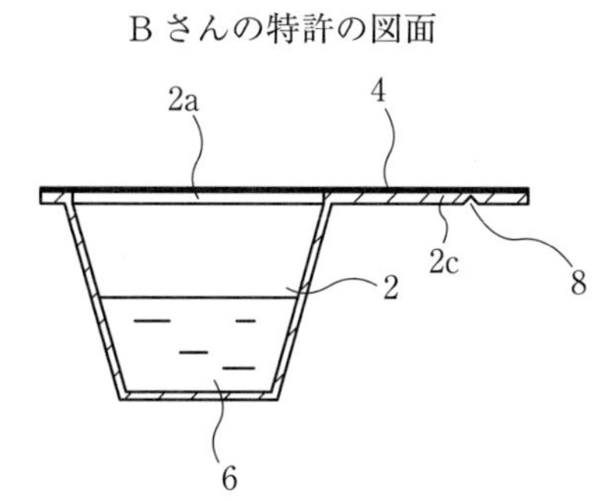

以下の行為のうち，A さんもしくは B さんのいずれの特許権も侵害しない行為はどれか。なお，以下において「ミルク収納容器」といえば，開口を有しミルクを収納するための収納部と，収納部の開口部周縁に突出して設けられたつば部と，開口を覆うようにつば部に剥離可能に貼り付けられた剥離部材とを備えたものをいう。

1. B さんが，「つば部の裏に溝の設けられていないミルク収納容器」を，製造・販売する行為
2. A さんが，「つば部の裏に溝の設けられていないミルク収納容器」を，製造・販売する行為
3. B さんが，「つば部の裏に溝の設けられたミルク収納容器」を，製造・販売する行為
4. A さんが，「つば部の裏に溝の設けられたミルク収納容器」を，製造・販売する行為
5. C さんが，「つば部の裏に溝の設けられていないミルク収納容器」を，製造・販売する行為

正解：2

解説：「8.3.2　基本特許と改良特許の権利関係」を参照のこと。肢 2 の場合，「つば部の裏に溝の設けられていないミルク収納容器」は，A さんの特許発明の技術的範囲内にある。しかし，A さん自身の実施であるから A さんの特許の侵害とはならない。また，溝が設けられていないので，B さんの特許発明の技術的範囲には入っていない。したがって，B さんの特許の特許権侵害とならない。したがって，肢 2 が正解となる。

肢 1 では，A さんの特許発明の技術的範囲に入る収納容器を，B さんが製造販売しているので，A さんの特許の侵害となる。

肢 3 では，B さん自身が B さんの特許発明を実施しているので，B さんの特許の侵害にはならない。

しかし，A さんの特許発明の技術的範囲に入る収納容器を，B さんが製造販売しているので，A さんの特許の侵害となる。

肢 4 では，B さんの特許発明の技術的範囲に入る収納容器を，A さんが製造販売しているので，B さんの特許の侵害となる。

肢 5 では，A さんの特許発明の技術的範囲に入る収納容器を，C さんが製造販売しているので，A さんの特許の侵害となる。

E.3　下図は，特許権侵害を分類したものである。A〜E に入る言葉として正しい組み合わせを示したものは 1 〜 5 のうちどれか。

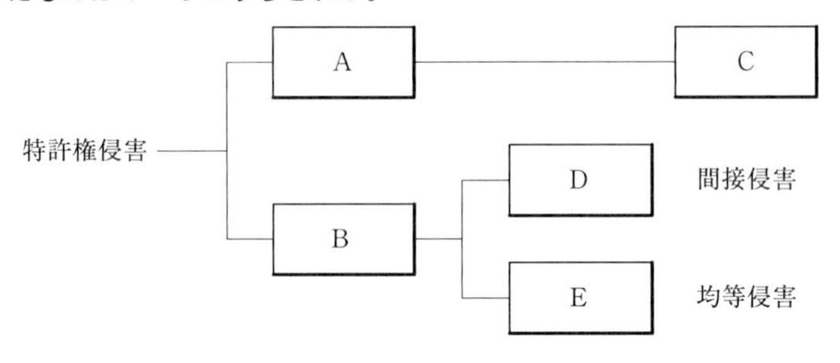

1. A －構成要件充足　B －構成要件充足せず　C －直接侵害　D －侵害を誘発　E －実質的にみれば構成要件を充足
2. A －構成要件充足せず　B －構成要件充足　C －間接侵害　D －侵害を誘発　E －実質的にみれば構成要件を充足
3. A －構成要件充足　B －構成要件充足せず　C －直接侵害　D －実質的にみれば構成要件を充足　E －侵害を誘発
4. A －構成要件充足せず　B －構成要件充足　C －直接侵害　D －侵害を誘発　E －実質的にみれば構成要件を充足
5. A －構成要件充足　B －構成要件充足せず　C －直接侵害　D －侵害を誘発　E －特許無効の可能性あり

正解：1

解説：間接侵害，均等侵害と対比して空欄が設けられているので，C には「直接侵害」が入ることが明らかである。そうすれば，A には「構成要件充足」が入り，B には「構成要件充足せず」が入ることがわかる。さらに，間接侵害に対応するのは「侵害を誘発」であり，均等侵害に対応するのは「実質的にみれば構成要件を充足」である。「8.1　間接侵害」および「8.2　均等侵害」を参照のこと。

E.4　間接侵害が認められている趣旨を説明せよ。

・解答の指針

間接侵害は，構成要件のすべてを備えた場合が侵害となるという原則の例外に当たるので，「原則」「しかし」「そこで」のパターンで解答ができる。

「そこで」の項目で書くことは「専用品や不可欠品の生産・譲渡などを侵害とみなす」ということである。したがって，「原則」の項目では，「専用品や不可欠品の生産・譲渡などは，直接侵害でない」ということを理由とともに書けばよい。

・参考答案

> 特許発明に係る物の生産にのみ使用する物（以下，専用品）や課題解決に不可欠な物（以下，不可欠品）は，構成要件の一部を欠くので，これを生産・譲渡しても侵害にはならないのが原則である。
>
> しかし，専用品や不可欠品の譲渡は，譲渡を受けた第三者による侵害を誘発し，特許権者に大きな不利益を与えるので，これを放置することはできない。
>
> そこで，専用品を生産・譲渡する行為や，購入者が侵害品を生産することを知りながら不可欠品を譲渡する行為を侵害であるとみなし，特許権者の保護を実効あるものとするのが間接侵害である。

・採点基準（10点満点として）

専用品などは構成要件の一部を欠くので直接侵害とならない点にふれている……………………………3点
専用品などの販売が第三者の侵害を誘発するという点にふれている………………………………………5点
専用品の生産・譲渡，不可欠品＋知りながらの譲渡を侵害と見なし保護を実効あるものとする……3点
全体的得点……………………………………………………………………………………………………±2点

> **E.5　101条2号の間接侵害において，「不可欠品」であることだけでなく，特許権の存在および購入者が侵害することを「知りながら」を要件としている趣旨を説明せよ。**

・解答の指針

少しひねりをきかせた問題であるが，「原則」「しかし」「そこで」のパターンが使える。「そこで」の項目では，「不可欠品」であることだけでなく「知りながら」を要件としている，ということを書く。したがって，「原則」のところでは，「不可欠品であるというだけで間接侵害を成立させるということも考えられる」とすればよい。

また，本問は，単に「知りながら」が要件となっている理由を示すだけでは十分でない。その理由を示す過程で，間接侵害という制度を理解していることを示す必要がある。つまり，第三者の侵害を誘発する行為を防止して，特許権者の保護を実効あるものとするという観点から，本問に解答するとよい。

・参考答案

> 間接侵害が設けられた趣旨は，特許権侵害を誘発する行為を禁止するためのである。したがって，特許品の「不可欠品」を製造販売する行為も，侵害を誘発する場合があることは明らかであり，特許権の存在および購入者が侵害すること「知りながら」という要件を求めることなく，間接侵害を成立させるということも考えられる。

しかし，「不可欠品」は発明の課題解決には不可欠な物であるが，101条1号に規定の「専用品」とは異なり，特許品を作るためという用途以外の用途もありうる。このため，不可欠品を一律に間接侵害とすると，侵害を誘発していない場合についても間接侵害となり，第三者の不利益が大きい。

そこで，101条2号の間接侵害においては，特許権の存在および購入者が特許権侵害をすることを知りながら販売したことを要件とした。

・採点基準（10点満点として）

不可欠品は侵害を誘発するので条件を付けず間接侵害にするという可能性について触れているか…2点
不可欠品が侵害を誘発しないケースもあること述べ，第三者の不利益を説明しているか……………5点
専用品との違いを説明しているか………………………………………………………………………3点
全体的得点……………………………………………………………………………………………±2点

E.6 以下の事実（1）～（4）を読んで，設問に答えよ。

事実：

(1) X社は，食品包装パックにつき，以下に示す特許950001号を有している。

(2) Y社は，平成27年の秋頃に，使用説明書に示す「簡単くん」の開発を計画した。しかし，Y社は，上記X社特許が，将来の事業の障害になるかもしれないと考え，X社特許の無効審判を請求した。

(3) 上記Y社の申し立てた無効審判では，Y社の主張は認められず特許は有効であるとの審決が下された。

(4) Y社は，平成28年春には「簡単くん」の開発を完了し，この「簡単くん」のスーパーマーケットに対する販売を開始し，現在に至っている。

設問：

X社は，Y社の「簡単くん」の販売を中止させたい。どのような主張をすべきかを理由とともに説明せよ。

A社特許の特許請求の範囲（他の詳細は，本文中の問題を参照のこと）

【特許請求の範囲】

【請求項1】

食品を置くための底面と底面の周囲に設けられた側壁とを有するトレイと，
トレイの側壁に差し込むための二股部と，二股部の上部に連続する直線状の縦部材と，
縦部材に所定の角度をもって連続する直線状の傾斜板とを有する間隔保持具と，
食品を置いたトレイと，トレイの側壁にその二股部を差し込んだ間隔保持具との全体を覆う透明フィルムと，
を備えた食品包装パック。

「簡単くん」の使用説明書（抜粋）

Y 株式会社

弊社のクリップ「簡単くん」をご購入いただきありがとうございます。「簡単くん」は，刺身などを見映え良くラップするためにお使いいただけるクリップであり，スーパーマーケットの売り上げ増大に貢献いたします。

参考のため，「簡単くん」の外形を第 A 図，第 B 図に記しておきます。「簡単くん」の二股部を，商品を入れたトレイの壁に差し込みます。そして，トレイ全体をラップ（透明フィルム）でくるみます。そうすると，第 C 図に示すように，商品がラップに当たらずに見映え良くラップができます。使用時の参考としてください。

また，「簡単くん」は，上記のようにラップの際に用いるだけでなく，ラップせずに値札を貼り付けて，陳列棚の端部に二股部を差し込むことにより，値段表示にも使えますので，とても便利です*。

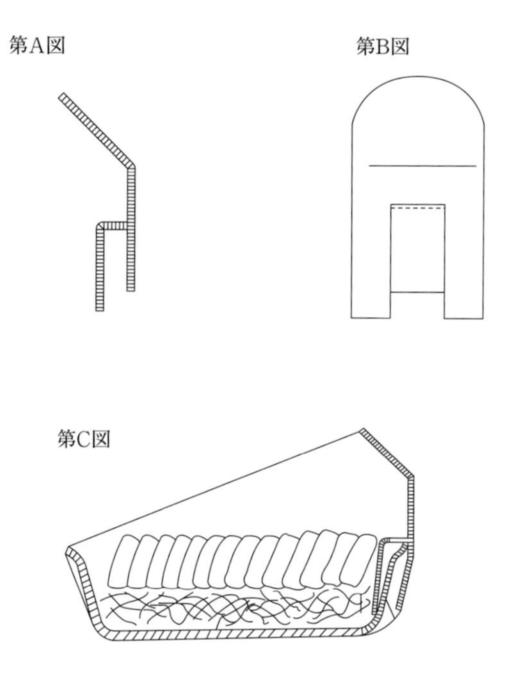

＊当社の調査によりますと，「簡単くん」を購入されたスーパーのほぼ 100％がラップをして使っておられ，35％が値札にも使っておられます。

・解答の指針

スーパーマーケットは，Y 社の「簡単くん」を使って，トレイ，間隔保持具，透明フィルムを有する食品包装パックを完成させている。したがって，スーパーマーケットは，X 社の特許を侵害しているということができる。しかし，本問では，Y 社の「簡単くん」が問題となっている。

Y 社の「簡単くん」は，食品包装パックの部品であるから，間接侵害を検討すればよいことに気がつくであろう。値札にも使えるということであるから，「専用品」とはいえず，101 条 1 号の間接侵害には該当しない。とすれば，101 条 2 号ということになろう。あとは，「不可欠品」に該当するか，特許権の存在を知っていたか，購入先が侵害をすることを知っていたかという要件を満たすかどうかを，事実を当てはめながら検討すればよい。

答案の流れは，「直接侵害に該当しないこと」「間接侵害を検討する理由」「101 条 1 号に該当しないこと」「101 条 2 号に該当すること」「結論」とすればよいだろう。

・参考答案

Y 社の販売する「簡単くん」は間隔保持具であり，X 社の特許発明「食品包装パック」の構成要件「トレイ」「透明フィルム」を備えていない。したがって，X 社は Y 社を直接侵害として追求することはできない。

そこで，Y 社の「簡単くん」は，X 社特許の「食品包装パック」の部品に当たることから，間接侵害について検討する。

Y 社の使用説明書にあるように「簡単くん」は，値段表示にも用いることができる。よって，「簡単くん」は，X 社特許の「食品包装パック」の専用品とはいえず，101 条 1 号による間接侵害には該当しない。

次に，101 条 2 号の間接侵害に該当するかを検討する。「簡単くん」を購入したスーパーマーケットが，「簡単くん」を，商品を入れたトレイの壁に差し込み，トレイ全体をラップでくるんで完成させた食品包装パックは，X 社特許の構成要件を全て充足する。

また，X 社の特許発明が解決しようとする課題は，保持具のスペースを必要とせず，かつ見映えも良好であり，さらにトレイに，溝を有する突起物や，段部を設ける必要のない食品包装パックを提供するという点にある。とすれば，保持具のスペースを必要とせず，トレイに突起物などを必要としないために，トレイの側壁に差し込むための二股部を持ち，透明フィルムが食品に接触するのを防いで見栄えをよくするための縦部材，傾斜板を備えた「簡単くん」は，課題解決に不可欠な物（以下，不可欠品という）である。

また，Y 社は，X 社特許に対し無効審判を請求しており，X 社特許の存在を知っている。さらに，Y 社取扱説明書から明らかなように，Y 社は購入先のスーパーマーケットが侵害品である「食品包装パック」を完成させることを知りながら販売している。

したがって，X 社は，Y 社に対し，「簡単くん」の販売行為は 101 条 2 号による間接侵害に該当するとして，差止請求を行うべきである。

・採点基準（20 点満点として）

・101 条 2 号の間接侵害であることを述べている……………………………………………………2 点

・簡単くんを使った食品包装パックが侵害に該当することが検討されている……2点
・その要件（2つ）が，事実の当てはめとともに検討されている……8点
・101条1号侵害に該当しないことを述べている……2点
・その要件が，事実の当てはめとともに検討されている……4点
・直接侵害に該当しないことが述べられている……2点
・その理由が検討されている……2点
・全体的得点……±2点

□理解度確認演習 F（1 章～ 10 章）

F.1　実用新案と特許との比較をした以下の文のうち，間違っているものはどれか。

1. 特許権の存続期間は出願から 20 年で満了するのに対し，実用新案権の存続期間は出願から 10 年で満了する。
2. 特許は審査官の審査を経て登録されるが，実用新案は無審査で登録される。
3. 特許法には特許要件が規定されているが，実用新案法には登録要件が規定されていない。
4. 特許法も実用新案法も，自然法則を利用した技術的思想の創作を保護するという点においては同じである。
5. 特許法ではソフトウェアも保護対象となるが，実用新案法ではソフトウェアは保護対象とならない。

正解：3

解説：実用新案法においても，新規性・進歩性などの登録要件は規定されている。審査がなされないだけである。したがって肢 3 は誤り。その他の，肢 1，2，4，5 は正しい。「9 章　実用新案」を参照のこと。

F.2　損害賠償請求権の説明として正しいのはどれか。

1. 損害賠償請求は，たとえば独自開発をしたなどの理由で，侵害者が侵害であることを認識していなかった場合には請求することができない。
2. 差止請求権は過去の行為に対する救済であるが，損害賠償請求は未来の行為に対する救済である。
3. 実用新案権者は，特許権者と異なり差止請求権を行使することはできない。
4. 損害額の立証責任は特許権者側にある。
5. 差止請求を求めた場合には損害賠償を請求することができない。

正解：4

解説：損害賠償を請求する場合，その損害額の立証責任は特許権者の側にある。つまり，損害額が立証できなかった場合（損害があったかなかったかが真偽不明となった場合）には，損害賠償を得ることはできない。したがって肢 4 は正しい。「4.7　訴訟と立証責任」を参照のこと。

F.3　実用新案について次のうち，間違っているのはどれか。

1. 実用新案権に基づいて，差止請求を行う場合には，事前に審査官による審査を受け，その審査結果（実用新案評価書という）を相手方に提示して行わなければならない。
2. 実用新案権に基づく損害賠償請求を行うことはできない。
3. 化学的構造に特徴のある物質について実用新案権を取得することは可能である。

4. 電気回路について実用新案権を取得することは可能である。

正解：2

解説：実用新案権を侵害され，損害が生じた場合，損害賠償請求を行うことができる。したがって肢2は誤り。「9.2　無審査での権利付与」を参照のこと。

肢1，3，4は正しい。「9.1　出願できる対象」「9.2　無審査での権利付与」を参照のこと。

F.4　外国への特許出願についての次の記載のうち，誤りはどれか。

1. 適法に優先権を主張して外国特許出願をすると，その外国特許出願について，優先権主張の基礎となった日本出願の日に出願したと同等の扱いを受けることができる。
2. 日本の特許権は日本だけに効力が及び，米国の特許は米国だけに効力が及ぶ。
3. 国際特許を取得すると，指定した国の全てに特許権の効力が及ぶ。
4. 優先権主張が認められる条件は，少なくとも，最初の出願から1年以内に他の国に出願することである。
5. 日本人が，米国の特許権を取得することは可能である。

正解：3

解説：国際特許出願という概念はあるが，今のところ国際特許というものはない。あくまでも，各国特許庁が特許を与える各国特許が存在するだけである。つまり，複数国への出願をまとめた国際特許出願というものはあるが，複数国の特許をまとめた国際特許というものは，今のところない。したがって肢3は誤り。「10.1.4　出願ルートの選定」を参照のこと。

肢1，2，4，5は正しい。「10.1.1　特許は国ごとに効力を持つ」「10.1.3　優先権の主張」を参照のこと。

F.5　国際特許出願について，正しいのはどれか。

1. 国際特許出願は，英語でしなければならない。
2. 国際特許出願は，日本語ですることができない。
3. 国際特許出願をした場合，30ヶ月まで，各指定国への翻訳文の提出を保留することができる。
4. 日本での特許出願に基づく優先権を主張して，国際特許出願をすることはできない。
5. 国際特許出願の日（国際出願日）が，新規性判断の基準として使われることはない。

正解：3

解説：「10.1.4　出願ルートの選定」を参照のこと。国際特許出願は，日本語でも行うことができる。したがって肢1，2は誤り。日本での特許出願に基づく優先権を主張して，国際特許出願をすることができる。したがって肢4は誤り。優先権主張を行わずに国際出願をした場合，新規性判断の基準は国際出願日となる。したがって肢5は誤り。

国際出願をした場合，30ヶ月まで，各指定国への翻訳文の提出を保留することができる。したがって，肢3は正しい。

F.6 米国特許出願について，誤りはどれか。

1. 発明者だけが，米国特許出願の出願人になることができる。
2. 企業であっても，米国特許権の権利者になることができる。
3. 日本出願が出願公開されてから，1年以内に米国特許出願をした場合，当該出願公開がされたことだけを理由として，米国特許出願が拒絶されることはない。
4. 米国では，出願した発明の特許性（新規性など）を否定する疑いのある情報（対応する日本出願における引用文献など）を審査官に提出しなかった場合，特許権の権利行使が認められないことになる。
5. 米国では，特許請求の範囲（claim）に基づいて権利範囲を解釈しない。

正解：5

解説：「10.2.1　米国」を参照のこと。米国においても，特許請求の範囲に基づいて権利範囲を解釈する。したがって，肢5は誤り。肢1～4は正しい。

F.7 ヨーロッパ特許出願について，誤りはどれか。

1. ヨーロッパ特許庁が特許査定をした出願について，各国特許庁は，原則として拒絶査定をすることはできない。
2. ヨーロッパ特許庁へ出願する際には，権利取得を希望する指定国を明示する。
3. 国際特許出願の指定国として，ヨーロッパ特許庁を指定することはできない。
4. 日本出願を基礎とした優先権主張をして，ヨーロッパ特許出願を行うことができる。
5. ドイツで特許を取得したい場合，ヨーロッパ特許出願をしてドイツを指定国とするか，直接，ドイツの特許庁に出願するかの，2つのルートを選択することができる。

正解：3

解説：国際特許出願の指定国として，ヨーロッパ特許庁を指定することができる（「10.1.4　出願ルートの選定」を参照）。したがって肢3は誤り。

肢1，2，4，5は正しい。「10.1.4　出願ルートの選定」を参照のこと。

F.8 次のうち，正しいものはどれか。

1. 新規性，進歩性さえ備えていれば，発明は特許される。
2. 存続期間満了によって特許権が消滅した後でも，存続期間中の特許権侵害についての損害賠償を請求することができる。
3. 特許の登録がなされることによって特許権が発生するので，特許登録前には，類似品が販売されていても，何もとる手段はない。
4. 明細書は主として権利書としての役割を有し，特許請求の範囲は主として発明内容を開示する役割を有する。
5. 国際特許出願が登録されると，指定国すべてに特許権が発生する。

正解：2

解説：損害賠償は，すでに行われた侵害行為によって生じた損害の賠償を求めるものである。したがって，特許権が有効であった期間中に侵害が起きており，これによって損害が生じていたのなら，その後，存続期間満了によって特許権が消滅した後であっても，損害賠償を請求することができる（「4.2.2　損害賠償請求権とは」を参照）。したがって肢2は正しい。

新規性・進歩性以外にも特許要件はあるので，肢1は誤り（「3.1　特許要件」「7章　特許要件（その2）を参照）。

特許の登録によって特許権が発生するが，特許登録前に類似品が販売された場合には，補償金請求権のための警告を行うことができる（「8.4　保障金請求権」を参照）。したがって肢3は誤り。

明細書は技術文献として発明内容を開示する役割を有し，特許請求の範囲は権利書としての役割を有する（「6.2.4　明細書」「6.2.3　特許請求の範囲」を参照のこと）。したがって肢4は誤り。

複数国への出願をまとめた国際特許出願というものはあるが，複数国の特許をまとめた国際特許というもの，今のところない。したがって肢5は誤り。「10.1.4　出願ルートの選定」を参照のこと。

F.9　次のうち，正しいものはどれか。

1. 請求項に記載した構成要件が多いほど権利範囲は狭い。
2. 自社が特許を取得した製品を製造販売する場合には，他人の特許権を侵害するおそれはない。
3. 同一の発明について2以上の出願があった場合，先に公開したものに特許が与えられる。
4. ドイツへの特許出願をする際には，必ずヨーロッパ特許出願をしなければならない。
5. 成立した特許に対してこれの無効を請求することはできるが，出願中の特許について，特許成立を阻止するための手続きはない。

正解：1

解説：特許発明の技術的範囲に入るかどうかは，請求項に記載した構成要件のすべてを備えているかどうかによって定まる（「4.5　効力の及ぶ技術的な範囲」を参照）。したがって，請求項に記載した構成要件が多いほど権利範囲は狭くなる。肢1は正しい。

他人の特許の権利範囲内に自社の特許が成立する場合もある。したがって，自社が特許を取得した製品を製造販売する場合であっても，他人の特許権を侵害する可能性がある（「8.3.2　基本特許と改良特許の権利関係」を参照）。よって肢2は誤り。

同一の発明について2以上の出願があった場合，先に出願したものに特許が与えられる（「7.1　先願性」を参照）。したがって肢3は誤り。

ドイツへ特許出願する場合には，ドイツ特許庁へ出願するルートと，ヨーロッパ特許庁へ出願するルートを選択することができる（「10.1.4　出願ルートの選定」を参照）。したがって肢4は誤り。

出願中の特許について，特許成立を阻止するための制度として情報提供がある（「6.9　情報提供」を参照）。したがって肢5は誤り。

F.10 パリ条約における優先権が認められている趣旨を説明せよ。

・解答の指針

優先権は，本来，その国への出願日で新規性・進歩性などを判断すべきところを，第1国の出願日で判断するものである。この意味において，例外を認めた制度ということができる。したがって，「原則」「しかし」「そこで」のパターンにて解答することができる。

・参考答案

各国は，自国への出願時を基準として，新規性・進歩性などの特許要件を判断するのが原則である。

しかし，外国へ出願する場合，当該国の公用語への翻訳が必要であり，その準備に時間を要する。このため，外国へ出願したときには，既に，新規性などが失われており，このため権利を取得できないことがある。これでは，発明の国際的保護を図ることができない。

そこで，パリ条約が締結され，所定の期間，条件を満たすことにより，第2国での出願について，第1国出願の時にしたと同等の扱いをする優先権が認められた。

・採点基準（10点満点として）

自国の出願時を基準に新規性などを判断するという点にふれているか……3点
公用語への翻訳に時間がかかり，新規性が失われて権利取得できない可能性にふれているか……4点
発明の国際的保護が図れないという点にふれているか……2点
第2国出願を第1国出願の時にしたものとして扱うという点にふれているか……3点
全体的得点……±2点

F.11 次の事実（1）～（3）に基づいて設問に答えよ。

事実：

(1) X社はアメリカの法人であり，収納容器について日本特許950001号を有している。特許公報は，本書の付録3を参照のこと。

(2) Y社は，レモン汁収納容器の開発を平成24年春から開始し，平成25年には完成させた。そして，平成26年1月より，商品説明書に示すようなレモン汁収納容器を製造販売していたところ，X社より，上記特許の侵害であるとして製造販売を中止するように求められた。

(3) Y社は，X社の液体収納容器と同じ内容を記載した出願公開公報（120ページ参照）を見つけ出した。

設問：

Y社は，X社からの差止請求に対し，製造販売の中止を免れるためにどのような手段をとればよいか。

理由とともに答えよ。

商品説明書（Yの販売するレモン汁収納容器）

Yは，容器本体の収納部2dにレモン汁を入れた後に，薄膜プラスチックのシール4を貼り付けて，レモン汁を収納した容器を完成させ，販売している（下図参照）。つば部2cは一方向に突出して設けられ，つば部先端の裏面には，溝8が設けられている。溝8でつば部を折ることにより，シール4を容易に剥がすことができる。

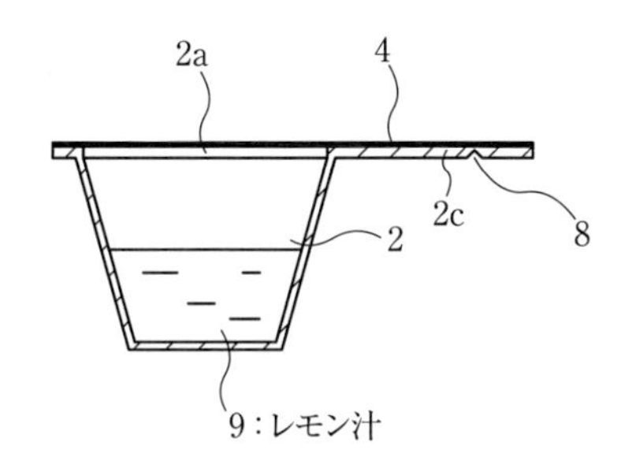

・解答の指針

本問を解くためには，特許無効審判，29条の2，優先権，特許請求の範囲に記載された発明が審査対象であること等の理解が必要である。

まず，Y社の販売するレモン汁収納容器が，X社の特許権を侵害するものであるかを判断する必要がある。侵害に当たらないのであれば，その旨を主張すればよいからである。権利侵害となるかどうかは，請求項に記載された構成要件をすべて備えているかどうかによって判断する（第Ⅰ部「4.5　効力の及ぶ技術的な範囲」を参照）。

X社の特許の請求項1は，次のとおりである。

【請求項1】
開口を有する収納部と，
収納部の開口部周縁の一方向に突出して設けられたつば部と，
開口を覆うように，つば部に剥離可能に貼り付けられた薄膜プラスチック部材と，
を備えた収納容器であって，
前記つば部先端の裏面には，溝が設けられていることを特徴とする収納容器。

Y社のレモン汁収納容器は，上記の構成要件をすべて備えている。したがって，X社特許の侵害に当たる。

とすれば，差し止めを免れるためには，先使用権を主張するか，無効審判を請求して特許自体を無効にするかである。Y社が先使用権を主張するためには，X社の出願より前に試作品などを完成させ実施準備をしていなければならない。しかし，Y社が開発を始めたのは平成24年春であり，X社が出願を行った23年11月13日より後である。したがって，先使用権の主張はできない。

残る方法は，特許を無効にすることである。ここで，Y社が見つけ出した公開公報が無効のための証拠となるかどうかを検討する必要がある。まず，Y社特許の特許要件（新規性，進歩性，29条の2など）

の判断基準日を確認する。特許公報を見ると，出願日は平成 23 年 11 月 13 日となっている。通常であれば，この日を基準に特許要件を判断する。しかし，特許公報をよく見ると，X 社はアメリカ合衆国の法人でありパリ条約の優先権を主張していることがわかる。優先日（アメリカでの出願日）は，平成 22 年 11 月 14 日と記載されている。したがって，新規性などを判断する基準となる日は，平成 22 年 11 月 14 日である。

Y 社が見つけた公開公報の図 5 およびその説明（段落 0008）には，X 社特許の構成がすべて示されている。であれば，この公開公報が，X 社特許の優先日である平成 22 年 11 月 14 日より前に公開されていれば，X 社特許は新規性がないとして無効になる。公開公報の公開日は，平成 15 年 10 月 1 日である。つまり，平成 22 年 11 月 14 日より後に公開されており，この公開公報によって X 社特許に新規性がないとすることはできない。

しかし，公開公報に係る出願の出願日は平成 22 年 4 月 1 日であり，Y 社特許の優先日である平成 22 年 11 月 14 日より早い。しかも，公開公報には，Y 社特許の構成がすべて開示されているのであるから，29 条の 2 によって，Y 社特許を無効にすることができる。

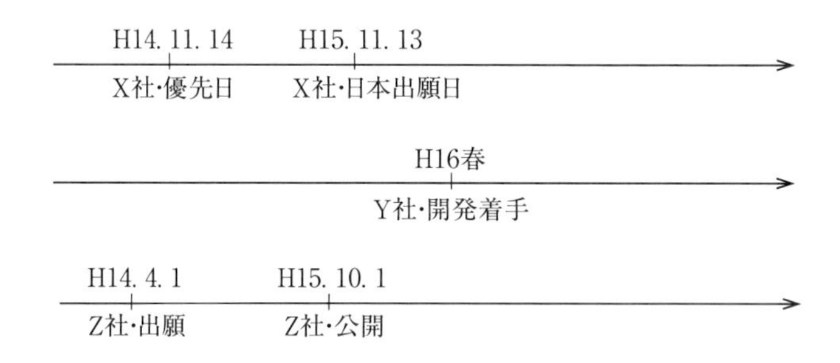

・**参考答案**

まず，Y 社のレモン収納容器が，X 社特許発明の技術的範囲に入るかどうかを検討する。請求項 1 には，「開口を有する収納部」が，最初の構成要件として記載されている。Y 社のレモン収納容器も，商品説明図から明らかなように，「開口を有する収納部」を備えている。また，Y 社レモン収納容器は，「一方向に突出したつば部」を有している（商品説明書 2 行目）。さらに，「開口を覆うように，つば部に剥離可能に貼り付けられた薄膜プラスチック部材」を有している（商品説明書 1 行目）。さらに，「前記つば部先端の裏面には，溝が設けられている（商品説明書 1 行目）。したがって，Y 社レモン収納容器は，X 社特許発明の技術的範囲に入る。

そこで，Y 社が差止請求を免れるためには，先使用権を主張することが考えられる。しかしながら，Y 社が開発を始めたのは平成 24 年春であり，X 社が出願を行った 23 年 11 月 13 日より後である。したがって，先使用権の主張はできない。少なくとも，X 社出願の前に，試作品などを完成させていなければならないからである。

次に，無効審判について検討する。Y 社特許が無効になって遡及的に消滅すれば，差止を免れるからである。X社特許に係る出願は，優先権を主張しており，優先日は平成22年11月4日である。

Y社が見い出したZ社の出願公開公報には，つば部先端の裏面に溝の設けられた収納容器が開示されている（図5および関連記載）。ただし，Z社の出願公開は，平成23年10月1日であり，新規性がないとして無効を主張することはできない。

ところで，Z社の出願日は平成22年4月1日であり，X社の出願（平成22年11月14日）より早い。とすれば，X社特許は，Z社の出願公開公報により29条の2違反であるにも拘わらず特許されている。したがって，Y社は，Z社の公開公報を証拠とし，29条の2の要件を満たさないとして無効審判を請求し，X社特許を無効にし，差し止め請求を免れることができる。

・採点基準（15点満点として）

技術的範囲に入るかどうかについて具体的検討がなされているか……6点
先使用権の検討……2点
優先日の検討……3点
新規性の検討……2点
29条の2の検討……3点
全体的な得点……±2点
（合計点数が15点を超えても15点までとする）

付録 1　出願書類の例

特許出願書類（願書，明細書，特許請求の範囲，図面，要約書）の例を以下に示す。

・願書の例

【書類名】　特許願
【整理番号】　ＫＣＴ００１
【提出日】　平成１７年４月２２日
【あて先】　特許庁長官　殿
【国際特許分類】　Ｇ０６Ｆ　３／０３３
【発明者】
　【住所又は居所】　北海道釧路市大楽毛西２丁目３２－１
　【氏名】　柳堀　智紀
【特許出願人】
　【住所又は居所】　北海道釧路市黒金町１２丁目８番地
　【氏名又は名称】　釧路システム開発株式会社
　【代表者】　筒井栄二
【代理人】
　【識別番号】　１０００９２９５６
　【弁理士】
　【氏名又は名称】　古谷　栄男
　【電話番号】　０６－６３６８－２１６０
　【連絡先】　担当
【選任した代理人】
　【識別番号】　１００１０１０１８
　【弁理士】
　【氏名又は名称】　松下　正
　【電話番号】　０６－６３６８－２１６０
【選任した代理人】
　【識別番号】　１００１２０８２４
　【弁理士】
　【氏名又は名称】　鶴本　祥文
　【電話番号】　０６－６３６８－２１６０
【選任した代理人】
　【識別番号】　１００１３６２０５
　【弁理士】
　【氏名又は名称】　佐々木　康
　【電話番号】　０６－６３６８－２１６０

-1-

【手数料の表示】
　【予納台帳番号】　９９９９９９
　【納付金額】　１６０００
【提出物件の目録】
　【物件名】　特許請求の範囲　1
　【物件名】　明細書　1
　【物件名】　図面　1
　【物件名】　要約書　1

・明細書の例

【書類名】　明細書
【発明の名称】　三次元マウス
【技術分野】
　この発明は三次元空間への入力を行うことのできるマウスに関するものである。
【背景技術】
　三次元空間に対する入力を行うため種々の三次元マウスが提案されている。たとえば、特許文献１には、図12に示すような三次元マウスが開示されている。通常の２次元マウスと同じマウスボール１が設けられ、Ｘ軸方向、Ｙ軸方向の移動を検出する。マウス本体３の表面中央には、起伏部材５を連結するための凸状連結部材７が設けられている。この凸状連結部材７は、外観が山形に形成されており、その頂上部分に緩やかな丸みが形成されている。この頂上部分には、マウス本体３の設置面と平行に細径の貫通穴９が設けられていて、この貫通穴９にロータリーエンコーダの回転軸が挿通されている。つまり、起伏部材５の傾きをロータリーエンコーダで検出し、Ｚ軸方向の信号を生成するようにしている。
【先行技術文献】
　　【特許文献】
　　【特許文献１】　特開平08-179883号公報
【発明の概要】
　　【発明が解決しようとする課題】
　しかしながら、上記の従来技術においては、Ｚ軸方向の移動を検出するために起伏部材を設け、ロータリーエンコーダを設けなければならず、構造が複雑であった。さらに、起伏部材の傾きによりＺ軸方向の入力を行うものであるため、起伏部材を移動させる方向とＺ軸の方向が一致しておらず、入力操作が直感的に理解しづらいものであった。
　この発明は上記のような問題点を解決して、簡易な構造でありながら、入力操作の容易な三次元マウスを提供することを目的とする。
　　【課題を解決するための手段】
(1)　この発明に係る三次元マウス装置は、マウス本体と、マウス本体に設けられ、マウスパッドに対向し当該マウスパッドに設けられた所定間隔の模様を連続的に撮像する撮像部と、撮像部が撮像した模様の位置変化に基づいて、マウス本体とマウスパッドとの相対的な水平方向移動を判断し、水平移動信号を出力する水平移動判断手段と、撮像部が撮像した模様に基づいて、マウス本体とマウスパッドとの相対的な垂直方向移動を判断し、垂直移動信号を出力する垂直移動判断手段とを備えている。
　したがって、簡易な構造でありながら、垂直方向への入力の容易な三次元マウスを実現することができる。
(2)　この発明に係る三次元マウス装置は、垂直移動判断手段は、撮像した模様の間隔に基づいてマウス本体とマウスパッドとの相対的な垂直方向移動を判断することを特徴としている。したがって、簡易な構成によって、垂直方向への入力を行うことができる。
(3)　この発明に係る三次元マウス装置は、垂直移動判断手段は、自動焦点調節手段を有しており、当該自動焦点調節手段の出力に基づいてマウス本体とマウスパッドとの相対的な垂直方向移動を判断することを特徴としている。したがって、より正確に垂直方向への

- 3 -

入力を行うことができる。
(4)　この発明に係る三次元マウス装置は、水平移動判断手段は、前記模様の位置変化に基づいて判断した水平方向移動距離を、垂直移動判断手段の判断結果に基づきマウスパッドとマウス本体との距離に応じて修正することを特徴としている。したがって、マウスの高さに拘わらず、水平方向への移動感覚を同じにすることができる。
この発明において、「水平移動判断手段」とは、マウス本体のマウスパッドに対して水平な方向への移動を判断する手段であり、実施形態ではステップS5、S6がこれに対応する。
「垂直移動判断手段」とは、マウス本体のマウスパッドに対して垂直な方向への移動を判断する手段であり、実施形態ではステップS4がこれに対応する。
「プログラム」とは、CPUにより直接実行可能なプログラムだけでなく、ソース形式のプログラム、圧縮処理がされたプログラム、暗号化されたプログラム等を含む概念である。
【図面の簡単な説明】
【図1】
この発明の一実施形態による三次元マウスの機能ブロック図である。
【図2】
図2aは一実施形態による三次元マウス10の断面図、図2bは底面図である。
【図3】
三次元マウスのハードウェア構成を示す図である。
【図4】
マウスパッド30を示す図である。
【図5】
マウスパッド30に施された模様の詳細を示す図である。
【図6】
制御プログラムのフローチャートである。
【図7】
移動量の算出アルゴリズムを示すための図である。
【図8】
移動量の算出アルゴリズムを示すための図である。
【図9】
模様の間隔とZ方向高さとの関係を示す図である。
【図10】
模様の平均間隔の算出を説明するための図である。
【図11】
他の実施形態によるマウスパッドを示す図である。
【図12】
従来の三次元マウスを示す図である。
【発明を実施するための形態】
図1にこの発明の一実施形態による三次元マウスの機能ブロック図を示す。撮像部4

は、マウスパッド30の上に描かれたパターン模様を撮像し、水平移動判断手段6および垂直移動判断手段8に与える。水平動判断手段6は、撮像されたパターン模様の変化に基づいて、X方向、Y方向への移動信号を生成して出力する。垂直移動判断手段8は、撮像されたパターンの間隔に基づいて、Z方向への移動信号を生成して出力する。

図2Aに、三次元マウス10の断面図を示す。マウス本体12の下部には、撮像用開口14が設けられている。マウス本体12の内部には、回路基板16が設けられている。回路基板16にはCCD撮像素子18（撮像部）が設けられ、撮像用開口14を介して外部を撮像するようになっている。回路基板16には、CCD撮像素子18からの画像情報に基づいて、X方向、Y方向、Z方向の移動信号を生成する回路が設けられている。

図2Bに、三次元マウス10の底面図を示す。中央部に撮像用開口14があり、その中央にCCD撮像素子18が見えている。

図3に、回路基板16に設けられた回路のハードウェア構成を示す。CPU24には、メモリ20、CCD撮像素子22、ROM26、送信回路28が接続されている。メモリ20は、CPU24のワーク領域として機能する。ROM26には、CCD撮像素子22からの画像情報を受けて、X方向、Y方向、Z方向の移動信号を生成するための制御プログラム27が記録されている。送信回路28は、CPU24によって生成されたX方向、Y方向、Z方向の移動信号を、コンピュータに伝送するための回路である。

図4に、この三次元マウス10とともに使用するマウスパッド30を示す。マウスパッド30の上面には、縦横に等間隔に配置された丸模様が印刷されている。模様は、複数の模様ブロック32を縦横に配置することによって形成されている。

模様ブロック32の詳細を図5に示す。各丸模様は、縦横ともにその中心が等間隔Wになるように配置されている。また、模様ブロック32の端部においては、端部の仮想線からW/2の位置に丸模様が配置され、隣接する模様ブロック32の端部の丸模様との間隔がWとなるようにされている。

1つの模様ブロック32において、X方向およびY方向に向けて、徐々に丸模様の大きさが大きくなっている。丸模様C1,1が最も小さく、丸模様C5,5が最も大きい。各丸模様を小さい順に並べると次のとおりである。

最も小さい丸模様　C1,1
2番目に小さい丸模様　C1,2、C2,1
3番目に小さい丸模様　C1,3、C2,2、C3,1
4番目に小さい丸模様　C1,4、C2,3、C3,2、C4,1
5番目に小さい丸模様　C1,5、C2,4、C3,3、C4,2、C5,1
6番目に小さい丸模様　C2,5、C3,4、C4,3、C5,2
7番目に小さい丸模様　C3,5、C4,4、C5,3
8番目に小さい丸模様　C4,5、C5,4
最も大きい丸模様　C5,5

三次元マウス10をこのマウスパッド30の上に位置させることにより、CCD撮像素子22によって模様32が撮像される。三次元マウス10をマウスパッド30に置いた場合には、概ね、9つの丸模様が撮像されるように調整されている。

図6に、ROM26に記録された制御プログラム27のフローチャートを示す。まず、最

初に、マウス本体12をマウスパッド30の上に置いて（つまり、マウス本体12の底面12aをマウスパッド30に接した状態）、マウスパッド30上で移動させた場合の動作について説明する。この場合、従来の二次元マウスと同じ機能が実現されることになる。

まず、CPU24は、CCD撮像素子22からの画像をメモリ20に記憶する（ステップS1)。たとえば、図7Bに示すような画像がメモリ20に記憶される。CPU24は、画面中央αに最も近い丸模様を注目模様として選択する。ここでは、丸模様34が注目模様とされる。次に、注目模様34の中心と、上の丸模様36の中心との距離（画素数）を算出する。同様に、注目模様34の中心と下の丸模様38の中心との距離、注目模様34の中心と左の丸模様40の中心との距離、注目模様34の中心と右の丸模様42の中心との距離を算出する。さらに、算出した4つの距離の平均を算出する（ステップS2)。

次に、CPU24は、算出した平均距離に基づいて、垂直位置テーブルを参照し、マウス本体12の高さを決定し、メモリ20に記憶する（ステップS3)。さらに、前回記憶した高さと今回の高さを比較して、Z軸方向への移動量MZを算出する（ステップS4)。ここでは、マウス本体12をマウスパッド30の上に置いているので、上記平均距離は変化しない。なお、ステップS3、S4の処理については、後に詳述する。

次に、ステップS5において、今回、メモリ20に記憶した画像と、前回の処理にてメモリ20に記憶した画像を読み出す。図7Aに、前回の処理にてメモリ20に記憶された画像を示す。CPU24は、今回の画像（図7B）における注目模様34が、前回の画像（図7A）において、どこにあるかを判定する。この実施形態では、マウス本体12の最高移動速度を50 mm/sec程度とし、CCD撮像素子22による撮像間隔を1/50secとしている。したがって、丸模様の間隔を2.5 mm程度としておけば、十分に追従可能である。つまり、図7Bの注目模様34と同じ大きさの丸模様であって、図7Bの注目模様34の位置に最も近い丸模様を、図7Aから探し出す。

続いて、CPU24は、前回の注目模様34の位置（X1、Y1）と今回の注目模様34の位置（X2、Y2）の差を求める。つまり、X方向移動量MXとして、X2-X1を算出し、Y方向移動量MYとして、Y2-Y1を算出する（ステップS5、S6)。なお、Z方向の高さにより、X方向移動量MX、Y方向移動量MYを補正する必要があるが、ここでは、Z = 0（マウス本体12をマウスパッド30の上に置いた状態）であるので補正は行われない。

CPU24は、上記のようにして算出したX方向移動量MX、Y方向移動量MY、Z方向移動量MZを、送信回路28を介してコンピュータに伝送する。コンピュータは、これを受けて、X方向移動量MX、Y方向移動量MY、Z方向移動量MZに合致するよう、仮想三次元空間内において画面上のカーソルを移動させ表示する。したがって、マウス本体12の移動に伴って、カーソルを移動することができる。

CPU24は、上記の一連の処理を終えると、再びステップS1の画像を読み取り以下の処理を繰り返し実行する。

上記の例では、Z = 0（マウス本体12をマウスパッド30の上に置いた状態）であるとして説明を行った。本実施形態による三次元マウス10の特徴は、マウス本体12を持ち上げることにより、Z軸方向の入力を行うことができる点にある。以下、マウス本体12を持ち上げた場合の処理を説明する。

まず、ステップS1において、CCD撮像素子22からの画像をメモリ20に記憶する。次に、上記で説明したように、模様の平均間隔S2を算出する（ステップS2）。算出した平均間隔（画素数）S2に基づいて、図9に示すテーブル（ROM26に記録されている）を参照し、Z方向の高さを決定する（ステップS3）。たとえば、平均間隔S2が125画素であれば、Z方向の高さは10 mmであると決定する。

なお、この実施形態においては、注目模様を中心とした上下左右の丸模様との距離の平均を算出している。これにより、ユーザが、マウス本体12をマウスパッド30に対して傾けて持ち上げた場合であっても、Z方向高さを算出することができる。たとえば、マウス本体12をマウスパッド30に対して傾けて持ち上げると、撮像画像は図10に示すように歪んだものとなる。この場合においても、注目模様34の上下左右の丸模様との距離を平均して、ほぼ正確なZ方向高さを算出することができる。CPU24は、算出した現在のZ方向高さをメモリ20に記憶する。

次に、CPU24は、前回の処理においてメモリ20に記憶したZ方向高さH1と、今回記憶したZ方向高さH2とに基づいて、マウス本体12のZ方向への移動距離MZを算出する。つまり、MZ = H2 − H1の演算を行う。

続いて、CPU24は、上で説明したように、模様の移動に基づいてX方向移動量を算出する（ステップS5）。なお、マウス本体12の垂直位置が高くなると（Zが大きくなると）、これにつれて、撮像される画像の範囲が大きくなる。したがって、マウス本体12のX方向への移動量が同じであっても、垂直位置が高くなるほど模様の移動距離が大きくなる。この実施形態では、この点を考慮して、算出したX方向移動量を、Z方向高さによって補正し、どの高さにマウス本体12があっても、マウス本体12の移動量とカーソルの移動量との関係が同一になるようにしている。具体的には、CPU24は、次の式によりX方向移動量を補正する。

補正後MX = MX/（S2/S0）

ここで、S0は、マウス本体12をマウスパッド30に置いた際に撮像された模様の平均間隔である。S0は初期的に撮像して求めてもよいが、CCD撮像素子22とマウス本体12の底面12aとの距離に基づいて、計算によって算出してもよい。いずれにしても、S0は、ROM26もしくはメモリ20に記憶しておくことが好ましい。S2は、ステップS2において算出した模様の平均間隔である。

CPU24は、上記のようにして補正されたMXを算出する。さらに、Y方向移動量MYについても、上記と同様にして高さによる補正を行う。その後、補正されたMX、MYおよびMZを、送信回路28を介してコンピュータに出力する（ステップS28）。

上記のように、この実施形態によれば、X、Y方向の移動データだけでなく、Z方向（高さ方向）の移動データも出力することができる。また、マウス本体12の上下方向への移動に対応して、Z方向の移動データを出力できるので、自然な感覚でカーソルの操作をすることができる。

上記実施形態では、マウス本体12にCPU24を設けて、X、Y、Z方向の移動量を出力するようにしている。しかし、マウス本体12からは、CCD撮像素子22による画像データをコンピュータに送信し、コンピュータの側で、この画像データに基づいて図6の処理を行い、移動量を算出するようにしてもよい。

上記実施形態では、X、Y、Z方向への移動量を算出し、マウス本体12の傾きを算出していない。しかし、図10に示す、距離aと距離bの比に基づいてY軸を中心としたマウス本体12の回転を算出し、Y軸方向回転量として出力するようにしてもよい。同様に、距離cと距離dの比に基づいてZ軸を中心としたマウス本体12の回転を算出し、Y軸方向回転量として出力するようにしてもよい。

また、模様の間隔の異なるマウスパッド30を用意しておけば、マウスパッド30から浮かせることなく、マウスパッド30を交換するだけで、異なる高さの位置に入力を行うことも可能である。

なお、上記実施形態では、マウスパッド30上の模様は等間隔に配置されている。しかし、図11に示すように、模様の間隔を変えることにより、マウスパッド30に置いた状態でマウス本体12を移動するだけで、模様の間隔に応じた高さの入力を連続的に行うことができる。図において、αは高い位置、βは低い位置に対応している。

また、上記実施形態では模様の平均間隔に基づいて高さ位置Zを算出している。しかし、マウス本体12の底面12aに、マウスパッド30との距離を測定する超音波センサなどを設け、これによって高さ位置Zを得るようにしてもよい。

・特許請求の範囲の例

【書類名】　特許請求の範囲

【請求項１】

マウス本体と、

マウス本体に設けられ、マウスパッドに対向し当該マウスパッドに設けられた所定間隔の模様を連続的に撮像する撮像部と、

撮像部が撮像した模様の位置変化に基づいて、マウス本体とマウスパッドとの相対的な水平方向移動を判断し、水平移動信号を出力する水平移動判断手段と、

撮像部が撮像した模様に基づいて、マウス本体とマウスパッドとの相対的な垂直方向移動を判断し、垂直移動信号を出力する垂直移動判断手段と、

を備えた三次元マウス装置。

【請求項２】

三次元マウス装置を実現するためコンピュータによって下記機能を実現するための三次元マウスプログラムであって、

マウス本体に設けられ、マウスパッドに対向し当該マウスパッドに設けられた所定間隔の模様を連続的に撮像する撮像部からの画像を受ける画像入力手段と、

画像入力手段にて取得した画像中の前記模様の位置変化に基づいて、マウス本体とマウスパッドとの相対的な水平方向移動を判断し、水平移動信号を出力する水平移動判断手段と、

撮像部が撮像した模様に基づいて、マウス本体とマウスパッドとの相対的な垂直方向移動を判断し、垂直移動信号を出力する垂直移動判断手段と、

をコンピュータによって実現するための三次元マウスプログラム。

【請求項３】

請求項１の三次元マウス装置または三次元マウスプログラムにおいて、

前記垂直移動判断手段は、撮像した模様の間隔に基づいてマウス本体とマウスパッドとの相対的な垂直方向移動を判断することを特徴とするもの。

【請求項４】

請求項１～３のいずれかの三次元マウス装置またはプログラムにおいて、

前記垂直移動判断手段は、自動焦点調節手段を有しており、当該自動焦点調節手段の出力に基づいてマウス本体とマウスパッドとの相対的な垂直方向移動を判断することを特徴とするもの。

【請求項５】

請求項１～４のいずれかの三次元マウス装置またはプログラムにおいて、

前記水平移動判断手段は、前記模様の位置変化に基づいて判断した水平方向移動距離を、垂直移動判断手段の判断結果に基づきマウスパッドとマウス本体との距離に応じて修正することを特徴とするもの。

- 9 -

・要約書の例

【書類名】　要約書
【要約】
　【課題】　簡易な構造でありながら、入力操作の容易な三次元マウスを提供する。
　【解決手段】　撮像部４は、マウスパッド３０の上に描かれたパターン模様を撮像し、水平移動判断手段６および垂直移動判断手段８に与える。水平動判断手段６は、撮像されたパターン模様の変化に基づいて、Ｘ方向、Ｙ方向への移動信号を生成して出力する。垂直移動判断手段８は、撮像されたパターンの間隔に基づいて、Ｚ方向への移動信号を生成して出力する。
【選択図】　図１

- 10 -

・図面の例

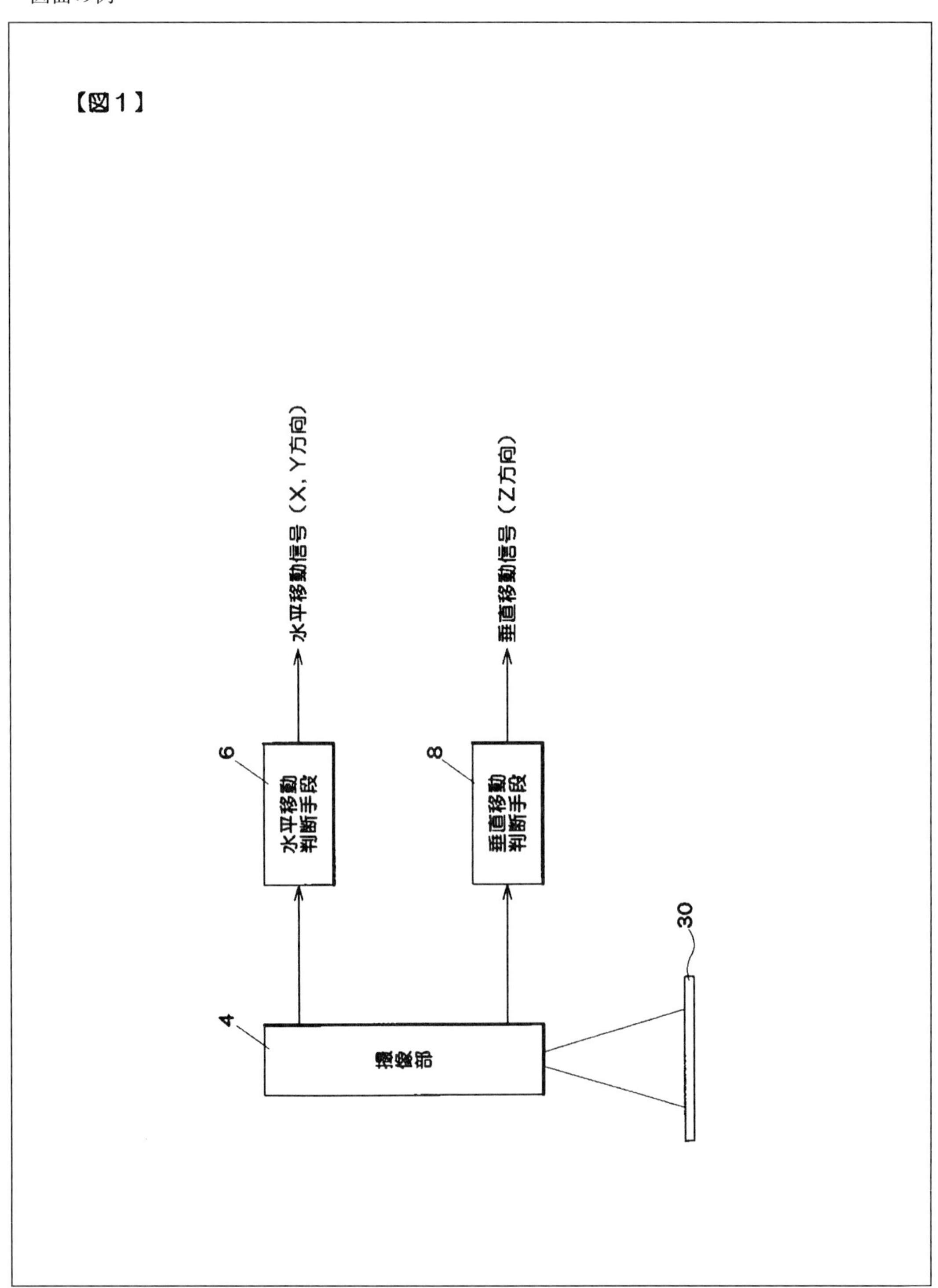

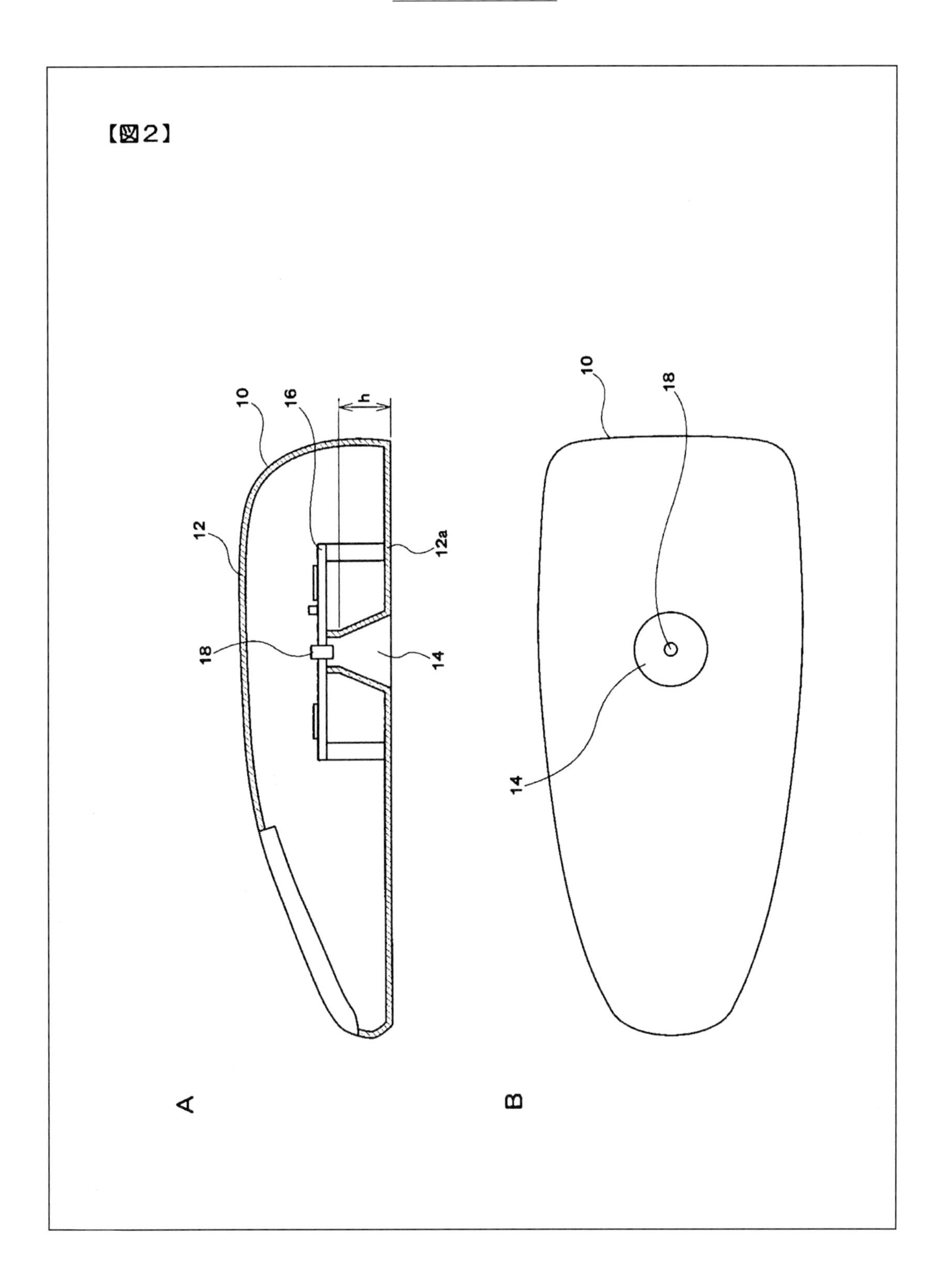
【図2】
A
B
10
16
h
12
12a
18
14
10
18
14

【図3】

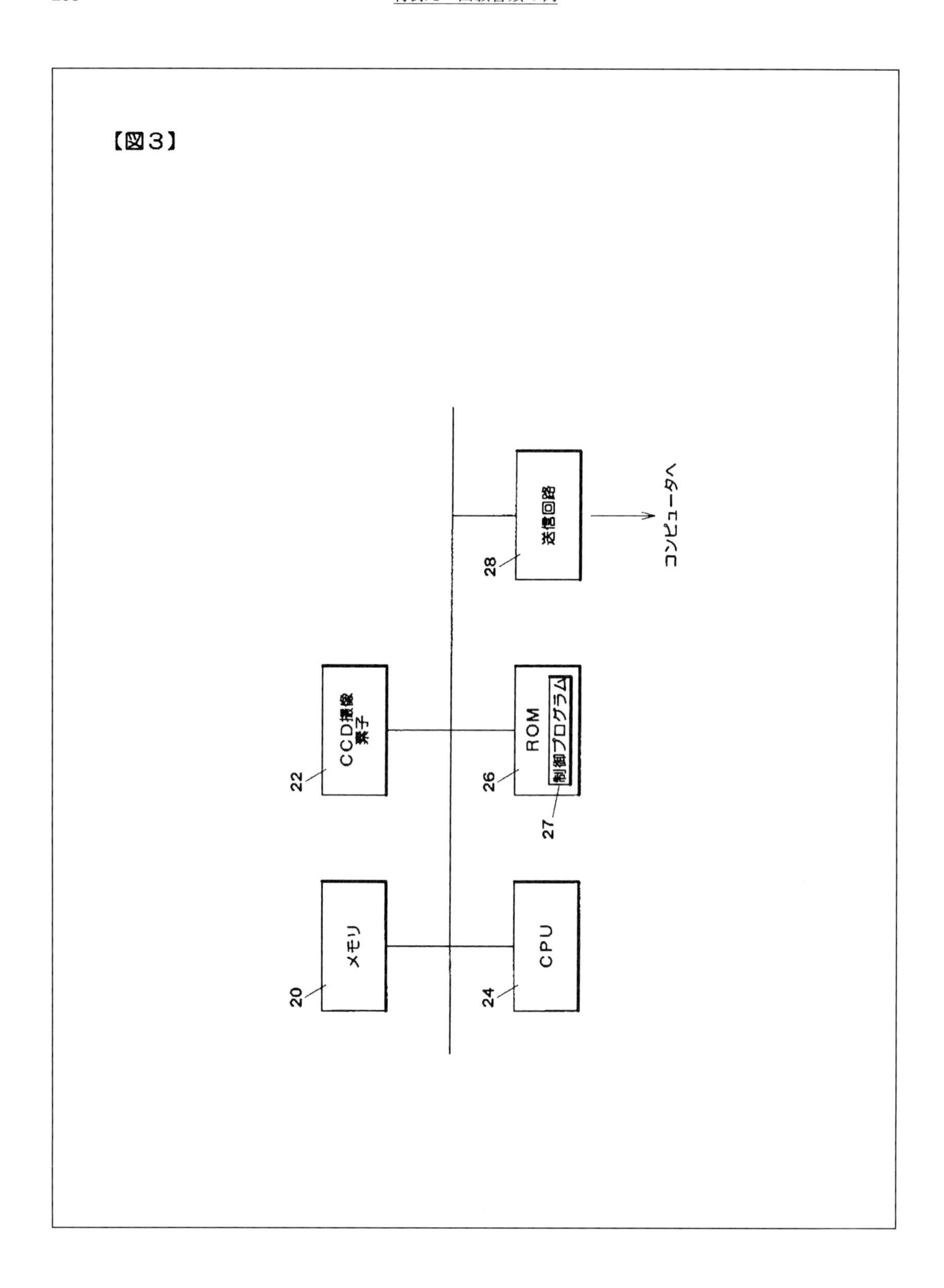

【図４】

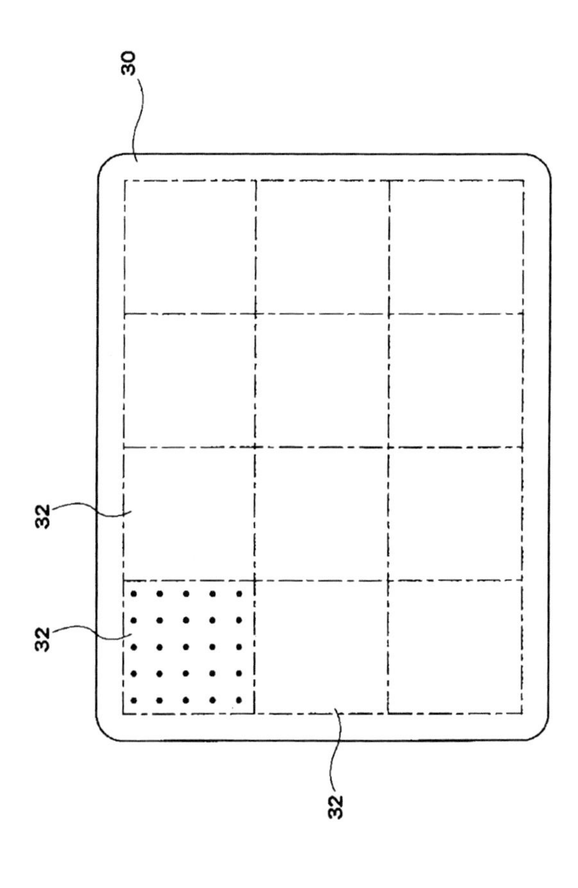

【図5】

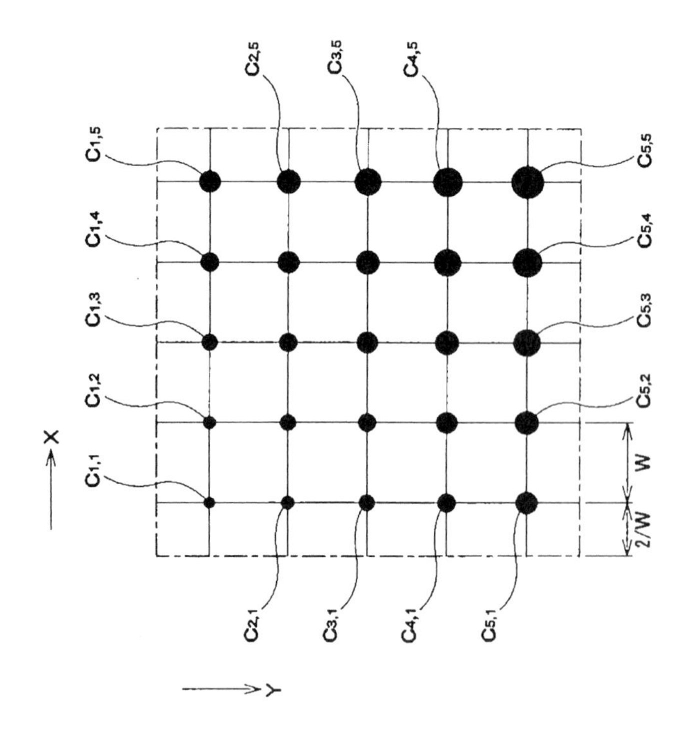
$C_{1,5}$
$C_{2,5}$
$C_{3,5}$
$C_{4,5}$
$C_{5,5}$
$C_{1,4}$
$C_{5,4}$
$C_{1,3}$
$C_{5,3}$
$C_{1,2}$
$C_{5,2}$
$C_{1,1}$
$C_{2,1}$
$C_{3,1}$
$C_{4,1}$
$C_{5,1}$
X
Y
W
2/W

【図6】

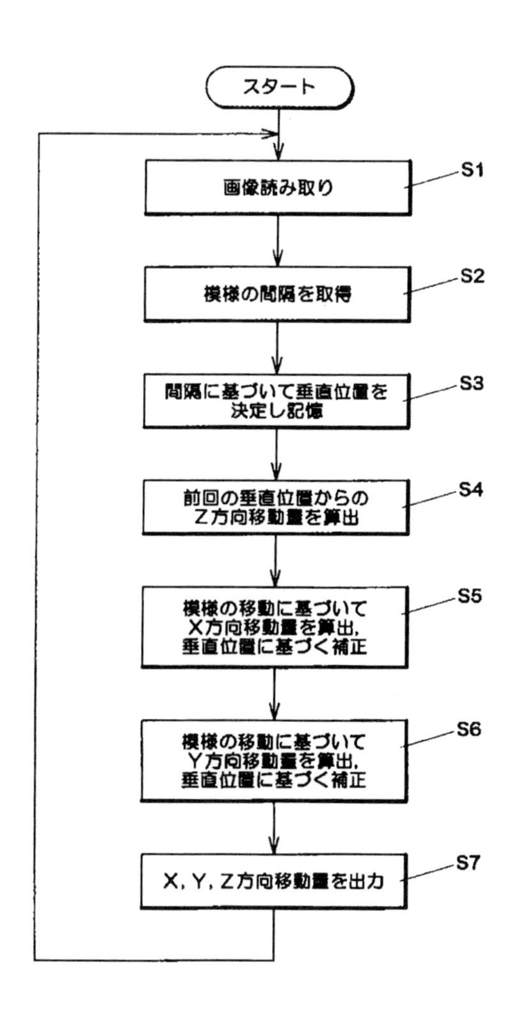

スタート
画像読み取り
S1
模様の間隔を取得
S2
間隔に基づいて垂直位置を
決定し記憶
S3
前回の垂直位置からの
Z方向移動量を算出
S4
模様の移動に基づいて
X方向移動量を算出,
垂直位置に基づく補正
S5
模様の移動に基づいて
Y方向移動量を算出,
垂直位置に基づく補正
S6
X, Y, Z方向移動量を出力
S7

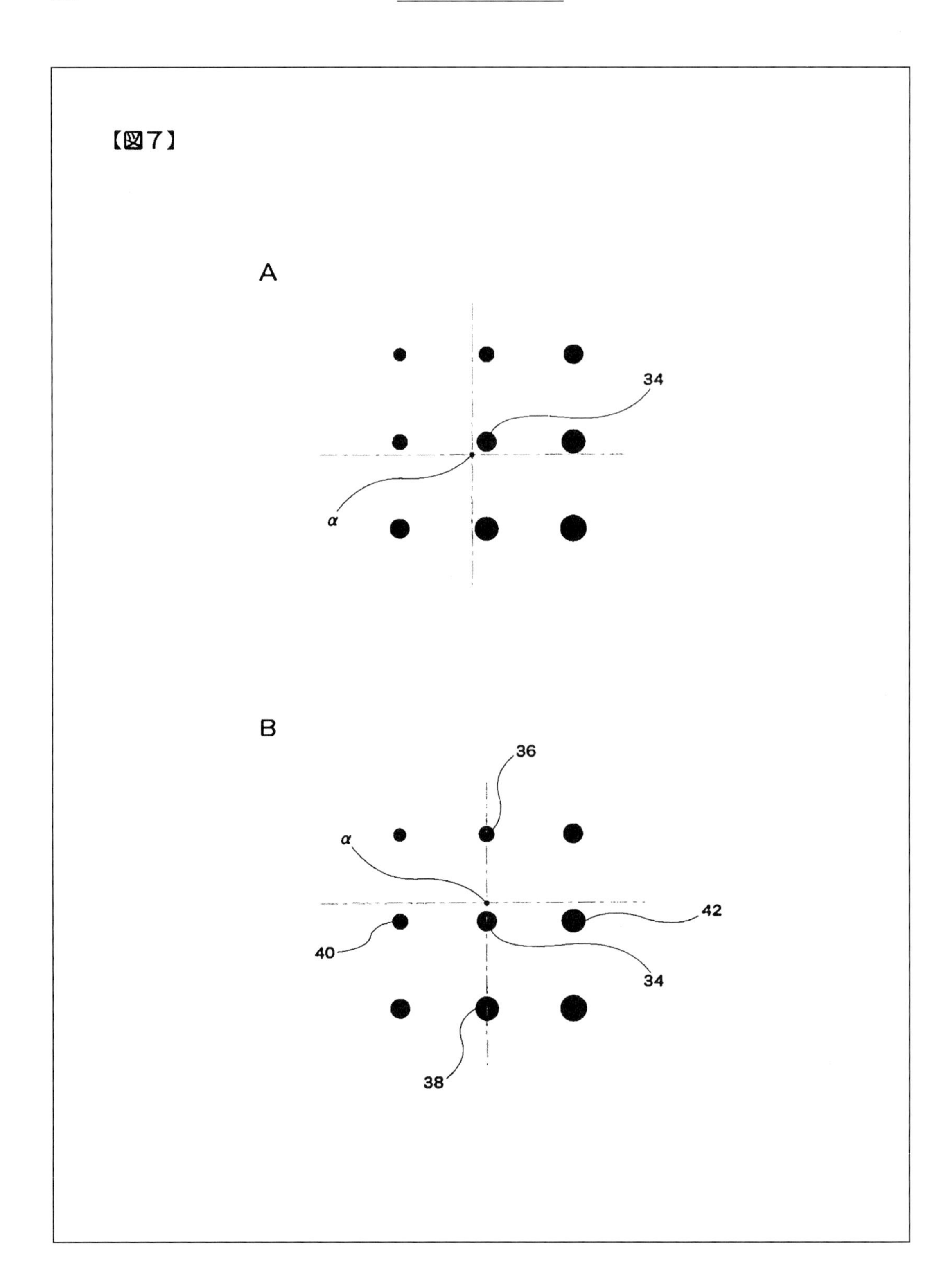
【図７】
A
34
α
B
36
α
42
40
34
38

【図8】

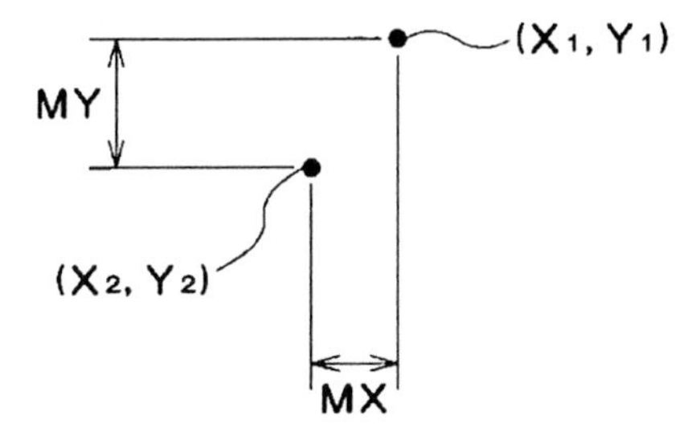

【図9】

間　隔	Z
250	0
⋮	⋮
125	10
⋮	⋮

【図１０】

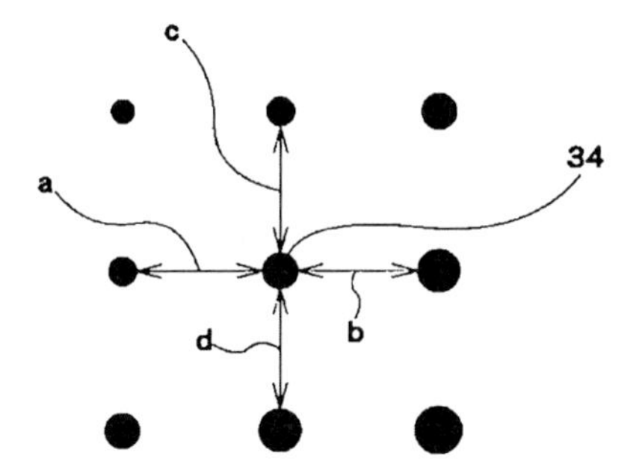

【図１１】

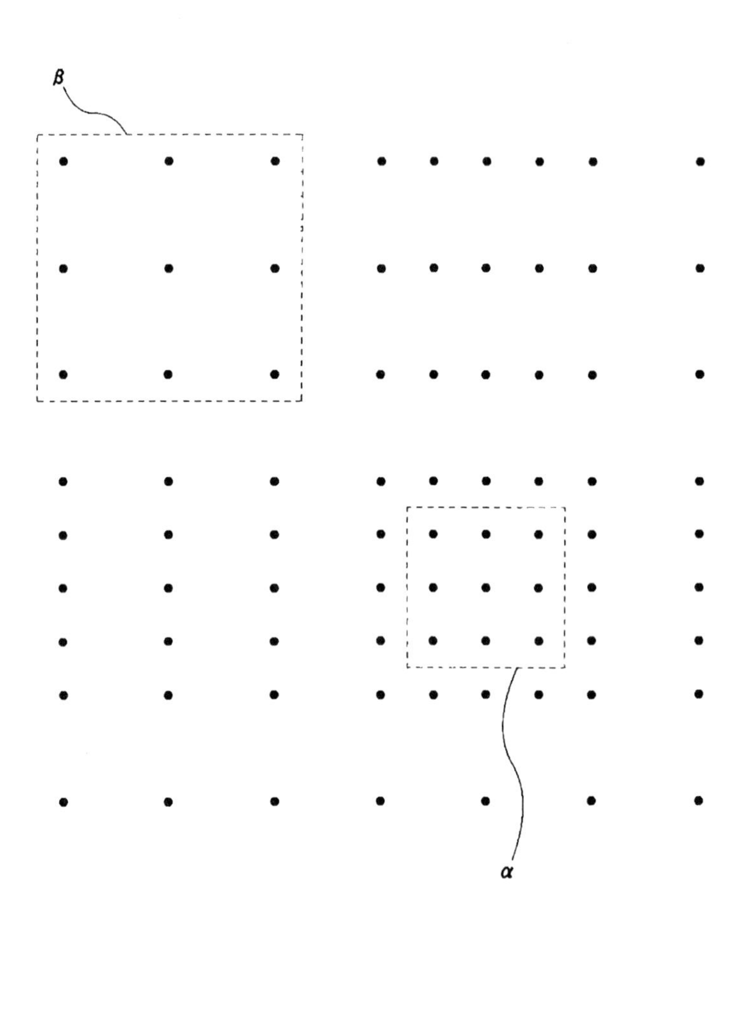

【図12】

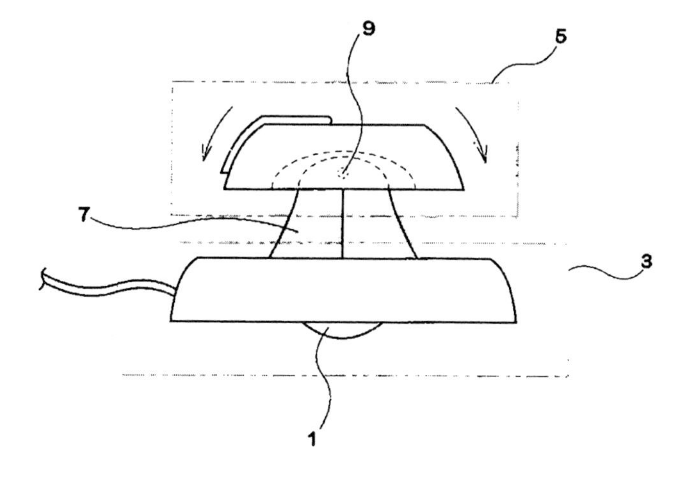

付録２　出願公開公報の例

(19)日本国特許庁（ＪＰ）　(12) **公開特許公報**（Ａ）　(11)特許出願公開番号
特開2000－48058
（P2000－48058A）
(43)公開日　平成12年２月18日(2000.2.18)

(51)Int.Cl.⁷	識別記号	ＦＩ		テーマコード*(参考)
Ｇ０６Ｆ　17/50		Ｇ０６Ｆ　15/60	６０４Ｂ ６８０Ｂ	５Ｂ０４６

審査請求　有　　請求項の数９　ＯＬ　（全 15 頁）

(21)出願番号　　特願平10－214296

(22)出願日　　平成10年７月29日(1998.7.29)

(71)出願人　390029584
メガソフト株式会社
大阪府吹田市江の木町１番38号

(72)発明者　前坂　昇
大阪府吹田市江の木町１番38号　メガソフト株式会社内

(72)発明者　宮本　陽子
大阪府吹田市江の木町１番38号　メガソフト株式会社内

(74)代理人　100092956
弁理士　古谷　栄男　（外３名）

最終頁に続く

(54)【発明の名称】　建物用ＣＡＤ

(57)【要約】
【課題】　細かな設定をすることなく、全体図やカット図を容易に表示することができる建物用ＣＡＤの提供。
【解決手段】　階層構造生成手段１３は、建物の物理的構造において上方に位置するものほど、データの階層構造において上位となるようにし、さらに、上位の階層は下位の階層を全て含むように階層構造を生成する。これにより、建物用ＣＡＤ１では、上位の階層を選択すれば、自動的に下位の階層も選択することができる。つまり、ある階層を選択すれば、その階層より上位にあるものと下位にあるものとに分けることができるので、それぞれに別々の属性を与えることができる。したがって、例えば建物の２階という階層を選択すれば１階という階層も含むので２階以下を表示、３階以上を非表示というように別々の属性を容易に与えることができる。

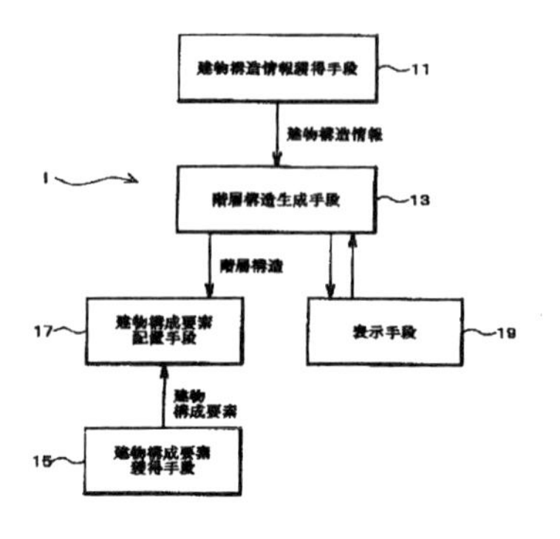

【特許請求の範囲】
【請求項１】建物構造情報を獲得するための建物構造情報獲得手段、
前記獲得した建物構造情報に基づいて、一または複数の階層を有するデータの階層構造を生成する階層構造生成手段、
を有する建物用ＣＡＤであって、
前記階層構造生成手段は、
建物の物理的構造において上方に位置するものほど、データの階層構造において上位となるようにし、さらに、上位の階層は下位の階層を全て含むように階層構造を生成する、
ことを特徴とする建物用ＣＡＤ。
【請求項２】請求項１にかかる建物用ＣＡＤにおいて、
さらに、
建物構成要素を獲得する建物構成要素獲得手段、
前記建物構成要素を前記階層構造のいずれかの階層に配置する建物構成要素配置手段、
を有することを特徴とする建物用ＣＡＤ。
【請求項３】請求項１または請求項２にかかる建物用ＣＡＤにおいて、さらに、
前記階層構造の主要部分を画面上に表示する表示手段、
を有し、
前記画面上に表示された階層構造の主要部分は、
前記階層構造生成手段が生成した階層構造とリンクしている、
ことを特徴とする建物用ＣＡＤ。
【請求項４】建物の物理的構造における上方、下方と、当該建物を表現するためのデータの階層構造における上位、下位とを対応づけた建物表示方法であって、
建物の物理的構造において上方に位置するものほど、データの階層構造において上位となるように形成し、さらに、上位の階層は下位の階層を全て含むように形成したデータによって建物を表示する、
ことを特徴とする建物表示方法。
【請求項５】コンピュータによって建物を表示するための建物表示プログラムを記録した記録媒体であって、
当該建物表示プログラムは、
建物の物理的構造における上方、下方と、当該建物を表現するためのデータの階層構造における上位、下位とを対応づけし、
さらに、建物の物理的構造において上方に位置するものほど、当該階層構造において上位となるようにし、
さらに、上位の階層は下位の階層を全て含むようにする処理をコンピュータにさせる、
ことを特徴とするコンピュータによって建物を表示するための建物表示プログラムを記録した記録媒体。
【請求項６】ＣＡＤプログラムを記録した記録媒体であって、
当該ＣＡＤプログラムは、獲得した建物構造情報に基づいて、一または複数の階層を有するデータの階層構造を生成し、
さらに、当該階層構造を生成させる際に、建物の物理的構造において上方に位置するものほど、データの階層構造において上位となるようにし、
さらに、上位の階層は下位の階層を全て含むように階層構造を生成する処理をコンピュータにさせる、
ことを特徴とするＣＡＤプログラムを記録した記録媒体。
【請求項７】請求項６にかかるＣＡＤプログラムを記録した記録媒体において、
当該ＣＡＤプログラムは、さらに、
建物構成要素を獲得し、
前記建物構成要素を前記階層構造のいずれかの階層に配置する処理をコンピュータにさせる、
ことを特徴とするＣＡＤプログラムを記録した記録媒体。
【請求項８】請求項６または請求項７にかかるＣＡＤプログラムにおいて、
当該ＣＡＤプログラムは、さらに、
前記階層構造の主要部分を画面上に表示し、
前記画面上に表示した階層構造の主要部分を階層構造とリンクする処理をコンピュータにさせる、
ことを特徴とするＣＡＤプログラムを記録した記録媒体。
【請求項９】建物表現データを記録した記録媒体であって、
前記建物表現データは、
建物の物理的構造における上方、下方と、当該建物表現データの階層構造における上位、下位とが対応づけられており、
建物の物理的構造において上方に位置するものほど、データの階層構造において上位となるようになっており、
さらに、上位の階層が下位の階層を全て含んでいる、
ことを特徴とする建物表現データを記録した記録媒体。
【発明の詳細な説明】
【０００１】
【発明の属する技術分野】本発明は、建物用ＣＡＤに関するものであり、特に、細かな設定をすることなく、全体図やカット図を容易に表示することができる建物用ＣＡＤに関する。
【０００２】
【従来の技術】従来のＣＡＤでは、例えば図１２に示す３階立て住宅をディスプレイ上に表示させようとする次のような手順が必要であった。まず、表示させようとする住宅の階数によって複数のレイヤを設定する。３階立て住宅の場合であれば、１階用のレイヤ、２階用のレイヤ、３階用のレイヤ、屋根のレイヤを設定する。
【０００３】次に、各階の高さを各レイヤ間の間隔として設定する。例えば、高さ２５００ｍｍと設定する。そ

3

して、各レイヤ上にその階の間取りを設定していく。例えば、１階の間取りを設定しようとする場合、図１３に示すように、１階用のレイヤに壁２０１、扉２０３、窓２０４、階段２０５等を所望の位置に設定していき、１階の間取り図を作成する。

【０００４】２階の間取りについても同様にして、図１４のような間取り図を作成する。３階についても同様にして、間取り図を作成する（図面省略）。全体図を表示しようとする場合は、各レイヤを結合する。このように各レイヤを結合して表示した全体図が図１２である。

【０００５】一方、全体図ではなく、立体カット図面をみたい場合もある。各階の様子を立体的に表示することによって、建物の構造を直感的に理解しやすくするためである。例えば図１５のような１階の立体カット図面を作成する。この場合、図１２に示す全体図から２階以上に配置されている壁や窓等を画面上から消去しなければならない。

【０００６】これには、例えば、２階以上に配置されている壁や窓等に新たな属性（以下クラスとする）を与える。そして、このクラスに「非表示」という属性を与えることによって、図１５のような１階の立体カット図面を表示することができる。２階の立体カット図面を表示しようとする時には、３階以上に配置されている壁や窓等に「非表示」という新たなクラスを設定する。

【０００７】

【発明が解決しようとする課題】前述の従来のＣＡＤには次のような問題点があった。まず、使用者は、設計しようとする建物の構造によって、レイヤの数を設定しなければならない。このようなレイヤ設定は、ＣＡＤの熟練者にとっては容易なことであるが、ＣＡＤの初心者もしくはＣＡＤにふれたこともないようなものにとっては、大変煩雑な作業である。

【０００８】さらに、各階の立体カット図面を作成する場合には、各階の壁や窓等に対して新たなクラスを設定しなければならない。また、このようなレイヤやクラスの設定は、正確に行なわなければならない。なぜなら、もし、これらの設定に間違いがあったなら、思った通りの図面が表示されないことになるからである。

【０００９】このように、従来のＣＡＤでは、全体図やカット図を表示するために必要な細かな設定を使用者がしなければならない、という問題があった。さらに、細かな設定をする際には、なんどとなくダイアログボックス等を開いて設定しなければならない、というユーザ・インターフェイス上の問題もあった。

【００１０】そこで、本発明は、細かな設定をすることなく、全体図やカット図を容易に表示することができる建物用ＣＡＤの提供を目的とする。

【００１１】

【課題を解決するための手段および発明の効果】請求項１にかかる建物用ＣＡＤおよび請求項６にかかるＣＡＤプログラムを記録した記録媒体は、建物の物理的構造において上方に位置するものほど、データの階層構造において上位となるようにし、さらに、上位の階層は下位の階層を全て含むように階層構造を生成する。

4

【００１２】これにより、上位の階層を選択すれば、自動的に下位の階層も選択することができる。つまり、ある階層を選択すれば、その階層より上位にあるものと下位にあるものとに分けることができるので、それぞれに別々の属性を与えることができる。したがって、例えば建物の２階という階層を選択すれば１階という階層も含むので２階以下を表示、３階以上を非表示というように別々の属性を容易に与えることができる。

【００１３】請求項２にかかる建物用ＣＡＤおよび請求項７にかかるＣＡＤプログラムを記録した記録媒体は、建物構成要素を獲得し、建物構成要素を階層構造のいずれかの階層に配置する。これにより、ある階層を選択すれば、同時に、その階層に配置されている建物構成要素を選択するようにすることができる。したがって、例えば、特定の階層を表示しようとする場合、その階層を選択すれば、その階層に配置されている建物構成要素も同時に表示することができる。

【００１４】請求項３にかかる建物用ＣＡＤおよび請求項８にかかるＣＡＤプログラムを記録した記録媒体は、階層構造の主要部分を画面上に表示し、画面上に表示した階層構造の主要部分を階層構造とリンクする。これにより、画面上から階層構造の主要部分を選択することができる。また、画面上で階層構造の主要部分を選択すれば、細かい階層構造を知らなくとも建物構成要素を所望の階層に配置するようにすることができる。

【００１５】請求項４にかかる建物表示方法は、建物の物理的構造において上方に位置するものほど、データの階層構造において上位となるように形成し、さらに、上位の階層は下位の階層を全て含むように形成したデータによって建物を表示する。

【００１６】これにより、上位の階層を選択すれば、自動的に下位の階層も選択することができる。つまり、ある階層を選択すれば、その階層より上位にあるものと下位にあるものとに分けることができるので、それぞれに別々の属性を与えることができる。したがって、例えば建物の２階という階層を選択すれば１階という階層も含むので２階以下を表示、３階以上を非表示というように別々の属性を容易に与えることができる。

【００１７】請求項５にかかるコンピュータによって建物を表示するための建物表示プログラムを記録した記録媒体では、建物の物理的構造における上方、下方と、当該建物を表現するためのデータの階層構造における上位、下位とを対応づけし、さらに、建物の物理的構造において上方に位置するものほど、当該階層構造において上位となるようにし、さらに、上位の階層は下位の階層を全て含むようにする処理をコンピュータにさせる。

5

【００１８】これにより、上位の階層を選択すれば、自動的に下位の階層も選択することができる。つまり、ある階層を選択すれば、その階層より上位にあるものと下位にあるものとに分けることができるので、それぞれに別々の属性を与えることができる。したがって、例えば建物の２階という階層を選択すれば１階という階層も含むので２階以下を表示、３階以上を非表示というように別々の属性を容易に与えることができる。

【００１９】請求項９にかかる建物表現データを記録した記録媒体では、建物表現データは、建物の物理的構造における上方、下方と、当該建物表現データの階層構造における上位、下位とが対応づけられており、建物の物理的構造において上方に位置するものほど、データの階層構造において上位となるようになっており、さらに、上位の階層が下位の階層を全て含んでいる。

【００２０】これにより、上位の階層を選択すれば、自動的に下位の階層も選択することができる。つまり、ある階層を選択すれば、その階層より上位にあるものと下位にあるものとに分けることができるので、それぞれに別々の属性を与えることができる。したがって、例えば建物の２階という階層を選択すれば１階という階層も含むので２階以下を表示、３階以上を非表示というように別々の属性を容易に与えることができる。

【００２１】

【発明の実施の形態】本発明にかかる建物用ＣＡＤの第１の実施形態を以下において示す。図１は、建物用ＣＡＤ１の機能ブロック図である。建物用ＣＡＤ１は、建物構造情報獲得手段１１、階層構造生成手段１３、建物構成要素獲得手段１５、建物構成要素配置手段１７、および表示手段１９を有している。

【００２２】建物構造情報獲得手段１１は、建物構造情報を獲得する。階層構造生成手段１３は、獲得した建物構造情報に基づいて、一または複数の階層を有するデータの階層構造を生成する。また、階層構造生成手段１３は、建物の物理的構造において上方に位置するものほど、データの階層構造において上位となるようにし、さらに、上位の階層は下位の階層を全て含むように階層構造を生成する。

【００２３】建物構成要素獲得手段１５は、建物構成要素を獲得する。建物構成要素配置手段１７は、建物構成要素を階層構造のいずれかの階層に配置する。表示手段１９は、階層構造の主要部分を画面上に表示する。

【００２４】これにより、建物用ＣＡＤ１では、上位の階層を選択すれば、自動的に下位の階層も選択することができる。つまり、ある階層を選択すれば、その階層より上位にあるものと下位にあるものとに分けることができるので、それぞれに別々の属性を与えることができる。したがって、例えば建物の２階という階層を選択すれば１階という階層も含むので２階以下を表示、３階以上を非表示というように別々の属性を容易に与えることができる。

6

【００２５】また、ある階層を選択すれば、同時に、その階層に配置されている建物構成要素を選択するようにすることができる。したがって、例えば、特定の階層を表示しようとする場合、その階層を選択すれば、その階層に配置されている建物構成要素を同時に表示することができる。

【００２６】さらに、画面上から階層構造の主要部分を選択することができる。また、画面上で階層構造の主要部分を選択すれば、細かい階層構造を知らなくとも建物構成要素を所望の階層に配置するようにすることができる。

【００２７】図１の各機能をコンピュータを用いて実現した場合のハードウェア構成を図２に示す。建物用ＣＡＤ１は、ＰＣ２１、キーボード２３、マウス２５、ディスプレイ２７および外部記憶装置２９を有している。

【００２８】ここで、ＰＣ２１は階層構造生成手段１３および建物構成要素配置手段１７に、キーボード２３およびマウス２５は建物構造情報獲得手段１１および建物構成要素獲得手段１５に、ディスプレイ２７は表示手段にそれぞれ対応する。なお、外部記憶装置２９は、生成したＣＡＤデータを記録等するためのものである。

【００２９】ここから、建物用ＣＡＤ１の使用方法を説明する。まず、建物用ＣＡＤ１をＰＣ２１上で立上げると、タイトル画面に引続き、建物のサンプルを開くか、新規で建物を作成するかの選択画面が表示される。この選択画面において、建物の新規作成を選択すると、次に、建物の大まかな構造を示す建物構造情報を入力することになる。

【００３０】建物構造情報とは、家の構造（例えば、３階立て住宅、２階立て住宅等）、壁の厚さ、床（天井）の厚さ、床から天井までの高さ等の情報のことである。この情報を、図３に示すようなダイアログから入力する。

【００３１】図３Ａは、家の構造を入力するためのダイアログ画面である。予め用意された建物の構造３１（例えば、３階立て住宅、２階立て住宅等）から一つをラジオボタンによって選択する。ここで、３階立て住宅を選択したものとして、以降の説明を行なう。

【００３２】また、図３Ｂは、壁の厚さ、床（天井）の厚さ、床から天井までの高さ等の詳細な情報を入力するためのダイアログ画面である。ここでは、それぞれの情報を各入力フィールド３１に数値によって入力する。この後、入力した建物構造情報を確認するための画面が表示される。そして、実際に建物を構築していくためのＣＡＤ画面が表示される。

【００３３】そのＣＡＤ画面を図４に示す。まず、パース図および３面図の計４枚の図面が画面上に表示される。また、画面上には階層表示領域Ａ１があり、現在の階層が表示されている。初期状態では、「最上層」とな

っている。

【００３４】この階層表示領域Ａ１のプルダウンボタンを選択すると、選択した建物の構造（図３Ａ参照）に基づいて、建物用ＣＡＤ１が自動的に生成した階層構造の主要部分が、プルダウン領域４１に表示される。この建物用ＣＡＤ１が自動的に生成した階層構造の詳細を図５に示す。

【００３５】この階層構造では、建物の物理的構造において上方に位置するものほど、データの階層構造において上位となっており、さらに、上位の階層は下位の階層を全て含んでいる。

【００３６】つまり、建物の物理的構造において最も下に存在する基礎・敷地階層は最下位の階層となる。建物の物理的構造として基礎・敷地の上に存在する１階に関する階層が、基礎・敷地階層の上位に位置する。その上に、２階に関する階層、３階に関する階層と続く。

【００３７】図５に示す階層は、まだ建物を構築していない段階での階層構造である。この後、建物が構築されるにしたがって、各階層に新たなる建物構成要素が加えられることになる。

【００３８】図４に示した画面から始めて、壁や窓、扉といった建物の構成要素を加えていく。なお、これから入力していく壁や窓、扉等が建物構成要素である。このような建物構成要素を加え始めた状態を図６に示す。

【００３９】図６は、１階の間取りを構築し始めた状態である。現在、１階の間取りを構築しているので、階層表示領域Ａ１には「１階間取り」と表示されている。壁や床の入力には、左端に示されている入力ツールＴ１を利用して、画面上に入力していく。図６では、１階に床６１を入力した後、その上に壁６３を入力している状態である。

【００４０】ここまでの建物用ＣＡＤ１の動作を図７のフローチャートを用いて説明する。まず、建物用ＣＡＤ１は建物構造情報を獲得する（Ｓ１）。そして、獲得した建物構造情報に基づいて階層構造を生成する（Ｓ３）。

【００４１】使用者がディスプレイ２７の画面上から選択した階層を獲得する（Ｓ５）。当該階層に配置しようとする建物構成要素が選択される（Ｓ７）。ステップ７（Ｓ７）で選択された建物構成要素をステップ５（Ｓ５）で選択された階層に配置する（Ｓ９）。そして、実際のデータに追加・変更を加える（Ｓ１１）。

【００４２】本実施形態においては、ディスプレイの画面上に表示される階層構造の主要部分が実際のデータとしての階層構造とリンクしている。したがって、画面上で、建物構成要素をある階層に配置すれば、実際のデータとしての階層構造側でも、その動作にしたがって、データが自動的に追加・変更される。

【００４３】各ステップを経て、１階の間取りを完成させた状態が図８である。この段階での階層構造を図９に

示す。１階間取りに壁や窓、扉等の建物構成要素を入力すると１階間取り階層に各建物構成要素が追加される。図９には、ドア２、ふすま８、テラスサッシ０１等の各建物構成要素が、１階間取り階層に表示されている。

【００４４】この後、各部屋にインテリアを入力していく。この際には、１階間取り階層から１階インテリア階層に移動する必要がある。この階層の移動に必要な操作は、階層表示領域Ａ１のプルダウン領域を表示させて、「１階インテリア」を選択するだけである。

【００４５】このような手順を繰り返して、建物の各階を構築していく。図１０は、建物の１階を完成させた後、２階の間取りを形成している状態である。したがって、階層表示領域がＡ１が「２階間取り」となっている。なお、最終的には、図１２に示すような住宅を完成させる。

【００４６】次に、立体カット図面の表示方法を説明する。立体カット図面は、各階の様子が立体的に表示されるので、建物の構造を直感的に理解しやすいという特徴を有している。本実施形態にかかる建物用ＣＡＤ１では、図４に示す階層表示領域Ａ１の表示を切換えるだけで、それぞれの階層に対応した立体カット図面を表示させることができる。

【００４７】この立体カット図面の表示プロセスを図１１のフローチャートに基づいて説明する。まず、画面に表示されたプルダウン領域から階層が選択される（Ｓ２３）。これを受けて、建物用ＣＡＤ１は、選択された階層および当該階層より下位の階層に配置されている建物構成要素を抽出する（Ｓ２５）。そして、抽出した建物構成要素を画面上に表示する（Ｓ２７）。

【００４８】例えば、１階の立体カット図面を表示させようとする場合には、階層表示領域Ａ１のプルダウンボタンを選択してプルダウン領域を表示させる。その中から、「１階間取り」を選択する。この操作をするだけで、図８に示すような、１階の立体カット図面を表示させることができる。

【００４９】２階の立体カット図面についても同様に、「２階間取り」を選択するだけで、図１０に示すような２階の立体カット図面を表示させることができる。なお、各部屋にインテリアを配置した状態での立体カット図面を表示させたい場合には、「１階インテリア」や「２階インテリア」等を選択すればよい。

【００５０】このように、本実施形態にかかる建物用ＣＡＤ１では、簡単な操作で建物を構築できるとともに、簡単な操作で所望の階の立体カット図面を表示させることができる。

【００５１】［その他の実施形態］前述の実施例にかかる建物用ＣＡＤの動作を行なうプログラムを、ＣＤ－ＲＯＭやフロッピーディスク等の記録媒体に記録してもよい。この場合、各記録媒体に記録されているプログラムをコンピュータにインストールすることによって、建物

用ＣＡＤとして利用できることになる。

【００５２】また、前述の建物用ＣＡＤ１が自動的に生成した階層構造および各階層構造に配置された建物構成要素等をＣＤ－ＲＯＭやフロッピーディスク等の記録媒体に記録してもよい。この場合、階層構造や建物構成要素等は建物表現データに対応する。

【００５３】さらに、前述の実施形態においては、建物用ＣＡＤ１が階層構造を自動生成するとしたが、使用者が階層構造を生成してもよい。なお、階層構造の主要部分は、建物用ＣＡＤ１によって自動的に階層表示領域Ａ１およびプルダウン領域に表示される。

【図面の簡単な説明】

【図１】本発明にかかる建物用ＣＡＤ１の機能ブロック図である。

【図２】図１にかかる建物用ＣＡＤ１をコンピュータを用いて実現した場合のハードウェア構成を示した図である。

【図３】建物構造情報を入力するためのダイアログを示した図であり、Ａは家の構造を、Ｂは壁の厚さ等の詳細な情報を入力するためのダイアログである。

【図４】建物用ＣＡＤ１において、建物を構築していく際に最初に表示される画面を示した図である。

【図５】建物用ＣＡＤ１が自動的に生成する階層構造を示した図である。

【図６】建物を構築し始めた際の画面を示した図であ　＊

＊る。

【図７】建物用ＣＡＤ１の動作を説明するためのフローチャートである。

【図８】１階間取りが完成した際の画面を示した図である。

【図９】建物構成要素を入力した後の階層構造を示した図である。

【図１０】２階間取りが完成した際の画面を示した図である。

【図１１】建物用ＣＡＤ１の動作を説明するためのフローチャートである。

【図１２】３階立て住宅のパース図の一例を示した図である。

【図１３】図１２にかかる住宅の１階の平面図である。

【図１４】図１２にかかる住宅の２階の平面図である。

【図１５】図１２にかかる住宅の１階の立体カット図面である。

【符号の説明】

１・・・・・建物用ＣＡＤ

１１・・・・・建物構造情報獲得手段

１３・・・・・階層構造生成手段

１５・・・・・建物構成要素獲得手段

１７・・・・・建物構成要素配置手段

１９・・・・・表示手段

【図１】

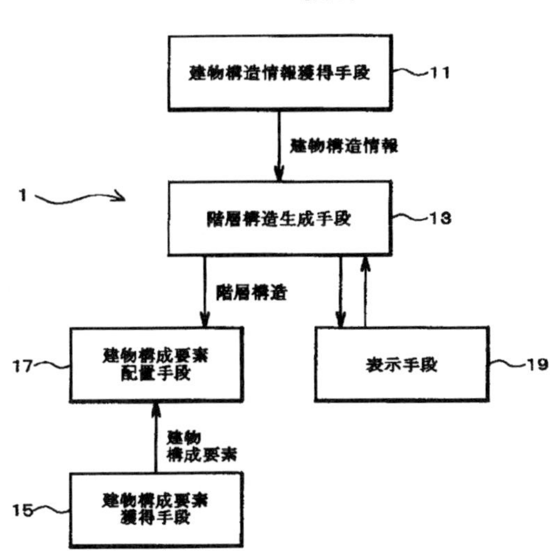

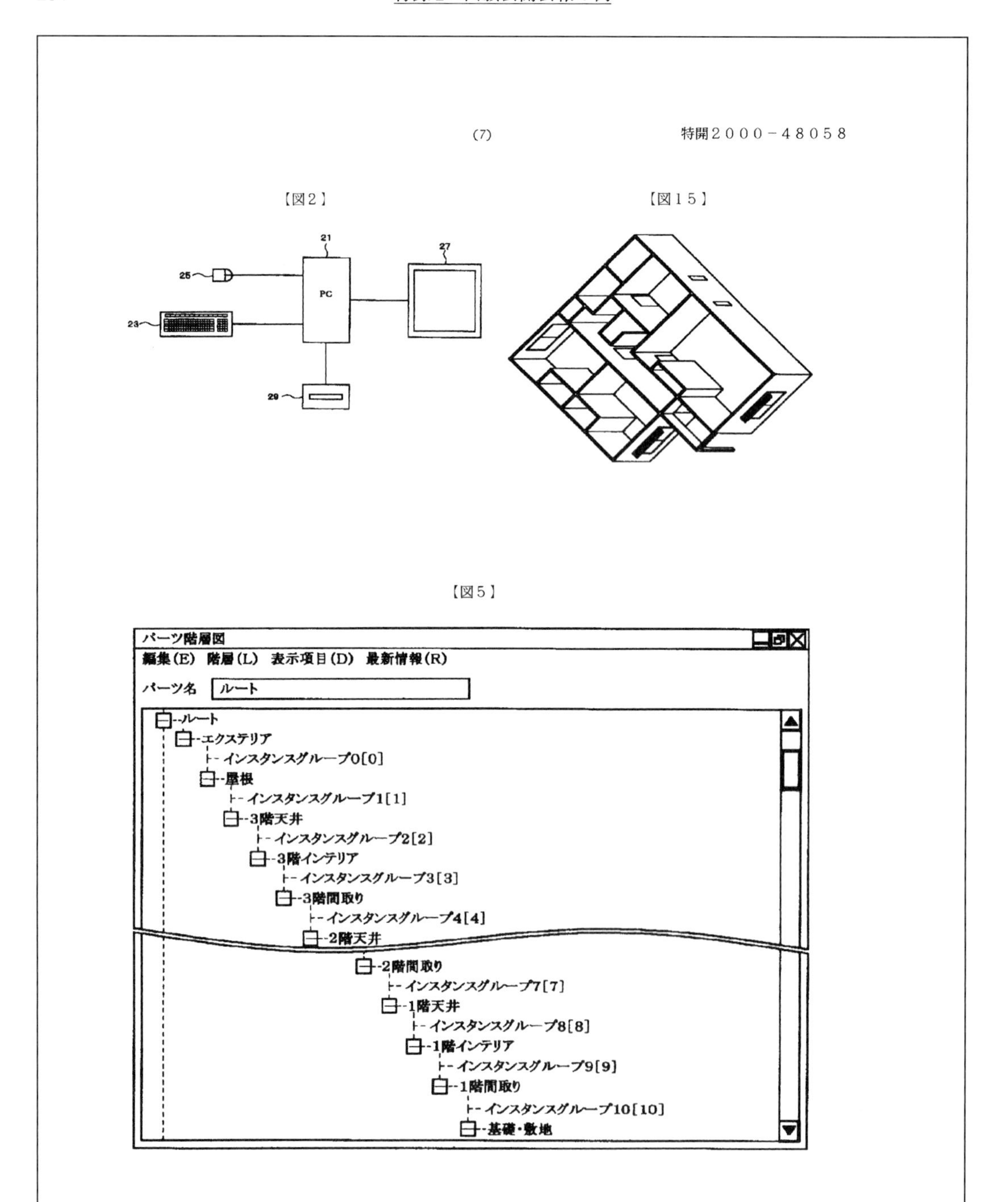
(7)
特開２０００－４８０５８
【図２】
21
27
25
PC
23
29
【図１５】
【図５】
パーツ階層図
編集(E) 階層(L) 表示項目(D) 最新情報(R)
パーツ名
ルート
-ルート
-エクステリア
- インスタンスグループ0[0]
-屋根
- インスタンスグループ1[1]
-3階天井
- インスタンスグループ2[2]
-3階インテリア
- インスタンスグループ3[3]
-3階間取り
- インスタンスグループ4[4]
-2階天井
-2階間取り
- インスタンスグループ7[7]
-1階天井
- インスタンスグループ8[8]
-1階インテリア
- インスタンスグループ9[9]
-1階間取り
- インスタンスグループ10[10]
-基礎・敷地

(8)　特開２０００－４８０５８

【図３】

A

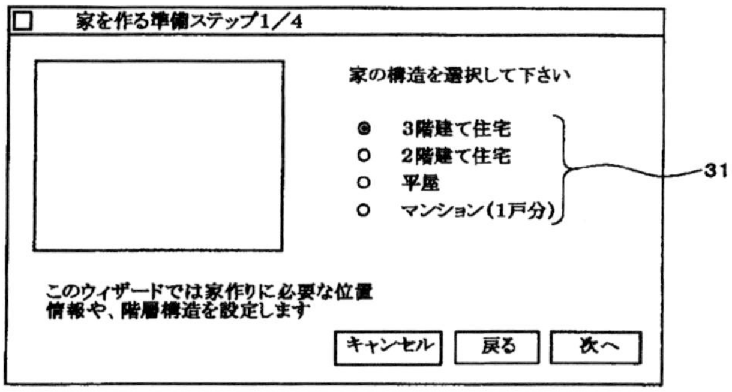

家を作る準備ステップ1／4

家の構造を選択して下さい

3階建て住宅
2階建て住宅
平屋
マンション(1戸分)

31

このウィザードでは家作りに必要な位置情報や、階層構造を設定します

キャンセル　戻る　次へ

B

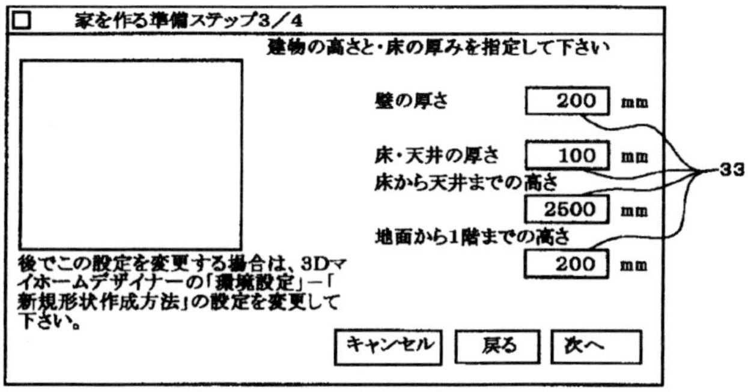

家を作る準備ステップ3／4

建物の高さと・床の厚みを指定して下さい

壁の厚さ　200 mm
床・天井の厚さ　100 mm
床から天井までの高さ　2500 mm
地面から1階までの高さ　200 mm

33

後でこの設定を変更する場合は、3Dマイホームデザイナーの「環境設定」－「新規形状作成方法」の設定を変更して下さい。

キャンセル　戻る　次へ

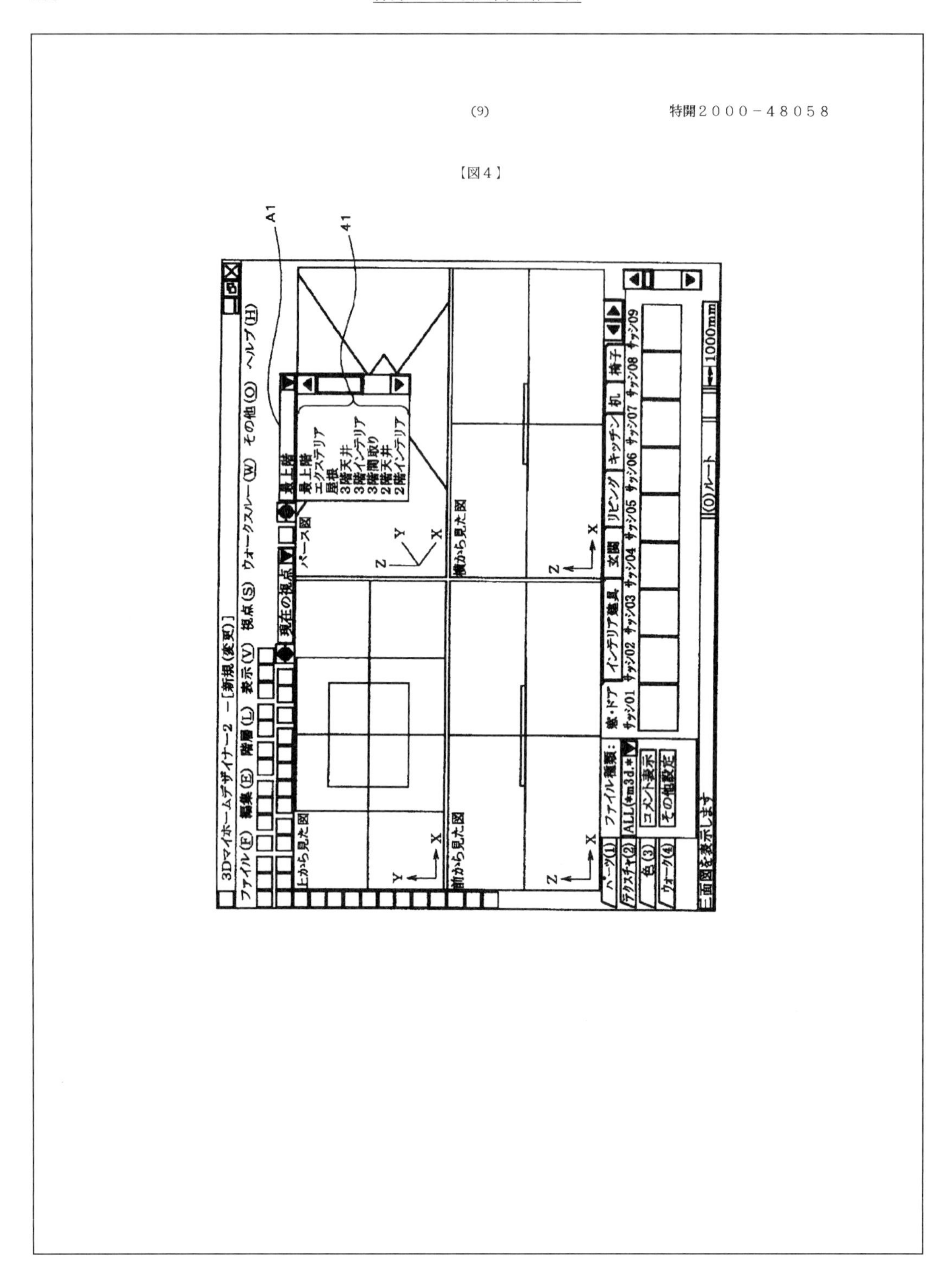

(9)　　特開２０００－４８０５８

【図４】

(10)　特開２０００－４８０５８

【図６】

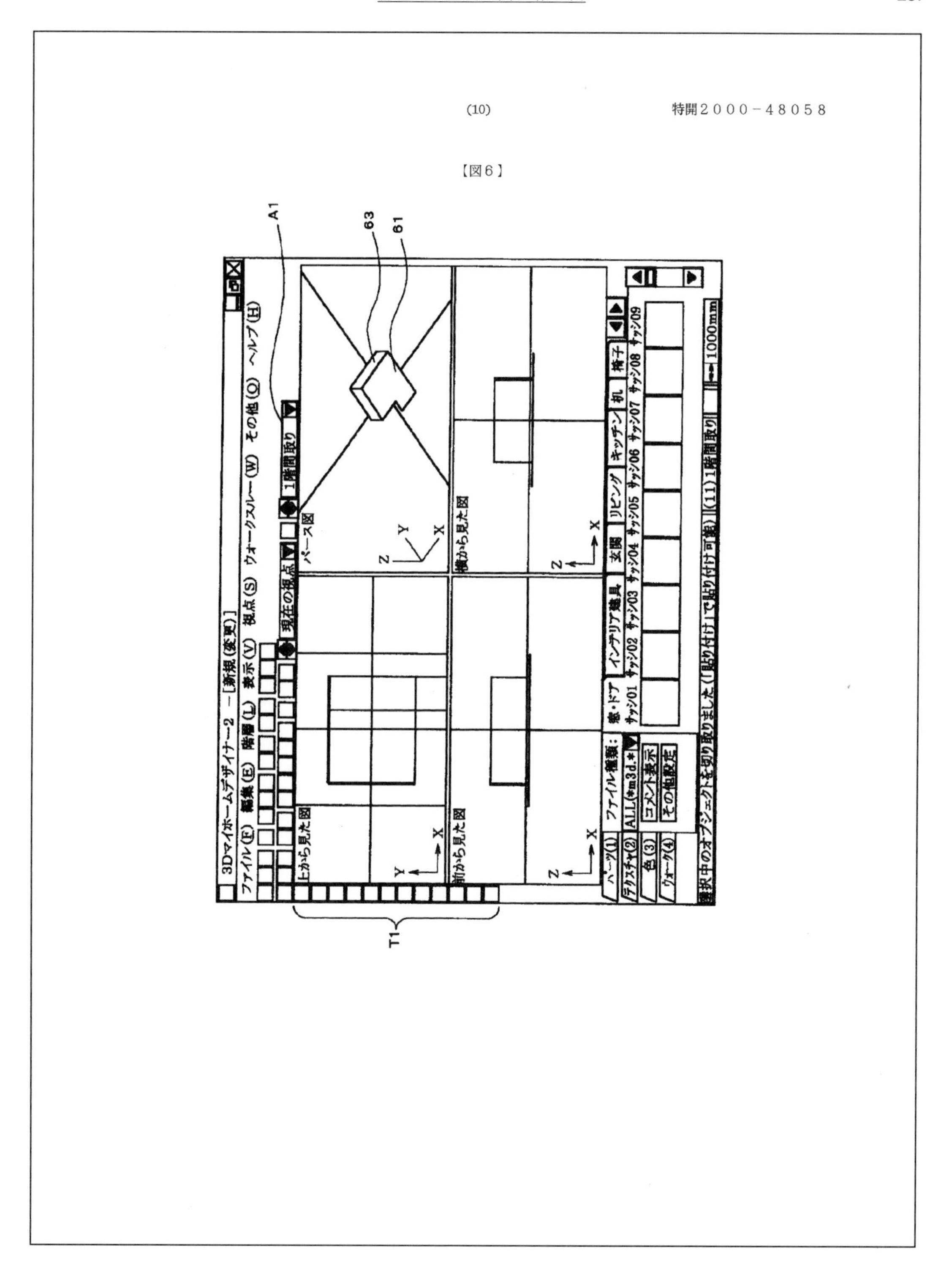

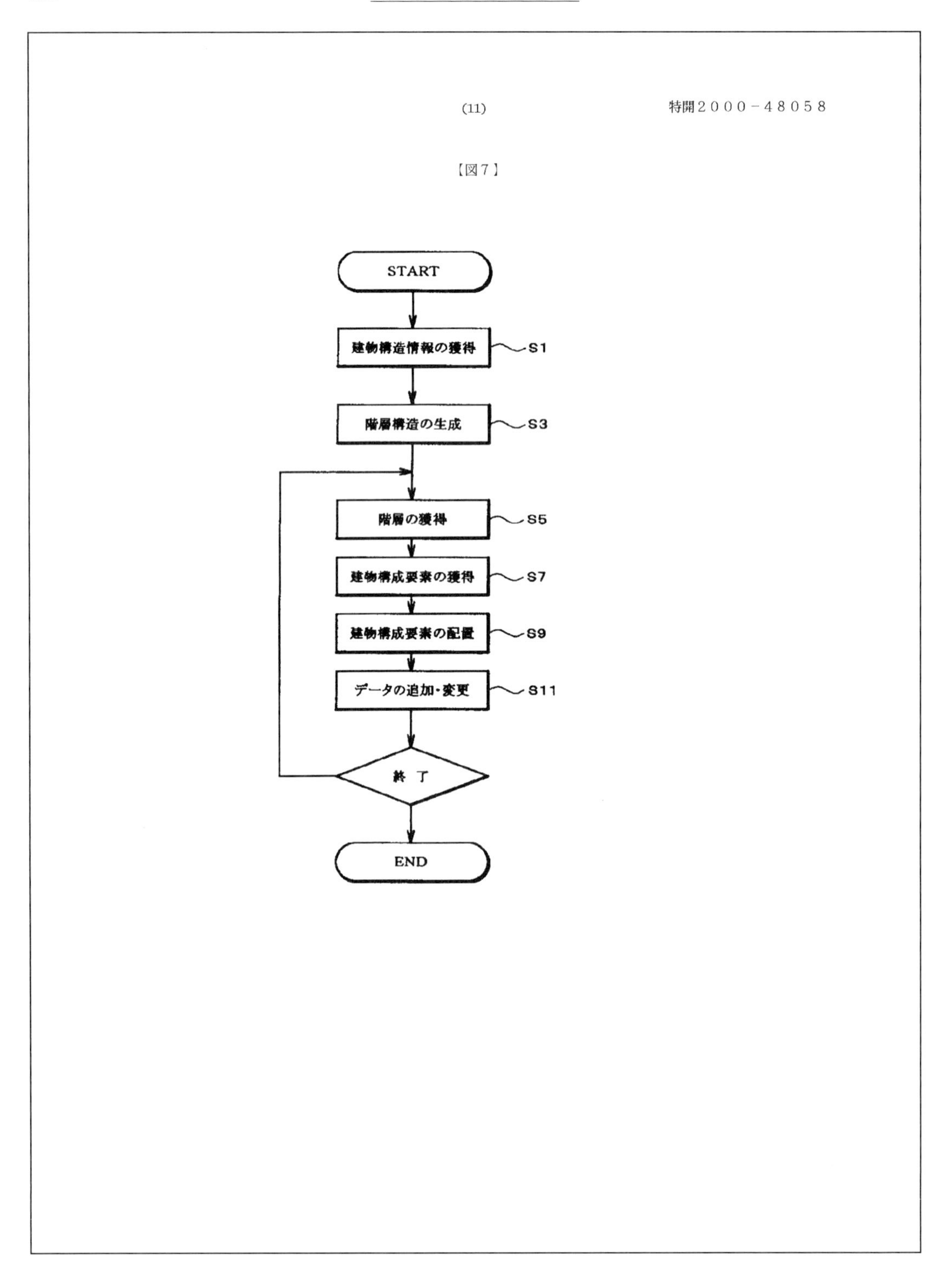
(11)
特開２０００－４８０５８
【図７】
START
建物構造情報の獲得
S1
階層構造の生成
S3
階層の獲得
S5
建物構成要素の獲得
S7
建物構成要素の配置
S9
データの追加・変更
S11
終了
END

【図８】

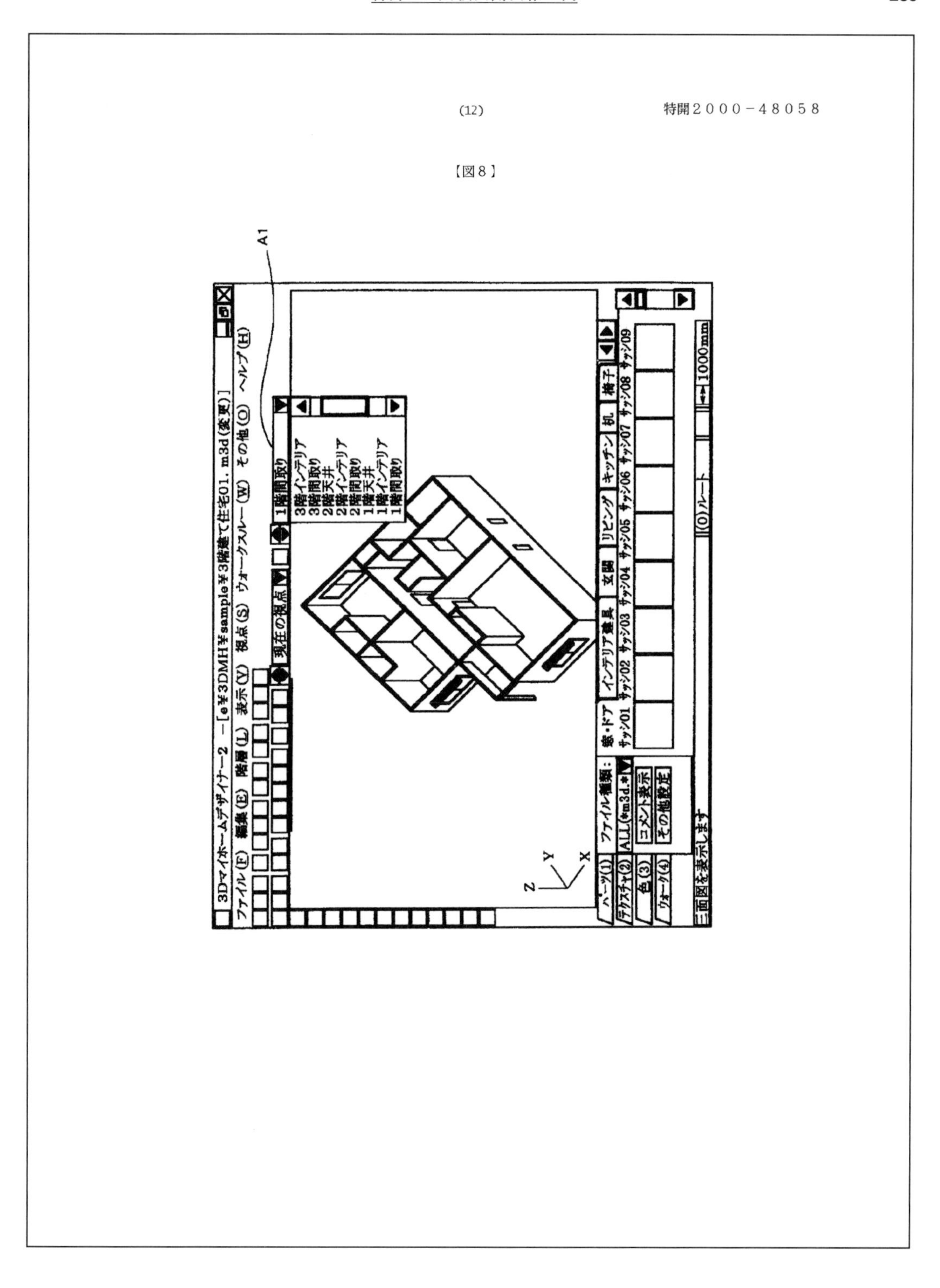
A1
3Dマイホームデザイナー2 −[e¥3DMH¥sample¥3階建て住宅01. m3d(変更)]
ファイル(F) 編集(E) 階層(L) 表示(Y) 視点(S) ウォークスルー(W) その他(O) ヘルプ(H)
現在の視点
1階間取り
3階インテリア
3階間取り
2階天井
2階インテリア
2階間取り
1階天井
1階インテリア
1階間取り
Z
Y
X
パーツ(1)
テクスチャ(2)
色(3)
ウォーク(4)
ファイル種類：
ALL(*m3d.*)
コメント表示
その他設定
窓・ドア
インテリア建具
玄関
リビング
キッチン
机
椅子
サッシ01
サッシ02
サッシ03
サッシ04
サッシ05
サッシ06
サッシ07
サッシ08
サッシ09
(0)ルート
1000mm
三面図を表示します

【図９】

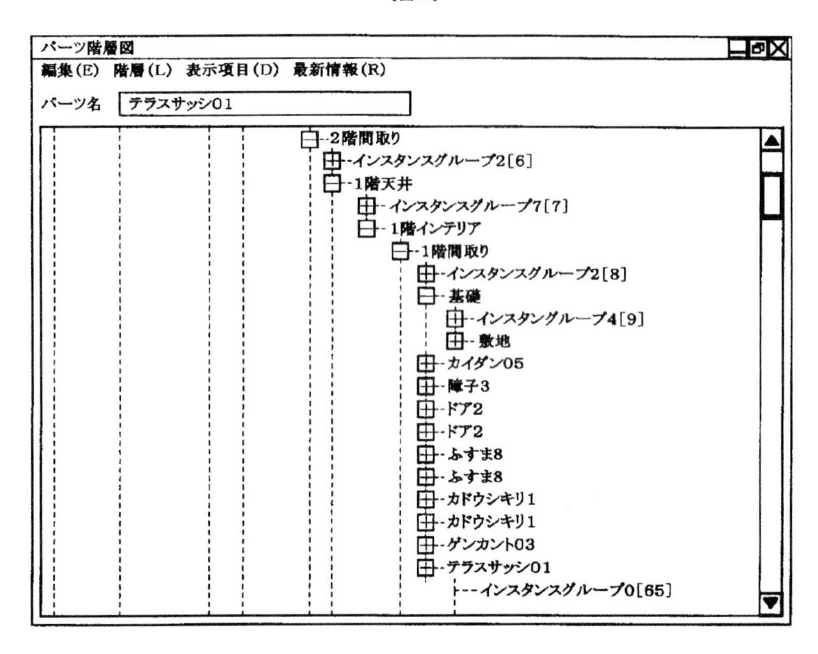
パーツ階層図
編集(E)　階層(L)　表示項目(D)　最新情報(R)
パーツ名　テラスサッシ01
2階間取り
インスタンスグループ2[6]
1階天井
インスタンスグループ7[7]
1階インテリア
1階間取り
インスタンスグループ2[8]
基礎
インスタングループ4[9]
敷地
カイダン05
障子3
ドア2
ドア2
ふすま8
ふすま8
カドウシキリ1
カドウシキリ1
ゲンカント03
テラスサッシ01
インスタンスグループ0[65]

【図１１】

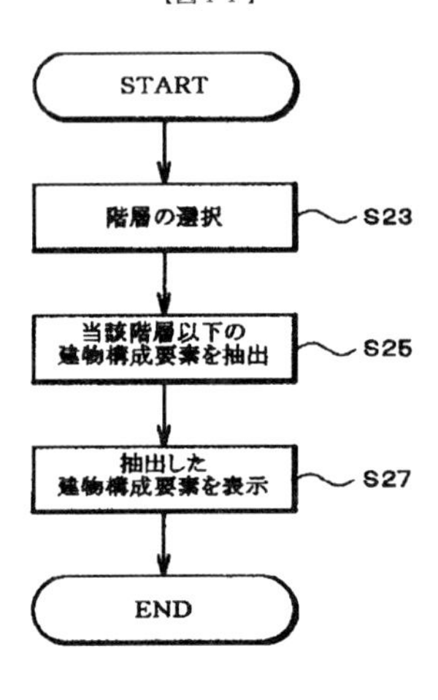
START
階層の選択
S23
当該階層以下の
建物構成要素を抽出
S25
抽出した
建物構成要素を表示
S27
END

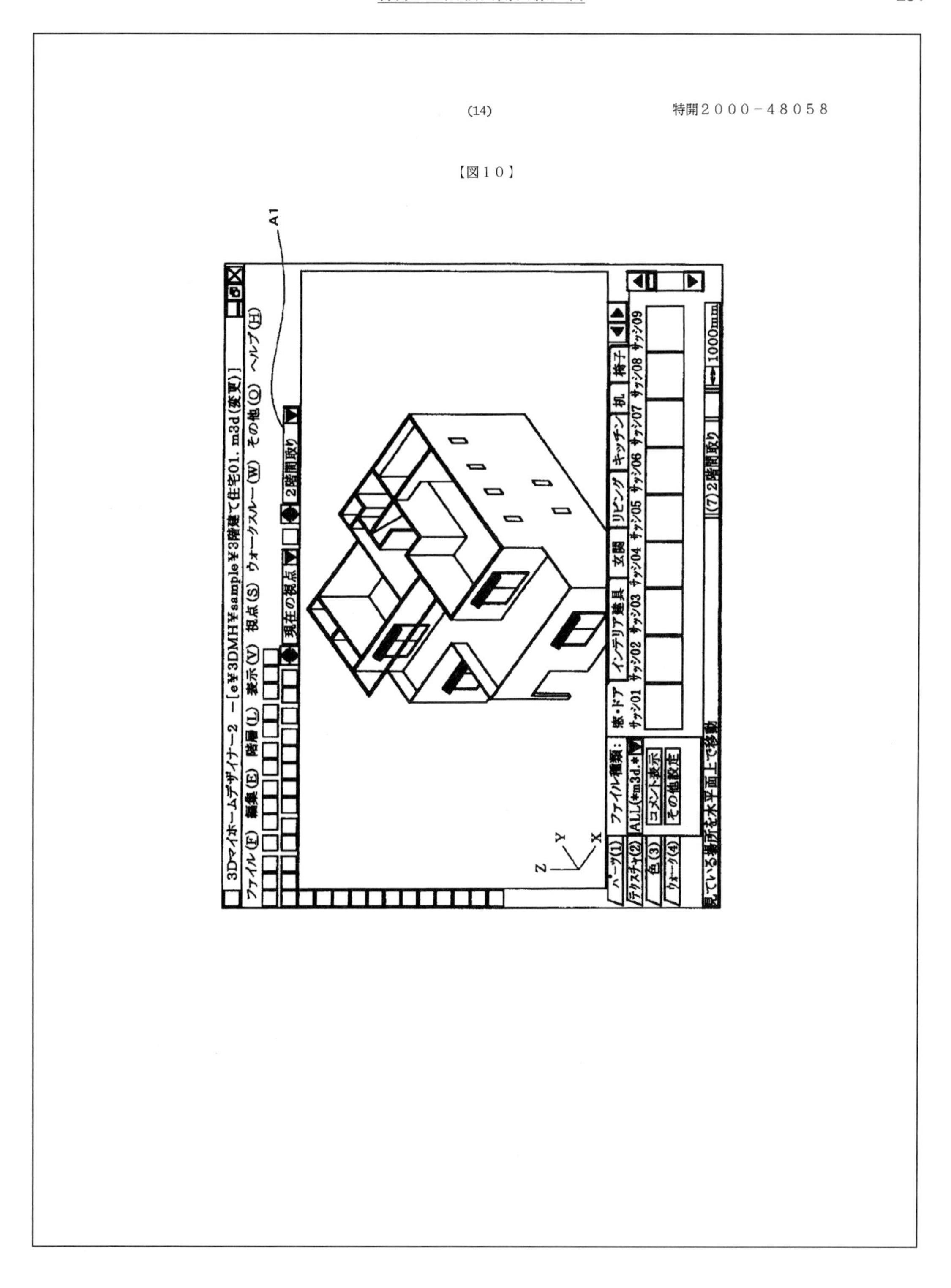

(14)　　　　特開２０００－４８０５８

【図１０】

【図１２】

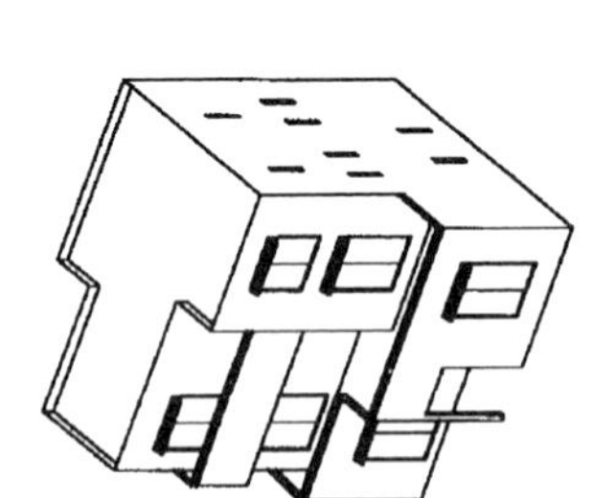

【図１３】

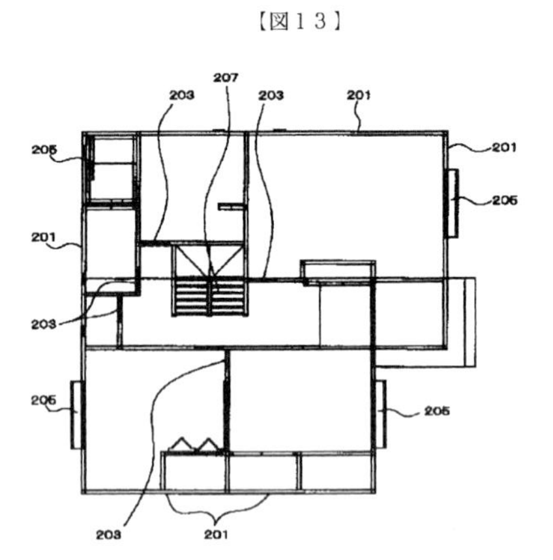

【図１４】

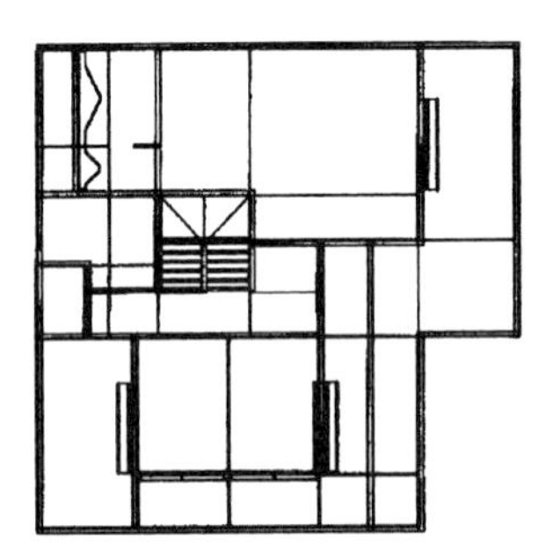

フロントページの続き

(72)発明者　松本　淳
大阪府吹田市江の木町1番38号　メガソフト株式会社内

Ｆターム(参考)　5B046 AA03 BA02 BA07 BA10 DA08
FA02 FA17 FA19 GA01 KA08

付録３　特許掲載公報の例

(19) 日本国特許庁（ＪＰ）　(12) **特 許 公 報** (B2)　(11) 特許番号 **第 950001 号**

(45) 発行日　平成 26 年 (2014) 5 月 29 日　(24) 登録日平成 26 年 (2014) 3 月 1 日

(51) Int.Cl.[5]	識別記号	庁内整理番号	ＦＩ	技術表示箇所
Ｂ６６Ｂ　９／１０			Ｂ６６Ｂ　９／１０	
１１／１０			１１／１０	Ａ

請求項の数１（全５頁）

(12) 出願番号	特願 2011-970805
(86) (22) 出願日	平成 23 (2011) 年 11 月 13 日
(86) 国際出願番号	PCT/US2010/043567
(87) 国際公開番号	WO2013/023875
(87) 国際公開日	平成 24 年 5 月 14 日
(31) 優先権主張番号	07/345.872
(32) 優先日	平成 22 (2010) 年 11 月 14 日
(33) 優先権主張国	米国
(73) 特許権者	9000034562 Ｘインコーポレイテッド アメリカ合衆国 ニューヨーク州 １００４３，ニュー ヨーク，パーク アヴェニュー ３９９
(72) 発明者	ダン シュザール アメリカ合衆国 ニュージャージー州 ０８８１６，イーストブランスウィック，ジェファーソン ロード １０
(74) 代理人	古谷　栄男（外４名）
審査官	松下　正

(54)【発明の名称】　収納容器

(57)【特許請求の範囲】
【請求項１】
開口を有する収納部と、
収納部の開口部周縁の一方向に突出して設けられたつば部と、
開口を覆うように、つば部に剥離可能に貼り付けられた薄膜プラスチック部材と、
を備えた収納容器であって、
前記つば部先端の裏面には、溝が設けられていることを特徴とする収納容器。
【発明の詳細な説明】
【技術分野】
【０００１】
この発明は、ミルクなどを収納する収納容器に関する。
【背景技術】
【０００２】
特許文献１に示された従来のコーヒー用ミルク容器を、図１に示す。容器本体２の上にシール４が貼り付けられている。このシールを剥離させて、内部のミルクを取り出す構造となっている。なお、図２は底面図である。
【０００３】
この容器の断面は、図３のとおりである。容器本体２の中には、ミルク６が収納されている。容器本体２の上面にはつば部２ｃが、一方向に突出して設けられている。このつば部２ｃには、開口２ａが形成されている。つば部２ｃの上には、シール４が貼り付けてある。開口２ａをシール４が覆っているので、容器本体２の内部のミルク６はこぼれない。

(2) 特許９５０００１

【０００４】
このミルク容器からミルクを取り出すときは、次のようにする。まず、図４に示すように、容器本体２のつば部２ｃの先端部２ｂから、シール４を剥がす。さらに、シール４を引っ張ってシール４を完全に剥がす。これにより、シール４によって覆われていた開口２ａがあらわれる。したがって、容器２を傾ければ、中のミルクを取り出すことができる。

【特許文献１】　特開２００２－XXXXXX

【発明の開示】

【０００５】

【発明が解決しようとする課題】

しかし従来のミルク容器は、シール４を剥がし始めるときに、シール４とつば部２ｃとが密着していて、剥がしにくいという問題点があった。

【０００６】
そこでこの発明は、シールを容易に剥がすことのできるミルク容器を提供することを目的とする。

【課題を解決するための手段】

【０００７】
この発明に係るミルク容器においては、つば部先端の裏面に溝を設けるようにした。

【発明の効果】

【０００８】
溝によってつば部の先端を折ることで、シールを剥がしやすくなる。

【発明を実施するための最良の形態】

【０００９】
この発明の一実施例によるミルク容器の断面を、図５に示す。容器本体２の中には、ミルク６が収納されている。容器本体２の上面にはつば部２ｃが、一方向に突出して設けられている。つば部２ｃの裏面に溝８が設けられている。

【００１０】
このつば部２ｃには、開口２ａが形成されている。つば部２ｃの上には、シール４が貼り付けてある。開口２ａをシール４が覆っているので、容器本体２の内部のミルク６はこぼれない。

【００１１】
図６に、底面図を示す。つば部２ｃの溝８よりもさらに先端の部分に、プレスによって押形２０が付けられている。この押形２０は、本体容器２のつば部２ｃだけでなく、シール４にまで達している。これにより、本体容器２のつば部２ｃとシール４とが、離れないようになっている。

【００１２】
このミルク容器からミルクを取り出すときは、次のようにする。まず、容器本体２のつば部２ｃの先端部２ｂを持ち上げる。これにより、図７に示すように、溝８の部分で、つば部２ｃが折れる。

【００１３】
このまま、引っ張り上げると、シール４が剥がれ、シール４によって覆われていた開口２ａがあらわれる（図８参照）。したがって、容器２を傾ければ、中のミルクを取り出すことができる。

【００１４】
上記のように、先端部２ｂを折るだけで、容易にシール４が剥がれ、簡単に中のミルクを取り出すことができる。

【００１５】
なお、図６に示したように、先端部２ｂには、プレスによって押形２０が設けられ、シール４と分離しないようになっている。したがって、先端部２ｂだけが脱落して、ゴミになるおそれがない。

【図面の簡単な説明】

【００１６】

(3)　特許９５０００１

【図１】
従来のミルク容器の斜視図である。
【図２】
従来のミルク容器の底面図である。
【図３】
従来のミルク容器の断面図である。
【図４】
従来のミルク容器の使用方法を説明する図である。
【図５】
本発明の一実施形態によるミルク容器の断面図である。
【図６】
本発明の一実施形態によるミルク容器の底面図である。
【図７】
本発明の一実施形態によるミルク容器の使用方法を説明する図である。
【図８】
本発明の一実施形態によるミルク容器の使用方法を説明する図である。
【符号の説明】
【００１７】
２・・・容器本体
２ｃ・・・つば部
４・・・シール
８・・・溝

【要約】
【課題】　シールを容易に剥がすことのできるミルク容器を提供する。
【解決手段】　容器本体２の中には、ミルク６が収納されている。容器本体２の上面にはつば部２ｃが、一方向に突出して設けられている。つば部２ｃの上には、剥離可能にシール４が貼り付けられている。つば部２ｃの裏面に溝８が設けられている。シール４を剥がす際に、つば部２ｃの先端を上に持ち上げ、溝８にて折り曲げれば、容易にシール４を剥がすことができる。
【選択図】　図１

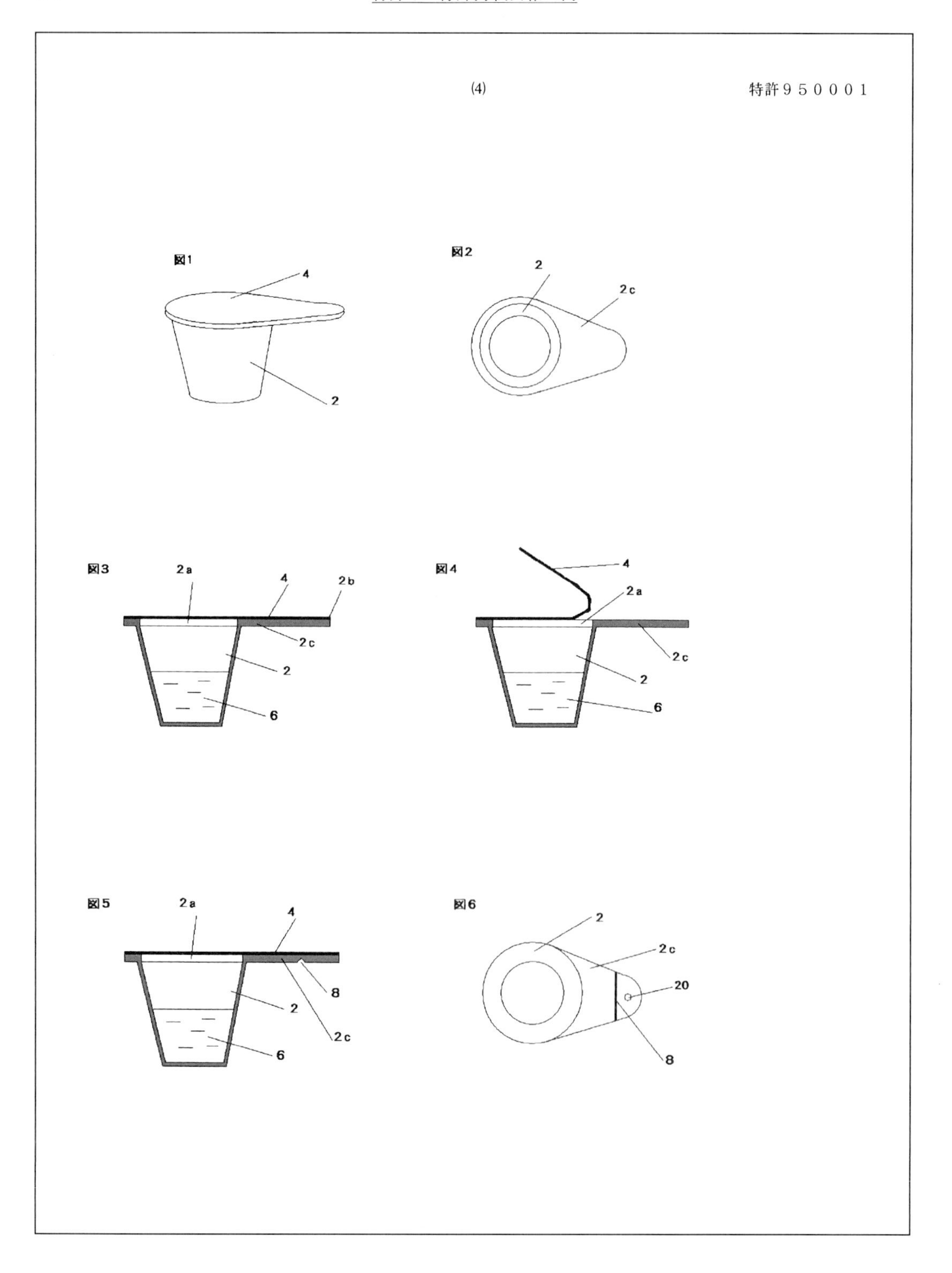
(4)
特許９５０００１
図1
4
2
図2
2
2c
図3
2a
4
2b
2c
2
6
図4
4
2a
2c
2
6
図5
2a
4
8
2
2c
6
図6
2
2c
20
8

特許９５０００１

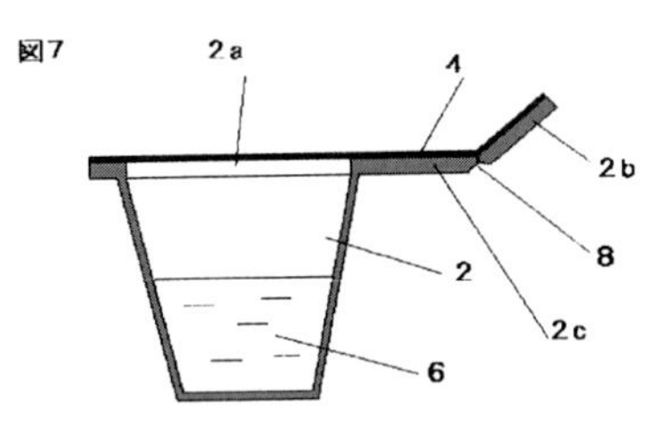

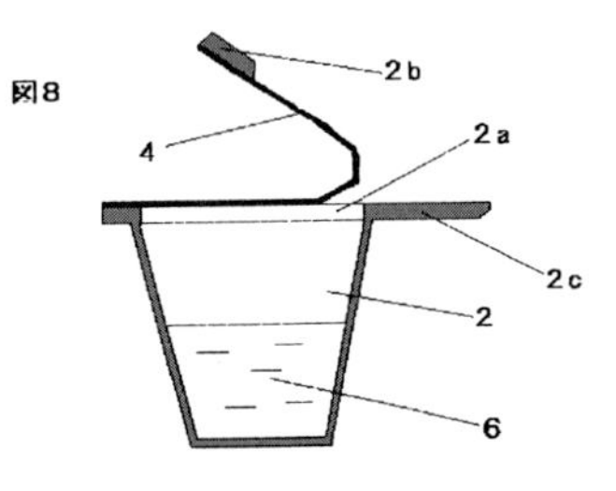

参考文献

さらに詳しく学びたい人のために参考となる書籍を紹介する。

□特許法全般について
高林　龍「標準 特許法」有斐閣
吉藤 幸朔「特許法概説」有斐閣
村林隆一・小松陽一「特許実用新案の法律相談」青林書院

□ソフトウェア特許について
古谷栄男他「知って得するソフトウェア特許・著作権（第６版）」アスキー出版

□特許の戦略的活用について
鮫島正洋「知財戦略のすすめ」日経 BP 社
丸島儀一「キヤノン特許部隊」光文社

□知的財産の用語について
筆者が運営するホームページ「知的財産用語辞典」では，知的財産に関する用語を解説している。
http://www.furutani.co.jp

□知的財産の裁判例について
弁理士松下正氏の運営する「知財みちしるべ」では，知的財産の最新判例がピックアップされて紹介されている。
http://www.furutani.co.jp/matsushita/

索　　引

〈ア　行〉

〈カ　行〉

〈サ　行〉

〈マ　行〉

〈ヤ　行〉

〈ラ　行〉

〈著者紹介〉

古谷　栄男（ふるたに　ひでお）

釧路高専電子工学科卒業，関西大学大学院法務研究科修了

専門分野　電子工学・知的財産法

主　　著　「ソフトウェア法務の上手な対処法」（共著）民事法務研究会
「弁理士が教えるビジネスモデル特許の本当の知識」（共著）東京書籍
「特許・実用新案の法律相談」（共著）青林書院
「知って得するソフトウェア特許・著作権：第6版」（共著）アスキー出版
「インターネットの法律問題（理論と実務）」（共著）新日本法規

現　　在　古谷国際特許事務所。弁理士。大阪電気通信大学客員教授

理工系のための
実践・特許法〔第3版〕

2005年11月10日　初版1刷発行
2010年8月25日　初版4刷発行
2011年4月25日　第2版1刷発行
2016年4月10日　第2版4刷発行
2016年6月25日　第3版1刷発行
2022年2月15日　第3版3刷発行

検印廃止

著　者　古谷　栄男　©2016

発行者　南條　光章

発行所　**共立出版株式会社**

〒112-0006　東京都文京区小日向4丁目6番19号
電話　03-3947-2511
振替　00110-2-57035
URL　www.kyoritsu-pub.co.jp

NSPA 自然科学書協会
（一般社団法人 自然科学書協会 会員）

印刷：横山印刷／製本：ブロケード
NDC 507.2/Printed in Japan

ISBN 978-4-320-09644-8